現代の国際刑事法

国際刑法研究 第15巻

森下 忠 著

成文堂

は し が き

　この国際刑法研究シリーズの第 1 巻『国際刑法の新動向』(1979 年)を刊行してから早や 35 年の歳月を経過して，このたび本書・第 15 巻を刊行することとなった。思えば，第 1 巻を刊行する時には，「国際刑法」という未知の大海に船出する心地がしたものであった。

　私が国際的なことに関心を寄せるようになったのは，自叙伝『ある刑法学者の旅路』(2014 年，成文堂)で書いたように，1936 年 (昭 11) から 5 年間，神戸市立第一神港商業学校 (現，神港高校) で学んだことと関係があるように思われる。

　同校では，校訓の第三として「世界は我が活動場なり」が掲げられており，生徒は，「世界に雄飛せよ」と訓えられた。学校の所在する兵庫区会下山の中腹から見下ろす瀬戸の海には，外国航路の大型船が毎日のように往き来していた。ある年，先生に引率されて神戸港に行き，停泊中の外国航路の船の中を見学し，船の幹部と座談会をしたことがあった。こうした学校生活を通して，私の心の底には，「いつの日か，アメリカ，ヨーロッパなどの未知の国を訪れてみたい」という思いが芽ばえていた。

　私は，1950 年 (昭 25) に京都大学 (旧制) を卒業し，その後，学究の道を歩むことになった。最初に取り組んだ研究テーマは，「刑法のミクロコスモス (小宇宙)」と呼ばれる緊急避難であった。その成果は，『緊急避難の研究』日本刑法学会選書(5) (1960 年，有斐閣) として刊行された。私は，この書を亡き母に捧げた。

　国際刑法の研究に取り組む契機となったのは，1964 年 8 月，オランダのハーグで開かれた第 9 回国際刑法会議への参加であった。この会議の第 4 分科会では，「外国刑事判決の国際的効力」が議題とされた。この議題の中心的論点は，"外国で確定した刑事判決の内国における執行" であった。この議題は，「刑罰権は国家に帰属する」という伝統的命題が頭に沈み込んで

いた私にとって，大きな衝撃であった。

その後，1969 年には「刑事判決の執行に関するベネルックス条約」がベネルックス三国（ベルギー，オランダ，ルクセンブルグ）の間で締結され，ついで，1970 年には「刑事判決の国際的効力に関するヨーロッパ条約」がヨーロッパ評議会（Council of Europe）の構成国の間で締結された。しかるに，わが国の学界も実務界も，こうした新しい国際的動向に眼を向けていなかった。

私は，ハーグ会議に出席した後，文部省の在外研究員として約 20 か月，パリ大学で研究する機会に恵まれた。その間，フランスとスイスの各司法省，ヨーロッパ評議会本部などを訪問して，国際刑事司法協力の実務と課題を学んだ。その成果をまとめた書が，『国際刑法の新動向』国際刑法研究第 1 巻であった。

そのころ，わが国ではかのロッキード事件の発覚（1972 年），田中角栄総理大臣の逮捕・起訴（1976 年）という衝撃的事件が発生した。この事件の裁判では"外国裁判所が作成した嘱託証言調書の証拠能力"の問題が，最大の争点とされた。当時，わが国の学界も実務界も，国際刑事司法共助における特定主義，すなわち，被嘱託国から共助の提供について付せられた条件の遵守のことを知らなかった。

この事件を契機として，私は，『国際刑事司法共助の研究』（1981 年），『国際刑事司法共助の理論』（1983 年）を刊行した。そして，2007 年，『国際刑法学の課題』国際刑法研究第 10 巻を刊行し，これを神戸市立湊山小学校の恩師　中壺勇先生に捧げた。

本書には，11 篇の論文が収められている。それらの多くは，著者が 88 歳のころから書いたものであるが，第 2 章第 4 節「集団的自衛権の問題」および第 11 章「共謀罪新設の批判的検討」は，90 歳（2014 年）の秋に執筆したものである。

以下，本書に収められた論文のうち，若干のものについて著者の意図を述べておきたい。

☆　　　☆

第1章「刑事国際法の用語の解釈と訳語」

条約は，国会で批准される際に承認された邦語訳（**公定訳**）と共に公布される。ところが，この公定訳には多くの誤訳が含まれており，その誤訳は，学界と実務界に大きな弊害をもたらしている。それゆえ，これらの公定訳は，学界では"お粗末公定訳"と呼ばれている。

なぜ，そのような誤訳が数多く生まれるのか。それは，専門的知識の乏しい外務省の役人が条約の英語正文を邦訳したものが内閣法制局の形式的審査を経て国会に送られ，国会ではフリー・パスの形で承認される結果である。

このような状況が続くならば，多くの誤訳を含む公定訳が今後も出現することは，必定である。著者は，この弊害を阻止することを祈念して第1章を書いた。第8章「国際自由権規約第14条」と併せて読んでいただければ，幸いである。

第2章「国際刑法における正当防衛と集団的自衛権」

2014年7月1日，阿部内閣は，「集団的自衛権の行使に関する大綱」を閣議決定した。

ここにいわゆる「自衛」は，'self-defence'の直訳と解される。学問上，'self-defence'は，正当防衛（legitimate defence, défense légitime）を意味する。いずれの国も，他国から不法な武力攻撃を受けたときは，これに対して防衛する固有の権利を有する。それゆえ，わが国は，憲法9条の規定にかかわらず，自然法に由来する固有の権利として自衛権をもっている。

しかしながら，集団的自衛権の行使は，国際刑法における正当防衛の要件を厳格に満たす場合において，憲法の規定に適合するときに限り，容認される（例えば，日米安全保障条約5条を参照）。この見地からすれば，閣議決定された「集団的自衛権の行使に関する大綱」に掲げる場合の多くは，憲法9条に違反する。

第11章「共謀罪新設の批判的検討」

わが国の保守党政権は，国越的組織犯罪防止条約（パレルモ条約，TOC条約）を批准するための法案（すでに国会で3度廃案になった）を，機を見て又

もや国会に上程する意向のようである。

　この法案で最も論議を呼ぶのは，法案が条約5条の規定に従って，余りにも広い範囲の犯罪につき共謀それ自体を犯罪化しようとしている点である。著者は，この一般的共謀罪の新設につき，比較法的見地から批判的検討を行い，反対の意見を述べた。その主たる理由は，次のとおりである。(1)日本刑法は，他の大陸法系の国とは異なって，犯罪構成要件が抽象化され，統合された結果，法定刑の範囲が著しく広くて，条約にいわゆる「重大な犯罪」に当たるものが余りにも多数にのぼる。(2)法案によれば，現行刑法で「予備」にも当たらない行為が「共謀」のゆえに処罰されることになり，わが刑法の基本構造を根底から覆すことになる。

　それゆえ，条約を批准するについては，条約法条約（ウィーン条約）に従って「留保」を宣言すれば，共謀罪を新設するには及ばない。

　本書の刊行については，成文堂の阿部耕一社長から格別のご配慮を賜り，また，同社編集部の飯村晃弘氏の一方ならぬご協力にあずかった。記して深謝の意を表する。

　　　　　2015年2月20日

　　　　　　　　　　　　　　　　　　　　　森　下　　　忠

凡　例

訳 語 について

1．ヨーロッパ評議会　　欧州評議会

　これは，Council of Europe（英），Conseil de l'Europe（仏），Europarat（独）の訳語であって，同意義である。

　著者は，これまで，これを「ヨーロッパ理事会」と訳してきたが，EU 理事会（Council of the European Union）との混同を避けるため，上記の訳語に改めた。

2．締約国　　当事国

　1969 年の条約法条約（ウィーン条約）では，(f)「締約国」と (g)「当事国」とは，明確に区別して定義されている（2条）。しかし，わが国では，両者を含めて「締約国」という表現が定着しているので，本書では，この定着した表現を多くの箇所で用いた。

3．条約と外国法の訳語

　条約については，例えば，国越組織犯罪防止条約という訳が正しいと考えるので，本書中にその理由を述べた。

　条約の条文については，英語正文とフランス語正文とを対照して両者間に食い違いがあると思われる場合には，フランス語正文に従った表現を用いた。

4．刑事法の専門用語

　刑事に関する専門用語については，公定訳の中に多数の誤訳及び不適切な訳語が存在する。本書第 1 章で，それを指摘した。それらの誤訳が学会及び実務界において多大の混乱と弊害をもたらしている現状にかんがみ，著者の考えを述べ，かつ，適当と考える訳語を用いた。

外国語の略号と訳語

ECtHR	European Court of Human Rights	欧州人権裁判所
ICC	International Criminal Court	国際刑事裁判所
ICC 規程	Statute of the International Criminal Court	国際刑事裁判所規程
ICCPR	International Covenant on Civil and Political Rights	国際自由権規約
ICPO	International Criminal Police Organization	国際刑事警察機構
Interpol	International Police Organization	国際刑事警察機構
LWOP	life imprisonment without parole	終身刑
LWP	life imprisonment with parole	無期刑
Rome Statute	Rome Statute of the International Criminal Court	ローマ規程 (国際刑事裁判所規程)

目　　次

はしがき

第 1 章　刑事国際法の用語の解釈と翻訳 …………………… 1
はしがき …………………………………………………… 1
〔Ⅰ〕日常生活の用語と法律用語とのギャップ (2)
〔Ⅱ〕条約等の公定訳に見る誤訳 (4)
〔Ⅲ〕国際刑事法におけるハイブリッド化 (6)

第 1 節　国際刑事裁判所規程 …………………………………… 6
1　第 9 条（Elements of Crimes, Éléments constitutifs des crimes）……………………………………………………… 7
2　第 22 条（Nullum crimen sine lege.）
　　第 23 条（Nulla poena sine lege.）………………………… 8
3　第 29 条（Non-applicability of statute of limitations）…… 9
4　第 54 条（捜査についての検察官の責務及び権限）……… 11
5　第 55 条（Rights of persons during an investigation）…… 12
6　第 59 条，第 60 条（interim release, liberté provisoire）… 13
7　第 61 条（Confirmation of the charges before trial）…… 13
8　第 77 条，第 78 条　（life imprisonment）……………… 14
9　第 78 条（刑の量定）……………………………………… 16
10　第 9 部　judicial assistance, assistance judiciaire ………… 16
11　被拘禁者の一時的移送 …………………………………… 17
〔Ⅰ〕ローマ規程 (17)
〔Ⅱ〕ICC 協力法 (18)
12　規程 98 条 2 項の問題点 ………………………………… 19
〔Ⅰ〕この条項の趣旨 (19)
〔Ⅱ〕米国の悪だくみによる利用 (21)

8　目次

第2節　刑事司法共助条約 ……………………………………23
　　1　まえがき ……………………………………………23
　　2　司法共助（mutual legal assistance）……………24
　　3　第14条　Safe conduct …………………………25
付　録　イタリア憲法における刑事関係の訳語 ………………27
　〔Ⅰ〕第25条第1項（27）
　〔Ⅱ〕第27条第1項（29）
　〔Ⅲ〕第27条第3項（31）

第2章　国際刑法における正当防衛と集団的自衛権 ………32
第1節　問題の所在 ………………………………………………32
　　1　まえがき ……………………………………………32
　　2　国際刑法における正当防衛 ………………………33
　　〔Ⅰ〕正当防衛の要件　その一般的考察（33）
　　〔Ⅱ〕慣習国際法における正当防衛（34）
第2節　国際刑事法廷に現れた正当防衛 ………………………36
　　1　ICTYにおけるKordić & Čerkez事件 …………37
　　2　山本忠三郎事件（英国軍事法廷）…………………38
　　3　Weiss & Mundo事件（米軍事法廷）……………39
第3節　ローマ規程における正当防衛 …………………………40
　　1　規程第31条 …………………………………………40
　　2　正当防衛の規定 ……………………………………41
　　〔Ⅰ〕侵害の要件（41）
　　〔Ⅱ〕防衛の要件（42）
　　〔Ⅲ〕残された問題（43）
　　〔Ⅳ〕新たな問題（45）
第4節　集団的自衛権の問題 ……………………………………49
　　1　はしがき ……………………………………………49
　　〔Ⅰ〕世界法犯罪としての海賊（49）

2　国連憲章第51条の訳語 …………………………………………50
　　　〔Ⅰ〕自衛権という言葉（50）
　　　〔Ⅱ〕正当防衛の根拠（51）
　　3　国連憲章51条における正当防衛の分類………………………52
　　4　憲章51条における正当防衛の検討……………………………52
　　　〔Ⅰ〕自国のための個別的正当防衛（52）
　　　〔Ⅱ〕自国のための集団的正当防衛（53）
　　　〔Ⅲ〕他国のための個別的正当防衛（53）
　　　〔Ⅳ〕他国のための集団的正当防衛（54）

第3章　国際刑法における緊急避難……………………………………57
　第1節　国際刑法の意義……………………………………………57
　第2節　刑事国際法…………………………………………………58
　　1　「刑事国際法」の分野の誕生……………………………………58
　　2　刑事国際法とは……………………………………………………59
　　3　刑事国際法の法源…………………………………………………61
　第3節　国際法における緊急避難…………………………………62
　　1　グラーゼル論文……………………………………………………62
　　2　山田論文……………………………………………………………66
　第4節　緊急避難の構造……………………………………………67
　　1　用語の意義…………………………………………………………67
　　2　緊急避難の要件……………………………………………………68
　　3　不可罰性の根拠……………………………………………………69
　第5節　条約に現れた緊急避難……………………………………71
　　1　欧州人権条約………………………………………………………71
　　　〔Ⅰ〕欧州人権条約第15条（71）
　　　〔Ⅱ〕訳文の解説（72）
　　　〔Ⅲ〕緊急避難の要件（74）
　　　〔Ⅳ〕条約15条2項（75）

       2　国際自由権規約 …………………………………………… 76
       3　ローマ規程（ICC 規程）………………………………… 78
         〔Ⅰ〕緊急避難，個人の刑事責任 (78)
         〔Ⅱ〕補完性の原則に由来する問題点 (79)
         〔Ⅲ〕正当化事由としての緊急避難が認められるか (80)
   第6節　国家責任条文 …………………………………………………… 81
       1　国家責任条文 ……………………………………………… 81
       2　国家責任条文についての若干の検討 …………………… 82
   第7節　結びに代えて …………………………………………………… 83

第4章　アザン『国家間刑法及び国際刑法における
　　　　　緊急避難』…………………………………………………… 86
       1　はしがき …………………………………………………… 86
         〔Ⅰ〕古くて新しい課題 (86)
         〔Ⅱ〕刑法と国際法との交錯 (87)
       2　序説　　緊急避難の歴史と現代の実定法 ……………… 88
         〔Ⅰ〕第1章　歴史 (88)
         〔Ⅱ〕第2章　現代の実定法 (89)
         〔Ⅲ〕固有の公法領域における緊急避難 (90)
       3　国際関係における緊急避難論 …………………………… 92
         〔Ⅰ〕問題点の歴史的考察 (92)
         〔Ⅱ〕国際関係における緊急避難の適用事例 (93)
         〔Ⅲ〕緊急避難のドイツ的概念 (95)
         〔Ⅳ〕ドイツによるベルギーの中立侵犯 (95)
         〔Ⅴ〕ドイツが利用した「生存空間」の理論 (97)
         〔Ⅵ〕緊急理論の賛否両論 (98)
       4　国家間刑法及び国際刑法における緊急避難の制裁 …… 100
         〔Ⅰ〕国家間刑法と国際刑法 (100)
         〔Ⅱ〕国際関係における国家の刑事責任 (101)

〔Ⅲ〕緊急避難と正当防衛（102）
　　〔Ⅳ〕緊急避難と侵略戦争（102）
　　〔Ⅴ〕戦争犯罪，人道に対する罪，緊急避難（104）
　　〔Ⅵ〕緊急避難によって正当化されるか（105）
　5　あとがき …………………………………………………… 106

第5章　上官の命令と部下の責任 ……………………………… 108
第1節　ローマ規程までの国際的動向 ……………………… 108
　1　はしがき ………………………………………………… 108
　2　歴史的発展 ……………………………………………… 109
　　〔Ⅰ〕IMT 規程（109）
　　〔Ⅱ〕ILC 草案（109）
第2節　ローマ規程第33条 ………………………………… 111
　1　規程第33条 ……………………………………………… 111
　　〔Ⅰ〕条　文（111）
　　〔Ⅱ〕第1項の解釈（111）
　　〔Ⅲ〕第2項の解釈（115）
第3節　上官の責任 …………………………………………… 116
第4節　上官の命令と強制との関係 ………………………… 117
　1　はしがき ………………………………………………… 117
　　〔Ⅰ〕強制の一般的意義（117）
　　〔Ⅱ〕映画「私は貝になりたい」（117）
　　〔Ⅲ〕上官の命令と強制との関係（119）

第6章　ローマ規程における強制と緊急避難 ………………… 121
第1節　比較法的に見た強制と緊急避難 …………………… 121
　1　コモン・ロー …………………………………………… 121
　2　強制と緊急避難 ………………………………………… 122
　3　ICTY の Erdemović 裁判 ……………………………… 125

〔Ⅰ〕Erdemović 事件 (125)
　　　〔Ⅱ〕判決 (126)
　　4　若干の立法例………………………………………………… 128
　　　〔Ⅰ〕米国の模範刑法典（MPC）(128)
　　　〔Ⅱ〕ドイツ刑法 (129)
　　　〔Ⅲ〕フランス刑法 (131)
　　　〔Ⅳ〕イタリア刑法 (133)
　第 2 節　ローマ規程における強制と緊急避難……………… 133
　　1　ローマ規程………………………………………………… 133
　　2　妥協の立法がもたらした不明確な規定………………… 134
　　3　規程 31 条 1 項(d)………………………………………… 136
　　　〔Ⅰ〕duress には necessity が含まれる (136)
　　　〔Ⅱ〕構成要件の分析 (137)

第 7 章　代理処罰主義とその問題……………………… 141
　はしがき……………………………………………………… 141
　　　〔Ⅰ〕事柄の発端 (141)
　　　〔Ⅱ〕代理処罰主義の適用事例 (142)
　第 1 節　能動的属人主義による代理処罰…………………… 146
　　1　能動的属人主義…………………………………………… 146
　　　〔Ⅰ〕歴史的考察，適用範囲 (146)
　　　〔Ⅱ〕自国民不引渡しの原則 (147)
　　2　代理処罰主義に現れた不都合…………………………… 149
　　　〔Ⅰ〕相互主義にもとづく場合 (150)
　　　〔Ⅱ〕証拠収集の困難性 (150)
　　　〔Ⅲ〕裁判国における軽い判決 (151)
　　3　軽い法の原則……………………………………………… 152
　第 2 節　代理処罰主義を補う制度…………………………… 153
　　はしがき……………………………………………………… 153

1　刑事訴追の移管 ……………………………………………… 153
　　　〔Ⅰ〕制度の趣旨（153）
　　　〔Ⅱ〕訴追の移管制度の長所（154）
　　2　受刑者の移送 ………………………………………………… 155
　　3　その他検討すべき課題 ……………………………………… 156
　第3節　純代理処罰主義 ………………………………………… 157
　　　〔Ⅰ〕はしがき（157）
　　　〔Ⅱ〕純代理処罰主義の立法例（158）
　　　〔Ⅲ〕純代理処罰主義の問題点（160）
　第4節　代理主義 ………………………………………………… 161
　　　〔Ⅰ〕新しい原則の登場（161）
　　　〔Ⅱ〕代理主義の法的性質（162）

第8章　国際自由権規約第14条 ………………………………… 163
　第1節　序　説 …………………………………………………… 163
　　まえがき ………………………………………………………… 163
　　　〔Ⅰ〕自由権規約の成り立ち（163）
　　　〔Ⅱ〕刑事に関する人権の保障（164）
　第2節　規約第14条の訳文 ……………………………………… 166
　第3節　規約第14条の注釈 ……………………………………… 168
　　まえがき ………………………………………………………… 168
　　1　第1項〔裁判所の前の平等，公正な裁判，公開〕………… 168
　　　〔Ⅰ〕第1項第1文〔裁判所の前の平等〕（168）
　　　〔Ⅱ〕第2文〔公平な裁判所，公正な裁判〕（169）
　　2　第2項〔無罪の推定〕 ……………………………………… 171
　　3　第3項　最小限保障を受ける権利 ………………………… 172
　　　〔Ⅰ〕被疑事実の決定に際しての権利（172）
　　　〔Ⅱ〕各種の権利（173）
　　4　少　年 ……………………………………………………… 176

  5 上級裁判所による再審理……………………………………… 176
  6 誤審の事案における補償………………………………………… 177
  7 一事不再理………………………………………………………… 177
 第4節 弁護人選任権の告知……………………………………………… 178
  1 日本法の不備……………………………………………………… 178
  2 自由権規約 14 条 3 項 d 号の法意……………………………… 179
  3 わが国の裁判所の誤判…………………………………………… 181

第 9 章 国際赤手配と仮拘束……………………………………… 185

 はしがき………………………………………………………………… 185
 第1節 国際刑事警察機構（Interpol）………………………………… 186
  1 Interpol …………………………………………………………… 186
  2 国際手配書………………………………………………………… 187
   〔Ⅰ〕国際手配書の種類（187）
   〔Ⅱ〕国際手配書を発する場合（188）
   〔Ⅲ〕国際手配書の発行件数（189）
  3 日本が発した赤手配……………………………………………… 190
   〔Ⅰ〕当初，赤手配をしなかった理由（190）
   〔Ⅱ〕1989 年以降における赤手配（191）
   〔Ⅲ〕赤手配がされた主要な犯罪（192）
 第2節 憲法における令状主義の保障…………………………………… 194
   〔Ⅰ〕憲法 33 条（194）
   〔Ⅱ〕憲法 31 条〔法定手続の保障〕（195）
 第3節 犯罪人引渡しとの関係…………………………………………… 196
 第4節 赤手配にもとづく仮拘束………………………………………… 197
   〔Ⅰ〕仮拘束制度の創設（197）
   〔Ⅱ〕条約に現れた仮拘束（199）
   〔Ⅲ〕ローマ規程における仮拘束（201）

第5節　国際刑事協力における相互主義……………………… 202
　　結　語……………………………………………………………… 204
　　　〔Ⅰ〕仮拘束の意義（205）
　　　〔Ⅱ〕赤手配の原則化の必要性（206）
　　　〔Ⅲ〕いわゆる代理処罰の盲点（206）

第10章　死刑，終身刑，無期刑……………………………… 208
　第1節　死　刑…………………………………………………… 208
　　1　廃止国と存置国………………………………………………… 208
　　2　死刑に代わるもの……………………………………………… 210
　第2節　終身刑…………………………………………………… 211
　　1　終身刑の定義…………………………………………………… 211
　　2　終身刑を導入している立法例………………………………… 212
　　　〔Ⅰ〕米国の終身刑（212）
　　　〔Ⅱ〕テキサス州の終身刑（213）
　　　〔Ⅲ〕米国における若干の統計（214）
　　　〔Ⅳ〕少年に対する終身刑（214）
　　　〔Ⅴ〕欧州人権裁判所の判決（216）
　　　〔Ⅵ〕国際自由権規約（ICCPR）（216）
　第3節　無期刑…………………………………………………… 217
　　1　無期刑とは……………………………………………………… 217
　　2　仮釈放の要件期間……………………………………………… 218
　　3　無期刑の執行期間……………………………………………… 219
　　　〔Ⅰ〕わが国の実情（219）
　　　〔Ⅱ〕フランスにおける在所期間（220）
　第4節　無期刑を認めない国…………………………………… 222
　　1　はしがき………………………………………………………… 222
　　2　無期刑を廃止した国…………………………………………… 223
　　　〔Ⅰ〕ポルトガル（223）

〔Ⅱ〕ブラジル (223)

〔Ⅲ〕スペイン (223)

 3 無期刑廃止国との刑事司法共助 …………………………… 224

 〔Ⅰ〕犯罪人引渡し (224)

 〔Ⅱ〕狭義の刑事司法共助 (225)

第5節 終身刑導入の問題点 ………………………………………… 225

 1 終身刑創設法案 …………………………………………… 225

 2 終身刑の導入に反対する ………………………………… 227

 〔Ⅰ〕終身刑を導入しただけの場合 (227)

 〔Ⅱ〕終身刑は死刑に代わりえない (228)

 〔Ⅲ〕終身刑の導入に反対する理由 (230)

第6節 結　び ……………………………………………………… 232

第11章 共謀罪新設の批判的検討 ……………………………… 234

第1節 はしがき …………………………………………………… 234

 1 問題考察の出発点 ………………………………………… 234

 〔Ⅰ〕陰謀と共謀 (234)

 〔Ⅱ〕法定刑では対等の扱い (236)

 2 一般的共謀罪の新設問題 ………………………………… 236

 3 共謀罪法案 ………………………………………………… 237

 〔Ⅰ〕法案の条文 (237)

 〔Ⅱ〕法案に向けられる主要な批判 (238)

 4 共謀罪法案をめぐる経緯 ………………………………… 239

第2節 国越組織犯罪防止条約 …………………………………… 240

 1 条約の沿革と主な内容 …………………………………… 240

 〔Ⅰ〕条約の沿革 (240)

 〔Ⅱ〕条約の名称 (241)

 2 TOC条約の主な内容 …………………………………… 243

第 3 節　組織的犯罪集団への参加の犯罪化……………………… 244
　関係条文の邦訳………………………………………………… 244
第 4 節　TOC 条約の国内法化…………………………………… 246
　1　はしがき……………………………………………………… 246
　2　TOC 条約の国内法化……………………………………… 247
　　〔Ⅰ〕国内法化の 2 つの主義（247）
　　〔Ⅱ〕国内法への取入れの程度（249）
　　〔Ⅲ〕安全ガード条項（250）
　　〔Ⅳ〕本条約取入れの一般要件（250）
　3　組織的犯罪集団への参加の犯罪化（第 5 条）…………… 252
　　〔Ⅰ〕第 5 条 1 項(a)（252）
　　〔Ⅱ〕共謀の犯罪化の要件（258）
　　〔Ⅲ〕共謀罪の選択的要件（258）
　　〔Ⅳ〕参加の犯罪化の要件（260）
　　〔Ⅴ〕共犯行為等の犯罪化（260）
第 5 節　立法例における共謀罪………………………………… 262
　まえがき………………………………………………………… 262
　1　英国法における共謀罪……………………………………… 263
　2　米国法における共謀………………………………………… 265
　　〔Ⅰ〕U.S.C.（合衆国法典）（265）
　　〔Ⅱ〕特別法上の共謀罪（267）
　　〔Ⅲ〕外部行為（overt act）（267）
　　〔Ⅳ〕ピンカートン理論による処罰範囲の拡大（268）
第 6 節　立法例における参加罪（結社罪）…………………… 271
　まえがき………………………………………………………… 271
　　〔Ⅰ〕スイス刑法（1937 年制定，1942 年施行）（272）
　　〔Ⅱ〕オーストリア刑法（1974 年制定）（273）
　　〔Ⅲ〕スペイン刑法（1995 年制定）（274）

第7節　日本刑法の基本構造……………………………………… 276
　　1　日本刑法の特色 ……………………………………………… 276
　　2　外国刑法との比較 …………………………………………… 277
　　　〔Ⅰ〕日本刑法の法定刑（277）
　　　〔Ⅱ〕法定刑の国際比較（278）
　　3　法益侵害性の程度に対応する犯罪構造（282）
　第8節　一般的共謀罪を新設すべきか…………………………… 284
　　1　犯罪化の義務的要件 ………………………………………… 284
　　2　留　保 ………………………………………………………… 284
　　3　犯罪的結社罪（参加罪）の新設 …………………………… 286
　　4　特別捜査手法 ………………………………………………… 287
　　5　司法取引 ……………………………………………………… 289
　第9節　共謀罪法案をめぐる諸問題……………………………… 290
　　1　処罰範囲の過度の拡大 ……………………………………… 290
　　2　国越性，犯罪集団の関与性 ………………………………… 291
　　3　「団体の活動として」の意義 ……………………………… 292
　第10節　補　論…………………………………………………… 293
　　　〔Ⅰ〕犯罪人引渡し（293）
　　　〔Ⅱ〕司法共助（294）

資料1　アメリカ法律協会　模範刑法典 ……………………………… 295
資料2　オーストラリア刑法 …………………………………………… 297

　索引
　外国語索引

第1章　刑事国際法の用語の解釈と翻訳

はしがき
第1節　国際刑事裁判所規程
第2節　刑事司法共助条約

付　録
　イタリア憲法における刑事関係の訳語

はしがき

　およそ翻訳というものは，むつかしい。外国語そのものに幾通りもの意味があること，日本語への当てはめが困難な場合があること，さらに専門用語となれば，当該領域における学術的な意味に当てはめなければならないことなどが，その主たる理由である。

　かねてから世界中で最も数多くの翻訳がなされているのは，聖書であるといわれる。日本語の聖書訳でも，文語訳あり，口語訳ありであるのに，その口語訳についても時代の推移を反映するかのごとく，幾通りもの訳が公刊されている。しかも，その訳語についても，アルメニア語，ヘブライ語，ギリシャ語ではこういう意味であった，などの註釈が付けられているものがある。例えば，有名な山上の説教における「心の貧しい人は，幸いである」（マテオ福音書5章）というときの「貧しい」pauper（ラ），poor（英），pauvre（仏）は，その代表的なものである。[1]

(1)　ここにいう「貧しい」とは，さまざまに議論されており，今日なお解釈学者によっていくつかの異なる見解が述べられている。一般には，「謙遜な」とか，「清

貧な心をもっている」とかの意味に解されている。バルバロ著・聖マテオ福音書註解（1951年，ドン・ボスコ社）96頁。

〔Ⅰ〕 日常生活の用語と法律用語とのギャップ

普通の言葉が専門的意味で用いられるときの訳語にあっては，しばしば困難に遭遇する。さし当たり，4つの事例を紹介しよう。

(1) 日本の"義理"の意義

1999年ころ，東京大学で開かれた日仏法学シンポジウムの際に催された懇親会の席上，フランスの教授から「ギリ（義理）とは，何ですか」と問われて，答えるのに四苦八苦したことがある。筆者の語学力が至らぬせいもあるが，思想や文化の異なる外国人に封建的制度の匂いのする言葉の意味を伝えることの難しさを感じたことであった。

フランスで出版された故野田良之教授の（東大名誉教授）名著『日本法入門』（Intrtoductiton au Droit Japonais, 1966, Dalloz）の中に"giri"（ギリ，義理）のことが述べられているので，フランスの教授は，日本に行ったらこの不可解な言葉の意味を確かめたいと思っていたのであろう。

(2) fine という言葉

英語の'fine'には，形容詞としては，りっぱな，すぐれた，よく晴れた，美しいなどの意味がある。ところで，'fine'には，名詞で，罰金の意味もある。

では，'day-fine'の意味は，なにか。勘の働く人は，これは，「昼間は，晴れ」という天気予報であろう，と思うかもしれない。しかし，正しくは，日数罰金を指す法律用語である。近時，日数罰金（jour-amende, dias-multa, Tagesbuβe）の制度を採用する国は，多い。この制度によれば，裁判官は，「被告人を○○日の罰金に処する。1日の罰金額は，○○ユーロとする。」との判決を言い渡す。そこで，罰金の額は，日額（1日あたりの金額）に日数を掛けたものということになる。[2]

(2)　収入や財産の多寡に応じて，裁判官は，日額を決定するので，罰金の公平性が図られることになる。

　ところで，Singapore is a fine country. には，2通りの訳がある。1つは，「シンガポールは，美しい国だ」というのであり，他は，「シンガポールは，罰金王国（罰金を多用する国）だ」という意味である。これは，シンガポールが街並みをきれいにするために，例えば，たばこの吸い殻のポイ捨て，路上でチューインガムをかむ行為などにも罰金を科すこととしているからである。そこで，上記のスローガン中の'fine'には，罰金多用によって街並みを美しくしようとしている，政治のやり方に対する皮肉が込められているのである。[3]

(3)　森下・諸外国の汚職防止法制（2013年，成文堂）135頁以下。

(3)　charge の意味

　英語の'charge'には，さまざまな意味がある。辞書には，幾通りもの意味が載っている。普通，日常生活で用いられるのは，「義務・責任を負う」，「負担する」，「（容器にものを）詰める」などである。わが国でも，ICカードをチャージする，蓄電池（バッテリー）に充電（チャージ）するなどは，日常生活でも用いられている。

　法律用語では，通常，義務を負わせること，担保を負わせることなどを意味する。

　刑事事件にあっては，犯罪の容疑をかけること，被疑事件として立件することのほか，告発，起訴という意味でも用いられる。日本法の観点からすればかなり範囲が広いので，この言葉が用いられている国の制度に照らして，手続のどの段階で，どの意味に用いられているかを吟味する必要がある。[4]

(4)　これについては，本書第8章169頁以下を参照されたい。例えば，国際自由権規約14条2項は，「犯罪の容疑をかけられているすべての者（Everyone charged with a criminal offence）は，法に従って有罪の証明があるまでは無罪と推定され

る権利を有する。」と規定している。これは，無罪推定の原則が，被疑者に対する取調べの段階でも適用される，との趣旨である。

(3) huit jours というフランス語

フランス語では，'huit jours'（直訳すれば，「8日」を意味する）は，普通，1週間（une semaine）を意味するものとして用いられている。これは，例えば，日曜日から次の日曜日まで数えて8日をいう場合に1週間を指す言葉として用いられる。それゆえ，"15日"（quinze jours）が2週間を指す言葉として用いられる。

この用法によれば，'dans huit jours'（8日後に）は，「1週間後に」という意味で用いられる。

ところで，1週間（a week, una settimana（伊）[5]，una semana（西），eine Woche（独））が7日を意味することは，広く国際的に通用している。では，法律の条文中に 'huit jours' が用いられたとすれば，それは「8日」を指すか，「1週間」（すなわち，7日）を指すであろうか。1日の違いとは言え，法令の立場からは明確にする必要がある。著者がフランス留学中に司法省参事官のヴェラン（Jacques Vérin）氏にこの点につき尋ねたところ，「仮に法律の条文又は誓約書の条項中に 'huit jours' が用いられたとすれば，それは文字どおり '8日' と解すべきである」という明確な解答があった。

例えば，フランス刑法 222-11 条〔傷害〕が「暴行によって8日（huit jours）を超える完全な労働不能を生じさせた場合は，3年以下の拘禁刑及び4万5,000ユーロ以下の罰金に処する。」と規定している。ここでは，huit jour は，1週間ではなくて，'8日' を意味する。

(5) イタリア語の semana（週）は，数字の 7（sette）に由来する言葉である。

〔Ⅱ〕 条約等の公定訳に見る誤訳

刑事に関する条約・協定の，わが国における公定訳なるものには，実に多くの誤訳が見受けられる。

この公定訳なるものは，条約等の正文を外務省で翻訳したものを内閣法制局で審査し，それが国会で承認されたものだそうである。恐らく，内閣法制局の審査といっても形式面に係るものであろう。その上，国会での審議は，用語の翻訳についてはフリー・パスであろう。そうだとすれば，誤訳の根源は外務省にある，ということになる。

　刑事法学者の立場からすると，公定訳には歴然たる誤訳が，数多く存在する。それが，研究面でのみならず実務面で幾多の弊害を生んでいる。

　誤訳の根源は，主として次の 2 点に見出されであろう。

　その 1 は，外務省の翻訳官が条約の英語正文を素材として訳出を試みていることである。しかし，国連条約では，国連の公用語であるアラビア語，中国語，英語，フランス語，ロシア語及びスペイン語の条文がひとしく正文 (equally authentic) とされている。ところで，今日，世界の文明国において最も広く通用している法系は，common law（英米法）と civil law（大陸法）であるところ，common law の国では英語が，また，civil law の国ではフランス語が広く通用している。それゆえ，国際条約を日本語に訳すときには，英語正文とフランス語正文とを対比しながら当該条文の意義を探るべきことが要請される。ここで留意すべきは，刑事法に関しては，common law と civil law との間で，伝統的に用語の意義・内容の異なることがあることである。[6]しかも，わが国は civil law 系の国に属するのであるから，翻訳にあたってはフランス語正文を基本として参照することが望まれる。なお，スペイン語は，フランス語と同様，ラテン語の系列に含まれるのであり，スペイン語正文とフランス語正文との間には内容的差異は認められない。

　その 2 は，外務省の翻訳官の側に刑事国際法及び国際刑事法についての専門的勉強が不足していることである。この指摘については，「多様なレパートリーを扱う翻訳官に過大な要求をするものだ」という言い訳がなされるかもしれない。しかしながら，その言い分は，公定訳が末永く影響を及ぼすことに思い至るならば，とうてい受け容れることのできないものである。

これについての対策としては，刑事国際法の用語の翻訳については，まず，法務省の専門担当官との間で綿密な事前協議をすること，次いで国際刑事法学者の協力を得ることが必要である。[7]

(6) 例えば，common law には，もともと'保安処分'という概念が存在しない。
(7) わが国の刑事法学者は，一般的に見て，国際刑事法についての研究に欠けるところがある。例えば，中野目美則編・国際刑事法（2013 年，中央大学出版部）には，専門用語について多数の誤訳が存在する。

〔III〕 **国際刑事法におけるハイブリッド化**

第 2 次大戦後，国際犯罪の制圧に関する国際的連帯性を強化する必要性が自覚されるに至り，そこから国際刑事法廷におけるハイブリッド法（hybrid law）と呼ばれる新しい法分野が誕生するに至った。[8]

この新しい動向は，さし当たっては刑事手続法の領域について見られるのであるが，罪刑法定主義が国際法にあっても貫徹されるべきであるとの見地から，刑事実体法の領域においても緩やかではあるが認められる。[9] それゆえ，今後は，こうした新しい動向にも眼を向ける必要がある。

(8) 森下『国際刑法の新しい地平』国際刑法研究第 12 巻（2011 年，成文堂）1 頁以下。
(9) これについては，次の文献が有益である。Gallant, The principle of legality in international and comparative law, 2010, Cambridge University Press.

以下，著者の眼にとまった幾つかの条約について，誤訳を取り上げ，その問題点を指摘する。

第 1 節　国際刑事裁判所規程

常設の国際刑事裁判所（International Criminal Court = ICC）の創設に関する規程は，**ローマ規程**（Rome Statute, Statut de Rome）（**ICC 規程**）と呼ばれている。同規程は，1998 年 7 月 18 日，ローマ外交会議で採択され，2001 年

7月1日に発効した。わが国は，2007年10月1日，第105番目の当事国となった。

以下，英語正文とフランス語の各正文における用語を挙げながら，訳語を考えてみる。

1　第9条（Elements of Crimes, Éléments constitutifs des crimes）

公定訳は，これに「犯罪の構成要件に関する文書」という長たらしい訳を付けている。しかし，これは，フランス語正文における 'éléments constitutifs des crimes' の表現どおり，「犯罪構成要件」と訳すのが正しい。ただし，「犯罪」を付けるまでもなく，学術用語として通用している「構成要件」と訳せば足りる。

ドイツ語訳では，英語の 'elements of crimes' に対応する訳語として，文字どおり「犯罪要件」(Verbrechenselemente) が用いられている。このドイツ語は，構成要件を意味する学術語である 'Tatbestand' を用いることを避けた表現となっている。それは，恐らく規程第9条にいわゆる 'elements of crimes' は規程6条以下の構成要件の解釈・適用を助ける（規程9条）下位の適用法を指す（21条参照）という見地から，「犯罪要件」という表現を用いたものと解される。スペイン語正文では，英語と同様に，「犯罪要件」にあたる "Elementos de los crímenes" が用いられている。

規程21条（適用法）1項によれば，elements of crimes は，適用法としては規程（Statute）の下位に置かれている。これによれば，規程における構成要件では明確性が欠ける場合に，それらの構成要件の「解釈及び適用」(interpretation and application) を助ける (assist, aider, helfen) 役割を果たすのが，'elements of crimes' である。

外国の文献には 'annexed elements of crimes' という表現を用いたものがある[10]。これは，規定（Statute）に定める構成要件を補足する役割を果たすものであるという点に着眼したものと解される。筆者は，これにならって，「付加構成要件」という簡潔で明白な表現を充てることとしたが，内容的には，「**補充構成要件**」という訳語がベターであるように思われる[11]。

もし，これに対して，'elements of crimes' は文字どおり「犯罪要件」と訳せばよいというのであれば，それも1つの見解であろう。ただ，そうすると，「構成要件」と「犯罪要件」との混用が生じるであろう。ドイツ語では Tatbestand（構成要件）と Verbrechenselemente（犯罪要件）とは明白に区別されるのであるが，日本語では，もともと「構成要件」は'犯罪構成要件'の簡潔な表現として用いられているので，「犯罪要件」との間で明確な区別をすることが困難であるように思われる。

わが国の公定訳は，elements of crimes を「犯罪の構成要件に関する文書」という長い訳語を充てている。なぜ，elements が「文書」になるのか。普通，「文書」に当たる言葉としては'documents'が用いられている（規程93条1項dをみよ）。文書は，送達の対象とされることがあるが，犯罪構成要件の「解釈及び適用を助ける」適用法になることはありえない。

(10)　Gadirov, Elements of crimes, in : Triffterer (ed.), Commentary on the Rome Statute of the International Criminal Count, 1999, Nomos, p. 309.
(11)　森下・国際刑法学の課題72頁。

2　第22条（Nullum crimen sine lege.）
　　第23条（Nulla poena sine lege.）

このラテン語の見出しは，第22条「法律なければ犯罪なし」，第23条「法律なければ刑罰なし」と訳すべきである。

この2見出しは，両者を合わせて罪刑法定主義を意味する。このスローガンは，ドイツのフォイエルバッハ（P.J. Anselm v. Feuerbach, 1775-1831）がその刑法教科書で罪刑法定主義を示す言葉として書いたものに由来する。罪刑法定主義は，イギリスのマグナ・カルタ（Magna Carta，1215年）に由来するのであるが，フォイエルバッハが上記のラテン語で表現して以来，世界の諸国で共通するスローガンとして用いられている。[12]

周知のように，罪刑法定主義というときの「法」は，狭義の法律（loi, Gesetz, legge, act）のことである。国会（議会）が制定した「法律」であることを要

する点に，罪刑法定主義の核心となる意味がある。それゆえ，「慣習法は，刑法（刑罰法規）の法源となりえない」というのが，罪刑法定主義の派生原則の1つとされている。このことは，刑法学の初歩を学んだ者は，当然，知っているはずである。

しかるに，公定訳は，第22条の見出しを「法なくして犯罪なし」と訳し，第23条の見出しを「法なくして刑罰なし」と訳している。つまり，罪刑法定主義の「法」を一般的ないし広義の法を意味する droit, Recht, diritto, law として捉えている。このことは，公定訳を担当した外務省の役人が刑法学の初歩的知識さえもっていないことを物語るものである。

(12) cf. Broomhall, Nullum crimen sine lege., in：Triffterer（ed.）, supra note 10, p. 447 et seq.；Schabas, Nulla poena sine lege., in：Triffterer（ed）, supra note 10, p. 463 et seq.

3　第29条（Non-applicability of statute of limitations）

この英語の見出しは，「時効の不適用」と訳すべきものである[13]。フランス語の見出しである 'Imprescriptibilité' は，直訳すれば，「無時効性」ということになろう。

公定訳は，上記英語の見出しを「出訴期限の不適用」と訳している。ここでは，'statute of limitations' が「出訴期限」と訳されている。これは，恐らく田中英夫編集代表『英米法辞典』（1991年，東大出版会）に記載されている訳語に従ったのであろう。もともと，英法における 'statute of limitations' は，1623年法を祖とする出訴期間法を意味することから理解されるように，（一定の法律効果が発生することとなる期間を制限する）statute（法律）であって，英法で最も重要なのは，1623年法と1874年の Real Property Limitation Act であって[14]，民事的色彩の濃いものであったようである。それは，消滅時効と同じ役割を果たす[15]。

だが，'statute of limitations' を「出訴期限」と訳すことについては，次の3点で問題がある。

まず,「期限」というと, 法律行為の発生, 消滅又は債務の履行が, 将来発生することの確実な一定の「日時」をいう (法学辞典による)。世間一般に流布している「期限」は, 有効期限とか, 賞味期限などであろう。そのほか, 税金の申告期限, 納付期限というものもある。しかるに, 'Statute of limitations' は,「訴訟の提起を訴訟の原因の発生後の一定の期間内に制限する法律」を指すのである。そうであれば, 英米法辞典では, これを「出訴期間法」と訳すべきであった。英法の起源をたどるのであれば, statute of limitations は, 主として民事の訴訟を提起することのできる期間を制限する法律を意味するであろう。しかるに, 刑事訴訟に関する時効を指す言葉として, 本来であれば「期間」というべきものが「期限」に転化し, しかも「法律」を指す言葉としての「法」が消えてしまったのは, 不合理である。

第 2 田中英夫編の『英米法辞典』には, statute of limitations の項目につき,「(コモン・ロー上の) 消滅時効」という訳語も載っている (809 頁)。いずれの国の法制にあっても, 刑事について取得時効たるものは存在せず, もっぱら (公訴権又は刑罰権の) 消滅時効のみが存在する。それゆえ, ローマ規程にあっては, 単に「**時効**」と訳せば十分である。

ところで, わが国の公定訳では, ローマ規程の公定訳に限らず, 他の条約の公定訳においても, statute of limitations は「出訴期限」と訳されている。例えば, 1997 年の OECD 外国公務員贈賄防止条約 (日本国につき, 1999 年 2 月 15 日発効) 第 6 条 (時効) でも, しかりである。公定訳では,「外国公務員に対する贈賄に適用される出訴期限は, この犯罪の捜査及び訴追のために適切な期間を与えるものとする。」となっている。

ところが, 国連の汚職防止条約 (UN Convention against Corruption = UNCAC) の公定訳では, 第 29 条 (Statute of limitations) を「出訴期間」と訳している。その結果,「締約国は, ……公の国内法により……長い時効期間 (a long statute of limitations period) を定める」の英語部分を「長期の出訴期間」と訳している。これは,「出訴期限」という訳がおかしいと感じたための苦肉の策であろうか。

第3　わが刑事訴訟法250条は、「時効」という文言を用いており、「時効」という表現は、法律上のみならず、一般国民の間でも完全に定着している。もともと、時効を意味するprescription（仏）、prescrizione（伊）、prescripción（西）は、ラテン語の'prescribo'（時効にかかる。時効が完成する）に由来する言葉である。

現今、英語では時効を意味する言葉として、statute of limitations, statutory limitations, lapse of timeという表現のほか、'prescriptibility'というラテン系国の用語にならった言葉も用いられている。ドイツ語のVerjährungは、もともと「時効にかかること」という意味である。ローマ規程は、アラビア語、中国語、英語、フランス語、ロシア語及びスペイン語をひとしく正文としている（128条）。これらのことを考え合わせば、約400年も昔の英国の法律に源をもつとされる「出訴期限」、「出訴期間」という訳語に固執するのは、適当でない。時効制度の歴史を尋ねるならば、ローマ帝国時代の紀元前17〜18世紀に公布されたLex Julia de adulteriisに最初の規定が見いだされるといわれる。

(13)　なお、ドイツ語訳ではNichtanwendbarkeit von Verjährungsvorsvorschrift（時効規定の不適用）となっている。
(14)　高柳賢三・末延三次編・英米法辞典（1952年、有斐閣）399頁、449頁。
(15)　高柳・末延編・注(14)前掲書449頁。
(16)　高柳・末延編・注(14)前出頁。
(17)　Kok, Statutory Limitations in International Criminal Law, 2007, pp. 1, p. 36, 92.
(18)　Kok, op. cit., p. 14. 森下・国際刑法の新しい地平（2011年）18頁。

4　第54条（捜査についての検察官の責務及び権限）

本条1項a号は、検察官の責務として、"In order to establish the truth"（真相を明らかにするため）捜査する旨を規定している。ところが、公定訳では、上記の英語は「真実を証明するため」と訳されている。

わが国の刑訴法1条（この法律の目的）は、「事実の真相を明らかにし……」と規定している。裁判官といえども、真相を証明することは困難（時には、

不可能)であろう。もし,真相を証明するための捜査が責務であるとすれば,検察官の捜査は行き過ぎになるおそれがある。ローマ規程の基本理念は,「無罪の推定」の原則を刑事手続のすべての段階(捜査段階も,これに含まれる)にまで及ぼすことである。

5 第55条(Rights of persons during an investigation)

この見出しは,「**捜査における人の権利**」と訳すべきである。フランス語正文では,見出しは,"Droits des personnes dans le cadre d'une enquête"(捜査段階における人の権利)となっている。いずれにしても,persons, personnesは,「人」を指す。

しかるに,公定訳は,これを「被疑者」と訳している。それは,本条項の趣旨を理解しない,完全な誤訳である。注釈書によれば,ここにいう「人」'persons'には,被疑者のみならず,参考人,目撃証人なども含まれる。[19]人が逮捕の対象となるとき(58条等)もあるが,参考人等として事情を聴取されることもある。解説書によれば,規程55条は,国際捜査の段階における人の権利の保障に関する最も進歩した規定である。[20]

なお,ローマ規程は,一般に'被疑者'を意味するものと解されているsuspectとかsuspeted personという言葉を用いていない。これにつき,規程61条の項を参照されたい。

(19)   注釈書では,55条1項は,「捜査におけるすべての人(all persons)の権利」との見出しの下で,捜査段階におかれているすべての者につき権利が尊重されねばならないとの趣旨であることが説かれている。cf. Hall, in:Trifftterer(ed.), supra note 10, p.729.
(20)   Zappala, in:Cassese, Gaeta & Jones, Rome Statute of the ICC. A Commentary, vol Ⅱ, 2002, Oxford, p.1183.

6　第 59 条，第 60 条（interim release, liberté provisoire）

　第 59 条および第 60 条には，'interim release' という言葉が出てくる。これは，わが刑事訴訟法の用語に照らせば，「**保釈**」に当たる。

　公定訳は，interim release を「暫定的な釈放」と訳しているが，これでは，何のことか理解できない。フランス語の liberté provisoire は，直訳すれば，「仮の自由」となるが，内容に照らして「保釈」と訳すのが適切である。なぜならば，フランスでは，1970 年 7 月 17 日法による改正までは，liberté provisoire が「保釈」の制度として存在したからである[21]。

　なお，市販の条約集の中にはこの言葉を「仮釈放」と訳しているものがある[22]。だが，「仮釈放」というときは，'parole'（英），'libération conditionnelle'（仏）という法律用語が存在するのであって，「保釈」と「仮釈放」とは，全く異なる制度である。

(21)　山口俊夫編・フランス法辞典（2002 年，東大出版会）335 頁をみよ。
(22)　山手治之ほか編・ベーシック条約集〔第 5 版〕（2004 年，東信堂）741 頁。

7　第 61 条（Confirmation of the charges before trial）

　これは，難解な条文である。内容もさることながら，用語としての 'charges' をどう訳すかが，問題である。著者の見解によれば，ここにいわゆる 'charges' には，「被疑事実」という訳語が適当と考えられる。それゆえ，本条の見出しは，「**公判前の被疑事実の確認**」と訳される。

　公定訳は，本条における 'charges' を「犯罪事実」と訳している。わが国で公刊されている『国際条約集』（有斐閣）によれば，1950 年の欧州人権条約 5 条（身体の自由及び安全に対する権利）2 項中，'charge' は「被疑事実」と訳されている。この訳は，適切である[23]。

　第 61 条は，難解な条文である。これについては，ICC における予審手続（pre-trial proceedings）の 2 重構造を理解しなければ，翻訳は容易でない[24]。

　第 61 条は，予審の第 2 段階に当たる被疑事実の確認（confirmation of

charges) の手続に関するものであるが，その手続の対象者は，被疑者 (the person charged（英），la personne faisant l'objet de l'enquête（仏）[25] である。しかるに，公定訳は，この用語を「訴追された者」と訳している。この訳語は，わが国では被告人を意味すると受け取られがちである。その意味で，公定訳の訳語は，適当でない。

ローマ規程は，前述したように，suspect とか suspeted person という言葉を全く用いていない。起訴 (indictment) という言葉も用いられておらず，予審部での被疑事実の確認がそれに当たる意味をもつ。その確認がなされた時以降，被疑者は，「被告人」(accused) と呼ばれる。

55条は，国際的な犯罪捜査の段階における人 (person) の，公判前の権利 (pre-trial rights) につき，第1項で基本的な権利保障を規定し，第2項で追加的な権利保障を規定したものである[26]。そこで注目すべきは，捜査段階にあるすべての者につき，最小限の権利保障として黙秘権，無償で弁護人の弁護を受ける権利などが尋問に先立って告げられるべきことが明記されていることである。これは，1966年の国際自由権規約14条3項が刑事手続における最小限保障として明記したところである。しかるに，わが国の裁判所は，全く不勉強であって，この点につき重大な誤判をしている（本書 181 頁以下をみよ。）

(23) 「被疑事実」と「犯罪事実」とは，似てはいるが，必ずしも同じ意義の用語ではない。公判で「罪となるべき事実」（日本刑訴335条1項）とか「犯罪事実」の認定とか言われることがあるからである。規程65条1項c参照。
(24) 予審の2重構造につき，森下・国際刑事裁判所の研究 143 頁以下をみよ。
(25) このフランス語を直訳すれば，「取調べの対象者」となる。
(26) 森下・注(24)前掲書 126 頁以下。

8　第77条，第78条　(life imprisonment)

第77条（適用される刑罰　applicable penalties）および第78条（刑の量定　Determination of the sentence）では，life imprisonment（英），emprisonnement à perpétuité（仏）という言葉が，適用される刑罰の１つとして用いられている。公定訳は，これを「終身刑」と訳している。この訳語は，大いに誤解を招く言葉である。

わが国では，無期刑と終身刑とは区別して考えられている。というのは，死刑に代わるものとして「終身刑」を創設せよという主張がなされており，そこでは，「終身刑」は，仮釈放の可能性のない，文字どおり「死ぬまで拘禁を続ける刑」として捉えられている[27]。ところが，一部の学者は，life imprisonment を「終身刑」と訳している[28]。このような混乱が生まれるのは，漢字を用いる国で「終」と「無」とが区別されるからである。

では，欧米語で「終身刑」と「無期刑」とを区別するときは，どうするか。欧米語で「終身刑」の意味を明確に示そうとするときは，例えば，1989年のこども権利条約（児童の権利条約）37条で用いられている「釈放の可能性のない終身刑」（life imprisonment with no opportunity for parole）とかの表現を用いるべきである。昔はともあれ，現在，文明国において文字どおりの終身刑を存置している国は，ごく僅かしか存在しない。

ローマ規程にあっては，life imprisonment の場合には，25年間，刑に服したとき，裁判所が減刑するかどうか再審査すべきこととされている（110条３項）。注釈書によれば，これは，仮釈放（又は減刑）の途を拓いたものである[29]。ゆえに，前記の文言は，「無期刑」ないし「無期拘禁刑」と訳すべきである。

(27) 例えば，わが国の（超党派の）「死刑廃止を推進する議員連盟」の作成にかかる「死刑判決全員一致制及び終身刑創設法案」（2008年５月）が，それである。
(28) 龍谷大学刊『国際的観点から見た終身刑 —— 死刑代替物としての終身刑をめぐる諸問題』（2003年，成文堂）が，それである。森下「死刑，終身刑，無期刑」判例時報2013号（2008.10.21）25頁をみよ。
(29) Strijards, in : Triffterer (ed.), supra note 10, p. 1997.

9　第78条（刑の量定）

　第2項は、未決勾留期間を本刑（宣告刑）に必要的に算入すること、及び犯罪の基礎を構成する行為に関連する他の拘禁された期間を本刑に裁量的に算入することを規定する。条文では、「裁判所は、……の期間を（宣告刑から）控除する」（2項前段）、また、「……控除することができる」（2項後段）という規定の仕方をしている。

　ここにいわゆる「控除する」（deduct, déduire）は、「本刑に算入する」（日本刑法21条）ないし「本刑に通算する」（日本刑訴495条）の意味である。公定訳は、これを「刑期に算入する」と表現している。しかし、「刑期」という用語は別の意味をもっているので（刑法28条）、公定訳は、明らかに誤訳である。

(30)　刑期とは、本刑（宣告刑）から未決勾留日数を控除し、現実に執行すべき刑の期間（執行刑期）をいう。

10　第9部　judicial assistance, assistance judiciaire

　第9部の表題 'International Cooperation and Judicial Assistance' は、公定訳では、「国際協力及び司法上の援助」と訳されている。

　私見によれば、judicial assistance（英）、assistance judiciaire（仏）は、内容からして「**司法共助**」と訳すのが、妥当である。なぜなら、その司法共助は、具体的には第93条（他の形態の協力）にくわしく列挙されているところから判断されるからである。例えば、国外にある証拠の収集、証人尋問、文書の送達、捜索、差押え、証拠保全等が、それである（93条1項）。これらは、いわゆる狭義の司法共助（minor legal assistance, entraide judiciaire mineure, kleine Rechtshilfe）と呼ばれている。

　従来、司法共助は、英語では 'mutual assistance' とか judicial assistance' などと一般的に表現されてきた。米国の代表的な著書では、'judicial assistance' が用いられている。条約では、'mutual legal assistance' という

表現を用いたものがあり、わが国の公定訳では「共助」と訳されている。「共助」という用語は、つとに「外国裁判所ノ嘱託ニ因ル共助法」(明治38年法律68号)、「国際捜査共助法」(昭和55年法律69号)で、法律用語として用いられている。

ローマ規程の公定訳は、'assistance' を「援助」と訳している。しかし、単に「援助」といえば、経済的援助、技術的援助、人道的援助なども含まれることがある。ローマ規程の場合には、「捜査共助」とも区別する意味で、「司法共助」と訳すのが適当であると考える。

なお、別の箇所で述べるとおり、OECDの1997年外国公務員汚職防止条約（日本国につき、1999年発効）の公定訳では、第9条（Mutual Legal Assistance）を文字どおり「法律上の相互援助」と直訳している。これは、誤訳である。

(31) 森下・国際汚職の防止（2012年、成文堂）64頁をみよ。
(32) Mueller & Wise, International Criminal Law, 1965; Sweet & Maxwell, p. 375 et seq.; Bassiouni, International Criminal Law, II, Procedure, 1986, p. 93 et seq.
(33) 例えば、2003年の日米刑事司法共助条約（Treaty between Japan and the USA on Mutual Assistance in Criminal Matters）がある。
(34) このほか、国際汚職（international corruption）に関する条約に関する条文訳や論説等において、OECD条約の公定訳にならってすべて「法律上の相互援助」という訳語が用いられている。この訳語は、漠然としているうえ、誤解されるおそれがある。

11　被拘禁者の一時的移送

〔I〕　ローマ規程

規程93条7項は、**被拘禁者の一時的移送**（temporary transfer of a person in custody）を規定する。

この制度は、すでに多くの国際刑事司法共助条約で採り入れられている。例えば、1959年の欧州刑事司法共助条約11条1項、国連の司法共助モデル条約13条、1973年の米国＝スイス刑事司法共助条約26条などが、それ

である。最近では，2003年の日米刑事司法共助条約15条も，明確な規定を設けている。なお，この日米条約では，'sending Party'に「送出国」，また，'receiving Party'に「受入国」という適切な訳が付けられている。

この制度は，被拘禁者（法令により拘禁されている者）を証人尋問のため，又は被疑者もしくは被告人として対質（confrontation）のため，もしくは犯行の再現のために一時的に請求国（受入国）に移送する制度である。一定の期間内に送還すべき旨の条件が付される。被拘禁者の貸与（prêt de détenu）とも呼ばれている。

被拘禁者は，受刑者に限らない。しかるに，わが国のICC協力法（平成19年法律37号）17条（受刑者証人等移送の決定等）は，一時的移送の対象となりうる者を「国内受刑者」に限定している。これは，この制度の趣旨を理解していない結果であると思われる。

(35) 欧州刑事司法共助条約につき，森下・国際刑法の新動向110頁以下，米国＝スイス条約につき，森下・国際刑事司法共助の研究239頁以下をみよ。
(36) 森下・国際刑法の新動向110頁。

〔II〕 ICC協力法

ローマ規程を批准するため，国内法整備の一環として2007年，「国際刑事裁判所に対する協力等に関する法律」（平成19年法律37号）（以下「ICC協力法」という。）が制定された。ICC協力法は，ローマ規程1項(f)及び7項に被拘禁者の一時的移送に関する規定を設けている。

被拘禁者の一時的移送（temporary transfer of a person in custody）とは，請求国の捜査機関又は裁判所（ICCもこれに含まれる）における訴追又は裁判を進める必要上，身元確認，事情聴取，対質，証言取得その他の共助をするため，必要な期間中，被請求国に拘禁されている者（a person in custody；une personne détenue）を請求国に移送する制度をいう。この制度にあっては，請求国は被移送者による協力行為が終わり次第，速やかに被移送者を送出国（sending State, Etat d'envoi）に送還すべき義務を負う。それゆえ，こ

の制度は，外国刑事裁判の執行である「受刑者の移送」(transfer of sentenced persons, transfèrement des détenues condamnées)[37]とは，本質的に異なる。

しかるに，ICC 協力法は，一時的移送の対象となりうる者を「国内受刑者」に限定している。すなわち，同法2条（定義）7号は，「受刑者証人等移送」とは，国内受刑者（日本国において懲役刑若しくは禁錮刑又は国際受刑者移送法（平成14年法律66号）第2条第2号に定める共助刑の執行として拘禁されている者をいう。）を移送することをいう。」と定義している。

このような定義は，ICC 協力法の制定に関与した者が「被拘禁者」(a person in custody, personne détenue) と受刑者 (sentenced person; personne condamnée) との差異を認識していないことに由来するものである。言いかえると，ICC 協力法の立法関与者は，「被拘禁者の一時的移送」は狭義の司法共助の一形態であるのに対し，「受刑者の移送」は，外国刑事判決の（内国における）執行という全く別個の国際刑事司法協力の形態に属するものであるという，基本的な理解に欠けているのである。その結果，わが国がICC 協力法にもとづいて ICC に国際協力をなしうる範囲は，ローマ規程の定義するところよりも狭いものに限定されていることになる。この不合理を解消するため，ICC 協力法は改正されるべきである。

(37) 森下「外国刑事判決の執行による司法共助」同・刑事司法の国際化45頁以下，森下「ヨーロッパ理事会の受刑者移送条約」同・前掲書79頁以下。

12　規程98条2項の問題点

〔Ⅰ〕　この条項の趣旨

98条2項は，「引渡しの同意に関する協力」(cooperation with respect to……consent to surrender) に係るもので，実に難解な規定である。拙訳を次に掲げる。

2　裁判所は，被請求国に対して裁判所へ人の引渡しをするにつき（to surrender a person of that State to the Court), その送出国 (sending State (英), Etat d'envoi (仏)) の同意が必要とされる国際取決め (international agreements; accords internationaux) に基づく義務と両立しない行為となりうる引渡しの請求をすることができない。ただし, 裁判所が引渡しに係る同意を与えるについて送出国の協力をあらかじめ得ることができるときは, この限りでない。

この難解な規定は, 被請求国に拘束中の者 (その国の国民とは限らない) が捜査, 訴追又は刑の執行の終了後, 送り返されるという条件付きで第三国から被請求国に犯罪人引渡しされ (extradited), 引き渡され (surrendered) 又は移送された (transfered) 場合に関するものである[38]。これに該当する場合として, 次の2つの設例を挙げる。

第1例 (犯罪人引渡しの場合)

日本が韓国に対し, 韓国に逃亡中の某国国民 A を (日本において) 強盗罪で訴追するため, 日韓犯罪人引渡条約にもとづき, 韓国に引渡請求をして, A の引渡しを受けた後, ICC から日本国に対し, 人道に対する罪を理由として処罰するため, A の引渡し (surrender) が, 請求された。

この場合, 被請求国である日本は, 日韓犯罪人引渡条約8条 (特定性の原則) により, 韓国の同意を得ないで, A を ICC へ引き渡すことはできない。

第2例 (被拘禁者の一時的移送の場合)

日本は, 自国の裁判所に係属中の刑事事件につき証言してもらうため, 某国に対し, その国の刑事施設に勾留中の被告人 B の一時的移送を請求した。某国は, B の証言が終わり次第, 遅滞なく B を (日本から某国に) 送り返すことを条件にして, 請求に応じた。この一時的移送によって B が日本で身柄を拘束されている期間中に, ICC から日本に対し, 人道に対する罪の被疑者として B を ICC へ引き渡すべき旨の請求がなされた。

この場合, 被請求国である日本は, 某国の同意を得ないで B を ICC へ引き渡すことはできない。

上記の第1例において, 日本が A を ICC へ引き渡せば, 再引渡し (reextradition）を禁止する条約上の義務違反となり，また，第2例において，日本がBをICCへ引き渡せば，被拘禁者の一時的移送に伴う送還義務に違反することになる。これらの事例において，あらかじめ韓国又は某国の同意を得ているときは，被請求国である日本について義務違反の問題は生じないので，日本は，ICCからの引渡請求に応ずることができる。これが，規程98条2項が設けられた本来の趣旨である。

(38) Prost & Schlunck, in：Triffterer, supra note 10, p.1133.

〔Ⅱ〕 米国の悪だくみによる利用

ところが，この条項は，米国の悪だくみ（craft）に利用されることとなった[39]。米国は，ローマ規程の発効以来，世界各地に派遣されている米国軍人らが人道に対する罪等を犯したとしても彼らをICCの訴追対象から外すこと，及び容疑をかけられた米国国民をICCへ引き渡さないことを相手国に求める2国間協定を締結する行動を開始した。

実は，1998年7月17日，ローマにおけるICC創設のための外交会議において，米国は反対を表明した。その後，2000年12月31日の夕方，米国のクリントン大統領は，2年余りにわたる長いためらいの末，ついにローマ規程に署名した。しかるに，2002年5月，ブッシュ政権は，ICC条約の署名を撤回した。こうした経緯を経て，米国は，ローマ規程の発効後，上記の2国間協定を締結する行動を開始した[40]。その協定では，米国の要請に応じない国への軍事援助を凍結すること，国連平和維持活動（PKO）から撤退することなどの，強硬策を打ち出した。そして，2002年に公布された「アメリカ公務職員保護法」（ASPA＝American Service Members' Protection Act）では，ICCとの協力の禁止（2004条），ICC締約国への米軍事援助の禁止（2007条），ICCによって拘束されている米軍人らを解放するための方策を講ずる大統領権限（2008条）などが規定されている[41]。

すでに世界中では，約90か国がこの協定（Status of Forces Agreement）に署名している（2005年当時）。この協定によれば，ICCの締約国の領域内

で米国国民が ICC の管轄犯罪を行ったとしても，犯罪地国である締約国は，容疑者の身柄を ICC へ引き渡す義務を免れることになる。米国は，ICC から同意を求められても拒否するであろうから，ICC による裁判への途は断たれることになる。この点に着眼して，わが国の国際法学者は，規程 98 条 2 項はもともと NATO 地位協定や日米地位協定のように，外国軍隊の自国における駐留に関連して，その要員に対する派遣国の管轄権行使を規定する条約を念頭に置いたものだ，と論じている。

しかし，規程 98 条 2 項の解釈としては，Triffterer 教授編のローマ規程注釈書（注 30 及び 31 を参照）で述べられているのが，本来の趣旨であると考えられる。公定訳は，前記の条項における 'sending State' 'Etat d'envoi'（送出国）を「派遣国」と訳している。だが，「派遣国」は，外交官等を派遣する場合に用いる言葉であって，1969 年の条約法に関するウィーン条約（条約法条約）では，'accrediting State' と表現されていて，'sending State' とは異なる意味をもっている。

規程 98 条 2 項は，人の引渡し及び司法共助の請求に関する規定である。それゆえ，裁判所（ICC）は，ある人が司法共助として，かつ安全行動（safe conduct）の保護の下で被請求国へ一時的に移送される場合，送出国の協力を求めることができる。

(39) Prost & Schlunck, supra note 37, p. 1133.
(40) Clémence Bouquemont, La Cour Pénale Internationale et Les Etats Unies, 2001, 森下「国際刑事裁判所と米国」判例時報 1899 号 45 頁。
(41) 森下・注(40)前掲論文 45 頁をみよ。
(42) 古谷修一「国際刑事裁判所の意義と問題」村瀬ほか編・国際刑事裁判所（2008 年，東信堂）24 頁。
(43) 横田喜三郎・国際法 II〔新版〕(1958 年，有斐閣) 255 頁以下。
(44) **安全行動**（safe conduct）は，ラテン語では salvus conductus，フランス語では sauf-conduit，ドイツ語では freies Geleit, sicheres Geleit と表現されている。著者は，かつてこれをドイツ語の freies Geldit にならってこれを「自由滞在」と訳した。国際刑事司法共助の理論 100 頁，173 頁以下をみよ。しかし，その後，「安全行動」という直訳が理解されやすいと考えて，この直訳語に改めた。

(45) Prost & Schlunck, supra note 37, p. 1133.

第 2 節　刑事司法共助条約

1　まえがき

　ここにいう「刑事司法共助」は，中世初期以来行われ，19 世紀になって初めて法制度として国際公法の体系の中で完全に樹立された国際刑事司法協力の第 2 形態を指す。この形態の司法協力は，19 世紀の中葉以降，刑事司法に関する国家間の協力が進むにつれて，いわゆる「狭義の司法共助」（minor legal assistance, entraide judiciaire mineure, kleine Rechtshilfe）又は「その他の司法共助」（sonstige Rechtshilfe）として発達してきたものである。「狭義の」とか「その他の」という形容詞が付けられているのは，国際刑事司法協力の第 1 形態である犯罪人引渡しが長い歴史をもっているのに対比して，便宜上，そのように呼ばれたのである。

　このような意味における（狭義の）司法共助の内容としては，証人及び鑑定人の尋問，物の引渡し，捜索・差押え，検証，文書の送達，情報の提供などが，典型的なものとして挙げられるが，時代の進展，犯罪行為の多様化などにつれて拡がっている。[46]

　わが国は，欧米先進国に比べて刑事司法共助に関する条約の締結において著しい立ち遅れの状態にある。それにもかかわらず，21 世紀を迎えてから，わが国が刑事司法共助に関する条約や協定を締結することが徐々に進められている。

　それを挙げれば，次のとおりである。

　　日米刑事司法共助条約（2006 年 7 月発効）

　　日本＝韓国刑事司法共助条約（2007 年 1 月発効）

　　日本＝中国刑事司法共助条約（2008 年 11 月発効）

　　日本＝香港刑事司法共助条約（2009 年 9 月発効）

日本＝EU 刑事司法共助条約（2011 年 1 月発効）

日本＝ロシア刑事司法共助条約（2011 年 2 月発効）

これらの条約は，ほぼ同一内容のものである。そのことは理解できる。しかしながら，困ったことに，それらの条約の公定訳において同一の誤った訳語が用いられている。以下，そのうち主要なものを挙げる。このままでは，今後，上記の国以外の国との間で締結されることが予想される刑事司法共助についても，公定訳の中で同じ誤訳がくり返されるおそれがある。以下，日米司法共助条約の公定訳の問題箇所を取り上げる。

(46) 森下・国際刑事司法共助の理論 1 頁以下。
(47) 日本＝EU（欧州連合）共助協定には，日米共助条約等には見られない共助実施の方式をはじめ，共助の拒否事由などについて独特の規定が，いくつも存在する。

2　司法共助（mutual legal assistance）

日米刑事司法共助条約をはじめとして，日韓条約，日中条約等では，その英語の名称は，"Mutual Legal Assistance in Criminal Matters" となっている。しかるに，日本語正文では，条約名は，「刑事に関する共助に関する日本国と○○国との間の条約」となっている。私見によれば，条約名は「刑事司法共助に関する……条約」という簡潔な表現が適切である。

それは，ともあれ，第 1 条第 1 項では，「各締約国は，……この条約の規定に従って司法共助（以下「共助」という。）を実施する。」と表現すべきを，「司法共助」を単に「共助」としている。単に「共助」というときは，広い意味で'相互援助'を指すこともある。概念を明確にすべきであるという観点から，やはり「司法共助」という定着した専門用語にすることが望まれる。英語正文では，"mutual legal assistance（hereafter refered to as "assistance"）" となっているので，先に書いたように，「司法共助（以下「共助」という。）」という表現を用いるのが適当であると思われる。

わが国では，かねてから国際刑事司法共助に関する研究が著しく立ち遅れていた。そのため，1976 年，かのロッキード事件に関し，日本国法務省

と米国司法省との間で締結された「ロッキード社問題に関する司法共助 (Mutual Assistance in the Administration of Justice) のための手続」(いわゆるロッキード協定) にあっても,「司法共助」と訳すべきを「相互援助」という直訳を充てている。以来, わが国では, 'mutual legal assistance' を「法律上の相互援助」と訳す方針が, 公定訳において引き継がれている。例えば, 1997 年の OECD の外国公務員贈賄防止条約 (日本国につき, 1999 年 2 月 15 日発効) の公定訳が, それである (3 条, 9 条, 13 条を参照)。そのため, この公定訳にならって学術書でも,「法律上の相互援助」という表現が, 今なお引用されている。すでに述べたように, 'mutual assistance', 'mutual legal assistance', 'judicial assistance' は, いずれも「司法共助」を表す法律用語, 学術用語であって, フランス語の 'entraide judiciaire', ドイツ語の 'Rechtshilfe' と全く同一の意味をもつ言葉である。

(48) 例えば, 梅田徹・外国公務員贈賄防止体制の研究 (2011 年, 麗沢大学出版会) では, 多数回にわたってこの表現が用いられている。
(49) 森下・国際刑事司法共助の理論 11 頁以下, 同・注(24)前掲書 56 頁。

3 第 14 条 Safe conduct

safe conduct は, *salvus conductus* (ラ), sauf-conduit (仏), sicheres Geleit, freies Geleit (独) と呼ばれていて, ヨーロッパで 19 世紀初めごろから行われている制度である。かつて, 著者は, ドイツ語の 'freies Geleit' にならって, これを「自由滞在」と訳した。しかし, その後, 言葉の直訳が理解されやすいと考えて, これを「安全行動」と訳すことにした。

安全行動とは, 請求国の関係当局から証人尋問等のため出頭を招請された者が, 被請求国を離れる前に犯した行為又は有罪判決を理由として請求国の領域内において拘禁されることも, いかなる自由の制限を受けることもない, という意味である。事実, この意味における安全行動の保証がなければ, 請求国に赴くことに同意する者はいないであろう。招請に応じて請求国に赴く証人等は, 請求国において拘禁されることも, 自由の制限を

されることもないという意味で、請求国における自由な滞在が保証される訳である。

公定訳は、safe conduct を「保護措置」と訳している。この訳語は、適切でない。なぜなら、司法共助においては、「保護措置」という言葉は、別の意味に用いられているからである。

「保護措置」（protection measures, witness protection measures）とは、証人等（場合によっては、その家族を含む）の生命、身体、自由に対する脅威から完全に守る措置をいう。特に、テロリスト、マフィアなどに係る事件の場合には、保護措置の万全を期することが、強く要請される。なぜなら、例えば、イタリアでは、法廷で証言して帰宅した者がマフィアによって暗殺された事例があり、また、ICTR（ルアンダ国際刑事法廷）では、有名な Akayesu 事件（1998年10月2日判決）で2人の被害者が法廷で証言して帰宅した後、2人とも殺害された事例があるからである。(50)

ローマ規程は、これらの事情にかんがみ、「被害者及び証人の保護」（protection of the victims and witnesses）に関する規定を設けている（43条6項、68条）。これには、代表的なものとして、①証人の匿名（witness anonymity）及び②公開審理の原則の例外が挙げられる。(51)最も困難であるのは、証人等自身のみならず家族の生命・身体の安全、さらに新しい戸籍、隠れ家をも提供することを要する場合であろう。

ヨーロッパ刑事司法共助条約第2追加議定書（2001年）の第23条（証人の保護）は、請求国と被請求国の権限のある当局がそれぞれ国内法に従って保護措置（measures for the protection, mesures visant la protection）をとるべき旨を規定している。(52)

このようにして、「安全行動」（safe conduct）と「保護措置」（protection measures）とは、全く別の事柄であることが理解されるであろう。しかるに、日・EU 共助協定の公定訳は、第23条の見出し "Safe conduct" を「保護措置」と訳している。このように誤解を招く訳語は、速やかに改めるべきである。

(50) 森下・国際刑事裁判所の研究230頁。
(51) 森下・前掲書232頁以下。
(52) 森下・注(24)前掲書233頁以下，250頁。

追　記

　1966年の国際自由権規約についても，その公定訳中，重大な誤訳があり，その誤訳が実務でも大きな弊害をもたらしている。それについては，第8章「国際自由権規約第14条」の記述を参照していただきたい。

付　録　イタリア憲法における刑事関係の訳語

　1947年のイタリア憲法（1948年1月1日，施行）は，個人の尊厳，基本的人権の擁護を強く打ち出した憲法として注目すべき憲法である。
　この憲法における刑事関係の規定についての邦訳の中で，いささか問題になるものがあるので，その若干について取り上げる。

〔I〕　第25条第1項

Nessuno può essere distolto dal giudice naturale prescosituito per legge.
　岩波文庫の宮沢俊義編・世界憲法集（第4版）（1983年）114頁には，次の訳（宮沢俊義訳）が載っている。
　「何人も，法律で定められた自然の裁判官〔の裁判を受ける権利〕を奪われることはない。」
　三省堂の初宿正典・辻村みよ子編・新解説世界憲法集（第2版）（2010年）には，次の訳（井口文男・岡山大学名誉教授訳）が載っている。
　「何人も法律で定める自然の裁判官の裁判を受ける権利を奪われない。」
　上記の三省堂・新解説世界憲法集は，かつて樋口陽一・吉田善明編で出版された『解説　世界憲法集』（第1刷，1989年）を基本的に承け継ぎなが

ら主要国の憲法に種々の改正がほどこされたものを取り入れて『新解説』として出版したものである。この書では，イタリア憲法については，当初から井口文男訳が所収されている。

　細部の訳文の表現は別として，岩波文庫（宮沢訳）も生田訳も，同じ趣旨のものである。そこでは，'giudice naturale' が「自然の裁判官」と訳されている点で共通している。

　だが，一体，「自然の裁判官」とは，なにか。どういう意味か。法律用語ではないし，日常生活の用語でもない。そこで考えてみる。「自然の裁判官」に対する言葉（反対語）（mots de sens opposé）は「不自然の裁判官」であるはずだが，そのような反対語は，およそ考えられない。

　問題は，イタリア語の 'naturale' を「自然の」と直訳しているところにある。もともと，'naturale' は，natural（英，独），naturel（仏）と同じく，「人の手の加わらない，もとのままの状態の」「山・川・草・木の姿などの」という意味であるが，そこから派生して，多様な意味をもつ言葉として用いられている。外国語の辞書を引けば，この言葉は，8 通りもの，多様な意味で用いられている。

　このことは，反対語と対比してみると，「自然」という言葉が実に多様な意味で用いられていることが，容易に理解される。例えば，次のとおり。

　　　　自然人 v. 法人，　　自然法 v. 人定法，　　自然科学 v. 社会科学
　　　　自然食品 v. 加工食品，　　自然死 v. 事故死

ところで，イアタリアで最も権威があるとされる次の 2 つの大辞典には，次のとおり載っている。

（1）　Zingarelli 伊伊大辞典

　　　Vocabolario della Lingua Italiana di Nicolo Zingarelli, 1994, 12版，1157頁

　　3　Giudice n.　　　competente, Legittimo

これは，giudice naturale は competente（権限を有する），legittimo（合法的な）という意味である，との記述である。

(2) Garzanti 伊伊大辞典

Il Grande Dizionario GARZANTI delle lingua italiana, 1994, p. 1215

giudice naturale　　quello che per legge è competente a giudicare（裁判をする権限を法律により与えられた者）

　これで理解されるように，イタリア憲法25条1項における 'giudice naturale' は，「権限を有する裁判官」を意味することは，明らかである。これは，日本国憲法33条における「権限を有する司法官憲」（competent judicial officer）と同じ意味である。よって，'giudice naturale' を「自然の裁判官」と訳すのは，明らかに誤りである。

　「自然の裁判官」という訳語は，なにを意味するのか分からないばかりでなく，時には人をまどわせることもある。なぜなら，イタリア語の 'figlio naturale' は，直訳すれば，「自然の子ども」になるのであるが，この場合の 'naturale' は「非嫡出の」という意味であるので，「非嫡出子」と訳すべきである。仮に 'giudice naturale' における 'naturale' を「非嫡出の」と訳すならば，憲法25条1項は「何人も非嫡出の裁判官の裁判を（受ける権利を）奪われない。」という，奇怪なものになってしまう。このことは，1つの単語に幾通りもの意味が含まれているときには，大辞典又は法律用語辞典の中から適切な専門用語を見いだすべきことを物語る。

〔II〕 第27条第1項

　　La responsabilità è personale.（刑事責任は，人的である。）

　ここでは，'personale' の意味が問題となる。岩波文庫の『世界憲法集』（宮沢訳）では，「刑事責任は，人的である。」と訳されている。しかるに，三省堂の『世界憲集』（井口訳）では，「刑事責任は一身専属である。」と訳されている。

　では，「人的」と「一身専属」とは，どう違うのか。イタリアでは，「人的」とは，自然人に科せられるとか，自然人に対するものとかの意味に理解されている。他方，「一身専属」とは，行為者のみに科せられるとか，行為者のみに対するものと解されており，客観的責任によるいわゆる連座制

のごときものは認められないという意味に捉えられている。この観点から問題となるのは，印刷物によって犯した罪（刑法57条，57条の2，58条の罪，なお596条の2）[注1]の場合である。

> （注1）　57条（定期の印刷物によって犯した罪）
> 　　　　57条の2（不定期の印刷物によって犯した罪）
> 　　　　58条（秘密の印刷物）
> 　　　　596条の2（印刷物の方法による中傷）

　これらの罪にあっては，行為者のほか（監督責任を怠った）編集長（57条），発行者，印刷者（57条の2），支配人，副支配人，編集者及び印刷者（596条の2）も刑事責任を問われる。これらの場合は，客観的責任によるいわゆる連座制が適用されるのである。現行刑法は1930年制定のものであるが，1947年憲法27条1項が連座制を禁止するものであれば，上記の諸条文の規定は，憲法136条1項の規定により，効力が失われるはずである。

　そこで，1958年3月4日法律127号により，上記の条文について必要な一部改正をほどこした。すなわち，57条について一部改正をし，57条の2を追加し，58条2項を削除し，かつ596条の2を追加した。こうした一部改正によって，印刷物犯罪については，客観的責任によるいわゆる連座制が認められていることになる。よって，三省堂の『世界憲法集』における「一身専属」という訳語は誤っていることになる[注2]。

> （注2）　森下・イタリア刑法研究序説（1985年，法律文化社）6頁をみよ。

　では，「人的」（personale）の意味は，なにか。これについては，各種の議論があるが，「人」（persona）とは，憲法27条3項の規定（後述）からして，自然人（persona fisica）を意味すると解されている。この考えは，「法人は，罪を犯すことができない」（Societas delinquere non potest.）という，久しい間，世界的に受け容れられてきた法格言を受け継ぐものである。それゆえ，法人（persona giuridica）の刑事責任は認められない，という見解が有力に説えられていて，刑法には法人に対する刑（例えば，罰金，権利制限刑）を科

する規定は存在しない。

そこで，イタリアでは，科刑上の空白を埋めるために，2001年6月8日委任政令231号（法人並びに法人格をもたないものを含む会社及び協会の行政責任の規律）が制定された。この委任政令231号は，企業に対する法的制裁を規定するものであって，行政制裁（sanzioni amministrative）として，課徴金，権利制限制裁などを規定している(注3)。

> （注3）　森下・諸外国の汚職防止法制（国際刑法研究第14巻）（2013年，成文堂）230頁以下。

このようにして，憲法27条1項における'personale'は，「人的」と訳すのが正しい。

〔Ⅲ〕　第27条第3項
> 「刑罰は，人道の感覚に反する処遇であってはならず，また，刑の言渡しを受けた者（condannato）の再教育をめざすものでなければならない。」

この規定にあっては，'condannato'の意義が問題となる。岩波文庫の『世界憲法集』では，これを「受刑者」と訳しており，三省堂の『世界憲法集』は，これにならっている。しかし，これは「**刑の言渡しを受けた者**」と訳すべきである。その中には，受刑者（刑事施設において刑の執行を受ける者）のほか，罰金刑の言渡しを受けた者，刑の執行猶予の言渡しを受けた者も含まれるからである。

そのほか，最近の新しい刑事思潮によれば，犯罪者の再教育，社会復帰を図る見地から，外部通勤，外部通学，自宅拘禁，社会奉仕作業などが，自由刑の新しい刑又は執行方法として現に採用され，又は採用が推奨されている。イタリア憲法27条3項の趣旨は，単に受刑者のみならず，刑の言渡しを受けた者の再教育，社会復帰の促進をさすものと解される。

第2章　国際刑法における正当防衛と集団的自衛権

第1節　問題の所在
第2節　国際刑事法廷に現れた正当防衛
第3節　ローマ規程における正当防衛
第4節　集団的自衛権の問題点

第1節　問題の所在

1　まえがき

　国際刑法における正当防衛について考えるとき，まず問題になるのは，(1)国内刑法における正当防衛とどこが異なるのか，(2)それはなぜか，(3)今後の課題はなにか，ということであろう。

　この点について，さし当たり著者が入手しえた文献を手がかりとして問題点を考えることにしたい。その際，大きなキー・ポイントとなるのは，1998年7月17日，ローマで採択された国際刑事裁判所規程（**ローマ規程**）（Rome Staute of the International Criminal Court＝Rome Statute）（2002年7月1日発効）である。

　国際刑事裁判所（ICC）の管轄権（jurisdiction, compétence）は，国際社会全体の関心の対象となっている最も重大な犯罪に限られる。それは，次の4種類である。

　　a　ジェノサイド（集団殺害）の罪（the crime of genocide）
　　b　人道に対する罪（crimes against humanity）

c　戦争犯罪（war crimes）
　　d　侵略の罪（the crime of agression）
　これらの犯罪は，ICC で裁かれるのはもちろんであるが，実際には，補完性の原則（principle of complementarity）[1]によって，締約国で裁判されることになる。そうなると，ローマ規程（**ICC 規程**とも呼ばれる。）における正当防衛の規定と国内刑法における正当防衛の規定との間に差異がある場合，裁判国ではどちらを基準にして裁判するのか，という問題が生じる。ただし，正当防衛は，後述するように自然法の理念にもとづき慣習法として認められてきたものであるので，国際刑法におけると国内刑法におけるとの間で基本的に大きな差異があるようには見えない。

(1)　森下『国際刑事裁判所の研究』（2009 年，成文堂）53 頁以下。

2　国際刑法における正当防衛

〔I〕　正当防衛の要件　　その一般的考察

　国際刑法における正当防衛は，国際犯罪（international crime）を犯した者が自国（自国民を含む。）もしくは他国（他国民を含む。）に対する侵害から防衛するため，又はその侵害を終わらせるためにした反撃行為につき正当化（justification）が認められるか，という問題として登場する[2]。ここにいう'国際犯罪'の意義は，ICC の管轄犯罪より広いことが想定される。ある学説によれば，国際刑法における正当防衛が現実に問題になるのは，通常，敵軍のあるメンバー（a member of the enemy forces）によってなされる侵害に対してなされる防衛行為である[3]。

　ここでは，'enemy forces'は，「敵軍」と訳すよりも広く意味であって，'対抗する勢力'といっ意味であるように思われる。ともあれ，正当防衛における「不正の侵害」をする者は，多くの場合，対抗勢力の構成メンバーであること，さらに侵害の方法が武器による可能性が高く，それゆえ侵害の程度も大きいであろうことが予想される。そうだとすれば，防衛行為は侵害行為を上回わることを要するであろう。

学説によれば，国際刑法において正当防衛が認められるための要件は，次の4つに集約される。⁽⁴⁾

> (i) 防衛行為が，自己又は他人の生命（life）に対する急迫又は現実の不正な攻撃（an imminent or actual unlawful attack）に対して行われた正当防衛行為（action in self-defence）であること。
>
> (ii) その攻撃を予防し，又は止めさせる手段が他になかったこと。
>
> (iii) その他の不法な行動が正当防衛を行う者によって惹き起こされなかったこと。
>
> (iv) 防衛行為が防衛者による反撃行為の対象とされる犯罪と均衡がとれている（proportionate）こと。

その事例として，Cassese教授は，次の2つの場合を挙げている。(1)敵の捕虜が捕虜収容所の看守を今まさに殺そうとしている時，当該看守がその捕虜を殺す場合，(2)敵対する占領軍の手中に置かれている民間人の女性が拷問又は強姦を防止し，又はそれを止めさせるために敵の監視者を傷害する場合⁽⁵⁾。これによれば，侵害されようとしている法益は，生命のみならず，身体，自由，貞操にまで拡大されることになる。

これは，大筋において，ローマ規程31条1項(c)が正当防衛の要件として規定するものと大筋において合致している。

(2) Cassese, International Criminal Law, 2003, Oxford, p. 222.
(3) Zahar & Sluiter, International Criminal Law, 2008, Oxford, p. 433.
(4) 代表的なものとして，Cassese, supra note 2, p. 222.
(5) Cassese, loc. cit.

〔II〕 **慣習国際法における正当防衛**

正当防衛は，人類が社会を形成するはるか古代から存在したと考えられる。今日のようには法制度が整っておらず，警察組織も存在しなかった古代には，'食うか食われるか'という，生きんがための闘争の時代があったし，そこでは自然法的理念にもとづいて正当防衛が是認されていた，と推察される。

正当防衛は，英語では一般に'self-defence'（自己防衛）と表現されている。だが，時代が下るについて自己のみならず，その親族，さらに他人（other person）のための防衛も，正当防衛の範囲に含まれるようになった。そこで，これを文字どおり，正当防衛（legitimate defence（英）, défense légitime（仏）として把える考え方が生まれた。これを歴史的に見ると，「正当防衛は，人類社会と共に古い」という言葉が当てはまるであろう。

　正当防衛は，今では，どの国でもその国内刑法典（national criminal code）において規定されている。その要件は，いずれの国でもほぼ同じものである。

　ところで，重要なことは，国際社会にあっては，正当防衛は慣習国際法によって承認されてきたという事実である。そして，ローマ規程における正当防衛規定は，慣習国際法として承認された正当防衛を明文化したものだ，といわれている。

　ところで，慣習国際法における正当防衛というとき，次の2つの問題点が浮かび上がる。

A　罪刑法主義との関係

　国際刑法にあっても罪刑法定主義は，人権擁護の基本的なとりでとして絶対の基本原則とされる。'慣習'（custom）として認められる正当防衛は，この基本原則に抵触することはないのか。

　著者は，別の論稿「国際刑法と罪刑法定主義」において，"慣習法としての刑事国際法"という困難な問題について検討した。しかし，そこで問題の核心となるのは，"nullum crimen sine lege"（法律なければ犯罪なし）であった。これは，ニュールベルグ国際軍事裁判所及び極東軍事裁判所（いわゆる東京裁判）で，最大の争点とされたものである。そこでは，法源として慣習法も承認されたので，「法なければ犯罪なし」（*nullum crimen sine iure*）の原則が認められた。

　ところで，正当防衛は行為者に対する処罰ではなくて不可罰事由の1つであるので，利益な方向への類推は許される。ローマ規程31条は，「刑事責任を排除する原因」（Grounds for excluding criminal responsibility）として

各種のもの(責任無能力,酩酊など)を掲げているが,それらの中で最も古く,かつ自然法思想に支えられて広く承認されてきたものは,正当防衛である。その意味で,慣習国際法における正当防衛それ自体については,罪刑法定主義の問題は存在しないように思われる。

B 国際刑法における正当防衛の要件

ローマ規程31条1項(c)は,正当防衛を「刑事責任を免除する原因」の1つとして規定しているのであるが,正当防衛の要件が一般的に国内刑法におけるそれに比して,特に侵害の要件において狭すぎるのではないか,という問題がある。それは,国内刑法の対象犯罪と国際刑法の対象犯罪との間に存在する差異に由来するのではないかとも考えられるが,ローマ規程が妥協の結果として制定されたものに起因するようである。この点については,項を改めて検討する。

(6) Eser, in：Triffterer (ed.), Commentary on the Rome Statute of the International Criminal Court, 1999, Nomos, p. 548.
(7) Schabas, An Introduction to the International Criminal Court, 3rd. ed., 2007, Cambridge, p. 228；Werle, Principles of International Criminal Law, 2005, Asser, p. 140.
(8) Bantekas & Nash, International Criminal Law, 2nd. ed., 2003, Cavendish p. 138；Shabas, supra note 7, p. 228.
(9) 森下・国際刑法の基本原則(1996年,成文堂)22頁以下。
(10) Cf. Gallant, The Principle of Legality in International and Comparative Criminal Law, 2010, Cambridge, p. 358.

第2節 国際刑事法廷に現れた正当防衛

ここで「国際刑事法廷」(international criminal tribunals)というのは,国際軍事法廷(ニュールンベルグ裁判と東京裁判)及びアド・ホック(*ad hoc*)の国際刑事法廷とを包括した表現である。それらの国際刑事法廷における判決が,先例として有意義な存在となっている。

1 ICTYにおけるKordić & Čerkez事件

　これは，アド・ホック裁判所において正当防衛になるかどうかが争われた最初の事件として有名である。被告人は，Dario Kordić と Mario Čerkez の両名であった。

　旧ユーゴ国際刑事法廷（ICTY）(11)において，被告人両名は裁かれた。手許にある文献ではその事実関係は判明しないが，大略次のものである。旧ユーゴのボスニア（Bosnia）では，クロアチア（Croatia）系の住民とイスラム系住民とが民族対立によって激しい戦闘を展開していた。ある日，クロアチア住民（Bosnian Croat community）は，数でまさるボスニア・イスラム住民（Bosnian Muslim community）によって取り囲まれ，殺戮寸前の状況に置かれていた。その状況下で，被告人両名は，イスラム住民の殺害をしたようである（具体的事実は，不明）。ICTYの法廷で，被告人らは，自分らの行動は，「クロアチ人が生き残るため」（the survival of the croats）である，と主張した。

　ICTY規程（37か条から成る）には，正当防衛に関する規定が設けられていないので，ICTYは，当時すでに締結されていたICC規程（ローマ規程）31条1項(c)の規定を参考にして判決をした（2001年2月26日）。裁判所は，まず，正当防衛における侵害は，急迫（imminent）かつ違法（不正）（unlawful）であることを要するとし，それゆえ，戦争法規又は戦争の慣習（customs of war）によって禁ぜられている武力行使（又は武力による威嚇）に対する正当防衛の場合を除いては，非戦闘員が敵の戦闘員に対して合法的に反撃することは認められない，と判示した。この立場から，裁判所は，ボスニアのクロアチア人らが内戦（civil war）において防衛行為に出たという抗弁を斥けた(12)。

　ICTY判決に対する控訴審は，被告人からの控訴を棄却した（2004年12月12日）(13)。

　これらの裁判所は，正当防衛としての軍事行動（military operations in self-defence）は国際人道法の重大な違反を正当化する理由とはならない，と判

示した。

　ところで，Kordić & Čerkez 事件の裁判に関連して，両被告人の防衛行為と国際公法上の正当防衛とを混同してはならない，とする見解が，Cassese 教授によって述べられている。同教授によれば，国際公法上の正当防衛とは，国家又は国家同様の団体（State-like entities）によって行われる防衛行為について考えられるものである。それゆえ，Kordić & Čerkez 両被告人は，その指揮の下に武力闘争に参加していたクロアチア人らがイスラム人集団による攻撃に対して反撃するための正当防衛であったと主張するけれど，その抗弁は認められない，というのである（判決を支持）。

(11) ICTY は，1993 年 5 月 25 日の国連安保理決議 827 号によって，1991 年以降，旧ユーゴスラヴィア国内で行われた国際人道法の重大な違反の責任者を裁くために設置された。森下『国際刑事裁判所の研究』(2009 年，成文堂) 9 頁以下。
(12) Zahr & Sluiter, supra note 3, p. 434.
(13) Zahr & Sluiter, loc. cit.
(14) Cassese, supra note 2, p. 223.
(15) Cassese, loc. cit.
(16) Cassese, loc. cit.

2　山本忠三郎事件（英国軍事法廷）

　日本軍の軍曹であった山本忠三郎は，クアラ・ルンプール（Kuala Lumpur）（マレーシアの首都）で英国の軍事裁判にかけられた。彼は，軍の倉庫から米を盗んだマレーシア人の住民を殺害したことが戦争犯罪を犯したことになるとして，起訴されたのであった。彼は，その住民を捕えたところ，敵意に満ちた群衆に取り囲まれたので，生命と財産に対する重大な危険を感じて——暗い夜であったことと相まって——，自身のコントロールを失って，銃剣でその住民（盗みをした住民）を刺し殺した。これは正当防衛である，と抗弁した。

　これに対し，検察官は，この被告人の主張に対して，次のように反論した。いわく，殺害行為は住民が盗みをしている時に財産（米）を守るために

行われたのではなく，その住民を拘束してから行われたものである，と。

被告人の「正当防衛として住民を殺した」という主張は認められなかった。学説では，被告人が住民から殺されそうになったときに限り，正当防衛の抗弁が認められる，と評されている。

(17) Cassese, op. cit., p. 223. Law reports TWC Ⅲ, 76-80 at 79-80.
(18) Cassese, Gaeta & Jones, The Rome Statute of the International Criminal Court. A Commentary, Vol. Ⅰ, 2002, Oxford, p. 1005.

3　Weiss & Mundo 事件（米軍事法廷）

1944 年 5 月，米軍部隊に属する兵士が，米軍の航空機からドイツ国内にパラシュートで降下したところ，住民らに捕えられ，2 人の警官に引き渡された。空からの援護が試みられたようであるが，住民らは，米兵を取り囲んで，「あいつを殺せ」と叫んだ。米兵は，急いでその右手を彼のポケットに入れた。その時，2 人の警官（Erich Weiss と Wilhelm Mundo）が，米兵を射った。米兵は即死した。

裁判において，2 人の警官は，米兵がポケットに手を入れたので（ピストルを取り出して殺されるかもしれないという）恐怖を感じて，正当防衛として米兵を射殺した，と主張した。裁判所は，この抗弁を認めた。

この裁判については，留意すべき点が 2 つある。その 1 は，この裁判が Ludwigsburg という地における米軍の軍事法廷で行われ，かつ，法廷がドイツ人の警官である 2 人の被告人につき有利な判断をしていることである。その 2 は，米兵がポケットに手を入れた時点で，"急迫の侵害"ありとして，米兵を射殺したドイツ人警官につき正当防衛を認めたこと，言いかえれば，先制的正当防衛（preemptive self defence）が認められたことである。恐らく，パラシュート投下した米兵はポケットに拳銃を所持していたであろう。学説の中には，ドイツの警官は誤想防衛として米兵を射ったと解される，と説くものがある。

(19) Cassese, supra note 2, p. 224 ; Cassese, Gaeta & Jones, supra note, 18, p. 1005. cf. TWC ⅩⅣ, 129.
(20) Cassese, Gaeta & Jones, supra note 19, p. 1005. ただし，この書では，軍事法廷は本件につき正当防衛を認めた旨，明記している。

第3節　ローマ規程における正当防衛

1　規程第31条

　ローマ規程第31条は，「刑事責任を免除する事由」(Grounds for excluding criminal responsibility ; Motifs d'exonération de la responsabilité pénale) という見出しの下に，次の4つの事由を規定している。
　　a　心神喪失（mental desease or defect ; maladie ou d'une déficience）
　　b　酩酊（intoxication）
　　c　正当防衛
　　d　強制（duress ; contrainte）
　ここにいわゆる「強制」は，緊急避難に類似した用語である。それについては，本書第6章を参照していただきたい。
　本条では，見出しにおける刑事責任の'免除'（excluding ; exonération）の意義が問題になるが，列挙されている4つの事由に照らせば，違法性阻却と責任阻却を包括する用語と解される。
　ついでながら，ローマ規程において行為者が不可罰とされる事由としては，(1)18歳未満であること（26条），(2)事実の錯誤（mistake of fact）及び法の錯誤（mistake of law），(3)上官の命令（superior orders, ordre hiérarchique）及び法の命令（prescription of law ; ordre de la loi）がある。それゆえ，第31条に規定する「刑事責任を免除する事由」とは，上記の条項に該当しない場合において刑事責任が免除される事由を指すことになる。第31条がその規定の冒頭において，「この規程で定める刑事責任を免除するその他の事由に付加して」（in addition to other grounds…）と規定しているのは，その

故である。その意味で，第31条は，補充的な規定である。[21]

第31条に規定する事由は，「当該行為者の行為の時に」(at the time of that person's conduct) に備わっていることを要する。「行為の時」というのは，刑事責任を免除する事由が認められるための，決定的な時 (decisive time) を意味する。[22]

(21) Triffterer, (ed.), supra note 6, p. 544.
(22) Triffterer, op. cit., p. 545.

2　正当防衛の規定

第31条第1項(c)は，次のとおり規定する。

(c) その人が，自己もしくは他人を防衛するため，又は戦争犯罪の場合において，自己もしくは他人の生存にとって不可欠な財産もしくは軍事的使命の達成にとって不可欠な財産を防衛するため，急迫かつ不正な侵害に対して，自己もしくは他人又は保護法益に対する危険に対し均衡のとれた態様において合理的に行為した場合。軍隊によって行われた防衛作戦行動に関与していたという事実は，それ自体としては，本号における刑事責任を免除する事由には当たらない。

本号第1文は，**正当防衛の要件**，すなわち，侵害の要件及び防衛の要件を規定する。

〔Ⅰ〕　侵害の要件

正当防衛の前提となる（特定の）保護法益に対する"急迫不正な侵害"(an imminent and unlawful use of force ; un recours imminent et illicite à la force)

'急迫'とは，現に行われており，又はなお続いていることをいう。[23]

'不正な'とは，法によって正当化されていないこと，又はその他法的に有効な許可もしくは命令によって正当化されていないことをいう。[24]

'侵害'とは，広義に解すべきものであって，必ずしも有形的な攻撃に限ることなく，将来にわたって脅迫を行い，もしくは現に行っている脅迫を続ける旨の精神的脅迫もこれに含まれる。その脅迫は，生命又は身体に対する重大な加害の脅迫でも足りる[25]。侵害は，客観的に存在することを要する。防衛者が主観的に信じたのでは，誤想防衛となる。

侵害の対象は，条文では property（英），biens（仏）と表記されているが，人の生命，身体及び自由を意味する。単なる財産は，── 戦争犯罪の場合は別として ── これに含まれない。注釈書では，（特定の）保護法益（〔specific〕legally protected interests）とも表現されている[26]。

ところで，戦争犯罪の場合には，財産防衛（protection of property）のための正当防衛も許される。これは，ローマ規程制定のためのローマ会議において妥協の結果，採用された文言にもとづいている[27]。この妥協の根底には，戦争犯罪の場合の財産防衛は，ジェノサイドの罪又は人道に対する罪の場合に比べて防衛行為の程度が重大でない場合がありうる，という推定が働いているようである[28]。ただし，戦争犯罪において財産防衛のための正当防衛が認められるのは，財産防衛がその行為者もしくは他人の生存のために不可欠であるか，又は軍事上の使命（military misssion）の遂行のために不可欠であるときに限る。

(23) Triffterer (ed.), supra note 6, p. 549.
(24) Triffterer, supra note 6, p. 549.
(25) Triffterer, supra note 6, p. 549.
(26) Triffterer, supra note 6, p. 548.「自由」の中には，貞操も含まれるであろう。
(27) Werle, Principles of International Criminal Law, 2005, Asser Press, p. 141. 大多数の国は消極的態度をとったが，米国とイスラエルが主張したため，妥協の結果，財産のための正当防衛が認められた。Bantekas & Nash, supra note 8, p. 139.
(28) Werle, supra note 27, p. 141.

〔II〕 防衛の要件

防衛行為は，侵害の程度に対して均衡のとれた態様で（in a manner proportionate to the degree of danger) で防衛するための合理的な反撃 (reasonable reactions) であることを要する。

　世界的に認められた見解によれば，正当防衛 (legitimate defence) は，自己防衛 (self-defence) に限られるものではなく，不正な侵害の危険にさらされている他人 (another person；autrui) のためにも許される。その意味でも，正当防衛は，侵害を防衛するために必要なものであることを要するという意味で「合理的」でなければならない。言いかえると，侵害を回避するために必要な限度で均衡のとれた (proportionate) であることを要する。これは，防衛行為の均衡性の原則 (principle of proportionality) を定めたものである[29]。

　ところで，C 号第 2 文は，戦争犯罪において財産防衛を認めたことにより，軍事行動に伴って正当防衛が広く認められることに歯止めをかけるために設けられた規定である。防衛作戦 (defensive operation) に参加していたという事実は，それ自体としては C 号に定める刑事責任を免除する事由とはなりえないことが，明記されたのである。ただし，国際公法の他の規定によって，刑事責任が免除されることはありうる[30]。

(29)　Triffterer, supra note 6, p. 550.
(30)　Triffterer, loc. cit.

〔III〕　残された問題
A　違法な兵器の使用
　規程 31 条 1 項(c)の規定は，戦争犯罪の場合における財産のための正当防衛を除いては，ほとんどの国の刑法典で採用されているところであり，慣習国際法のルールを構成するとみなされてきたものである[31]。
　ところで，戦争に用いられる兵器の種類と威力は，昔日の比にならぬほど大きな進歩をとげた。原子爆弾のほか，核兵器，生物化学兵器まで出現した。それのみならず，ミサイルまで登場するに至った。では，戦争犯罪において軍事的使命を達成するにつき不可欠な財産を防衛するためには，

原水爆又は生物化学兵器を使用することが，ローマ規程によって承認されるか。この問いを提出しているのは，Bantekas & Nash の『国際刑法』である。同書は，「違法な兵器の使用は，*jus cogens*（強行法規）に違反するのみならず，均衡性の原則（principle of proportionality）によって認められないことは確実だ，と論じている。

B　集団的正当防衛

集団的正当防衛（collective self-defence）という言葉は，国連憲章第51条〔自衛権〕に登場する。ローマ規程31条1項C号には，この文言は見られない。そこで，戦争犯罪において「軍事的使命の遂行に不可欠な財産を守るための正当防衛」というのが，集団的自衛の固有権（the inherent right of…collective selfe-defence）の一場合であるかどうかが，問題となる。C号にいわゆる「自己又は他人の生存に不可欠な財産を守るための正当防衛」は，個別的正当防衛（individual self-defence）に当たると解される。

これに対し，「軍事的使命の遂行に不可欠な財産を守るための正当防衛」とは，軍事行動をしている集団に係る武器，弾薬，食糧，給水・貯水の設備，運送車両等を守るため，その防衛行為者の属する集団による正当防衛を意味するであろう。このような集団的正当防衛が「自己又は他人の生存に不可欠な財産を守るための」個別的正当防衛と同列に認められてよいかについては，いくつかの国からきびしい批判がなされている。ベルギーの学者 Eric David は，この集団的正当防衛を規定する部分の文言を'パンドラの箱'（Pandora's box）にたとえ，この文言は武力衝突法（law of armed conflict）とは断じて相容れないものだ，と批判している。David 教授によれば，この規定部分は *jus cogens*（強行法規）に違反するので，ウィーン条約法条約によって無効である。ベルギーは，ローマ規程を批准するに当たり，第31条第1項(c)の規定は，国際人道法のルールに従ってのみ解釈され，適用されることができる旨，宣言した。

この見地から，集団的防衛（collective defence）については，他の国際法の規定（特に国連憲章51条）に従って刑事責任の免除が認められるかどうかが判断されることになる，との学説が提唱されている。

(31) Bantekas & Nash, supra note 8, p. 138.
(32) *jus cogens*（一般国際法の強行法規）とは，いかなる逸脱も許されない規範として，国際社会全体が認める規範をいう（1969 年の条約法条約 53 条）。
(33) Bantekas & Nash, supra note 8, p. 139.
(34) Shabas, supra note 7, p. 229.
(35) ギリシャ神話で，ゼウスがすべての悪と炎いを封じ込めて，人間界に行くパンドラ（人類最初の女性）に持たせた箱。パンドラは，好奇心からその箱を開けたところ，炎厄が飛び出した。
(36) cf. Shabas, supra note 7, p. 229.
(37) Eser, in：Triffterer, supra note 6, p. 550.

〔Ⅳ〕 新たな問題

A 先制的正当防衛

　国際刑法における正当防衛の問題は，近代的兵器，特に核兵器（nuclear weapon）の出現によって新たな問題を生むに至った。それは，例えば，敵対する国からミサイル攻撃を受けてから，自国防衛のため反撃に出るとしても時すでに遅く，ミサイル攻撃によって壊滅的破壊を蒙っていることがあるではないか。そうだとすれば，敵対国がミサイル発射の準備をしている段階で，こちらから先手を打ってミサイル攻撃をするべきではないか，という問題である。

　これは，**先制的正当防衛**（anticipatory self-defence, preemptive self-defence）と呼ばれる，新しい問題である。

　正当防衛の古典的形態は，相手が不当に切りつけてきた時とか，切りつけようとして刀に手を掛けている時，身を守るため相手に攻撃を加えるというものであった。それゆえ，不正侵害の急迫性（imminence）が要件とされ，その要件の厳格な当てはめが要求されるのであった。ミサイル攻撃が現実の問題として登場した今日，敵対国が発射したミサイルを迎撃する，いわゆる迎撃ミサイルの発射は，不正侵害の急迫性の要件を満たす。

　しかし，21 世紀の現代は，国家ないし国家類似の団体（State-like entities）相互間での武力衝突ともなれば新型兵器の時代であって，その最先端を行

く核兵器の時代となっている。このような時代になると，国家の正当防衛（State self-defence）は，対抗国からの核兵器による攻撃を受けて後，それに対する防衛手段を講じたのでは，もはや手遅れではないか，という深刻な問題が浮上してくる。では，「攻撃は，最大の防御なり」の兵法に従って，対抗国が攻撃を仕掛けてくる明白な徴候があれば，その段階で先手を打って対抗国に対してミサイル攻撃等をすることが正当防衛として容認されるであろうか。

　この問題は，つとに20世紀終りごろから論ぜられていたようであるが，先制的正当防衛が国家による正当防衛権の行使として容認されるかが正面から論ぜられるようになったのは，21世紀に入ってからのことである。[38]

　そのきっかけとなったのは，2001年9月11日，米国で発生した同時多発テロである。翌12日，米国のブッシュ大統領はテロに対する戦いを宣言した（対テロ戦争）。同日，国連安全保障理事会は，決議1368を採択した。この決議は，9.11のテロ攻撃を「国際の平和及び安全に対する脅威」と認め，「テロリズムに対してあらゆる手段を用いて闘う」というものであった。また，決議の前段には，「個別的又は集団的自衛の固有の権利を認識」という言葉があった。10月2日，NATOは集団的自衛権を発動し，米国と英国を中心とする有志連合諸国は，アフガニスタンを含むテロ組織勢力地域への作戦を実行した。以後の事態については，省略する。

　ここで留意すべきは，(1) 9.11同時多発テロという事前攻撃があり，そのテロの異常なまでのすさまじさが，その後の対テロ作戦を招来する引き金となったこと，及び(2)安保理決議にもとづいた対テロ作戦であることである。このことから理解されるように，これは国際公法上，武力攻撃がどのような条件の下で容認されるか，の問題である。

　参考までに学説の一端を紹介する。この問題の検討に当たっては，**国連憲章第51条**の規定が重要な役割を果たす。

　　　第51条〔自衛権〕　この憲章のいかなる規定も，国際連合加盟国に対して武力攻撃（an armed attack〔英〕, une agression armée〔仏〕）が発生した場合に

は，安全保障理事会が国際の平和及び安全の維持に必要な措置をとるまでの間，個別的又は集団的自衛の固有の権利（the inherent right of individual or collective self-defence〔英〕, au droit naturel de légitime défense, individuelle ou collective〔仏〕）を害するものではない。（以下略）

ここで注意すべきは，「武力攻撃が発生した場合には」と明記されていることである。言いかえると，先制的正当防衛は，国際法上，容認されていないのである。かつて，グロティウス（Hugo Grotius, 1583-1645）は，有名な著書『戦争と平和の法』において予防的戦争を否定したが，先制的正当防衛は，不法な侵害が明白かつ急迫である場合には認められると説いた。しかしながら，外国が不法な侵害を今まさに加えようとしている明白な客観的証拠を確認することは，現今でも，無人偵察機，空中写真等を用いたとしても不可能に近いであろう。しかも，その不法な侵害に対して均衡のとれた反撃をすることは，とうてい期待できないであろう。反撃用の武器が発達した現今では，その武器が着弾した地では，武力闘争に従事する者のみならず，非戦闘員である多数の付近住民をもぎせいにすることが予想されるからである。

この見地から，『国際法及び刑法における正当防衛。急迫性の理論』の著者 Onder Bakircioglu は，先制的正当防衛を否定すべきことを説いている。

B　外国にいる自国民を救出するための正当防衛

外国で自国民がテロリストによって襲撃され，又は拉致されている場合において，その外国が被害者を救出する能力を持たないとき又は救出する意思がないとき，被害者の母国は，自国民を救出するため正当防衛をすることができるか。英国の学者らは，その著書においてこの問題を提起している。その背景には，つとにアフリカなどにおいて非国家組織（non-State organizations）による襲撃事件が発生している事情があるようである。

われわれにとって記憶に残るのは，2013 年 1 月，アルジェリアにおいて日本のプラント建設会社㈱日揮の従業員がイスラム過激派によるテロ攻撃を受けて殺害され，又は人質に取られた事件である。このテロ事件で，日

揮の従業員 10 人を含む合計 40 人が死亡した。この事件では，アルジェリア軍は，武装勢力を制圧し，作戦を終了した。

このようにテロ発生国の軍隊が出動して被害者を救出する作戦を遂行した場合は，—— 日本人などにぎせい者が出た点は別として —— 作戦は一応終了したのであるが，テロ発生国がテロ制圧能力をもたない場合とか，テロ制圧を遂行する意思をもたない場合には，被害者の母国は遠く離れた外国に救援部隊を送って救出作戦をすることが正当防衛として許されるか。上記の英国の学者らは，新たな問題として提起しているが，それについての見解は表明されていない。それは，恐らくこの種の事件の解決策としては単に国際法や刑法の理論だけで対処しえない複雑な要因がからみ合っており，テロ対策が困難であること，遠隔の地にどのようにして救援部隊を派遣するかなどの諸問題がからみ合っているからであろう。関係する諸国との間で平素から情報交換をし，対策を講じておくことが大切である。テロ対策は，特別な観点から対策を講ずべきである。

そのような点に思いを馳せるとき，国際刑法における正当防衛の問題は，国内刑法における正当防衛の理論に比べて多角的で，困難な理論的・対策的検討を迫まられていることが理解される。

(38) たとえば，Ramirez, J. A., Anticipatory Self-Defence or Unlawful Unilateralism?, (2003) 34 Cal. W. Int'l L.J. 1 ; Hole, L.V.D., An Anticipatory Self-Defence under International Law, (2004) 19 Am. U. Int'7 L. Rev. 68 69 ; Hamid, A.G., The Legality of Anticipatory Self-Defence in the 21st Century World Order ; A Re-Appraisal (2007) NILR 441.—cf. Bakircioglu, Self-Defence in International and Criminal Law, 2011, Routledge の巻末に掲げる文献から引用。

(39) このことは，国連憲章 51 条の解釈として導き出される。

(40) Bakircioglu, Self-Defence in International and Criminal Law. The doctrine of imminence. 2011, Routledge, p. 170.

(41) Cryer, Friman, Robinson & Wilmshurst, An Introduction to International Criminal Law and Procedure, 2007, Cambridge, p. 269.

(42) Cryer, Friman, Robinson & Wilmshurst, supra note 41, p. 268 et s.

第4節　集団的自衛権の問題

1　はしがき

〔Ⅰ〕　世界法犯罪としての海賊

　国連憲章51条は,「国際連合加盟国に対して武力攻撃が発生した場合」に関する規定であるので,国際刑法における正当防衛権の行使に限定をほどこした規定であると解される。そこで,国際刑法における正当防衛と憲章51条の規定する正当防衛との差違を明らかにするために,海賊行為に対する正当防衛を例にとって考えてみる。

　海賊（piracy, piraterie）は,かのヴァイキング（Viking）以来,人類共通の敵（*hostis humani generis*）として世界的裁判権（compétence universelle, Weltprinzip）の代表的犯罪とされてきた。近時では,東北アフリカのソマリア海賊が近代的武器を装備した海賊船に乗り,ソマリア海峡を航行する船舶を襲撃する凶悪海賊として知られている。彼らは,人質を取り,金銭財宝を強奪し,しかも抵抗する者を容赦なく殺害している。その上,人質の解放と引き替えに莫大な身代金を取り,そのカネで新しい海賊船と武器を購入している。

　さて,国際刑法の立場からソマリア海賊に対する正当防衛の形態を考えてみる。

　〔第1例〕　ソマリア海峡を航行中の日本船舶が海賊に襲撃された。折しもその付近にいた日本の警備艇は,S.O.S. の信号を受信するや現場に急行し,銃撃戦のすえ海賊を制圧した。

　この場合は,**自国のための正当防衛**である。

　〔第2例〕　上記の事例において,運よく付近を航行中の英国の警備艇もS.O.S. 信号を受信するや直ちに現場に急行し,日本の警備艇と共同して海賊に対する銃撃戦を行い,ついに海賊を制圧した。

　この場合は,**自国のための集団的正当防衛**に当たる。

〔第3例〕 ソマリア海峡を航行中の英国船舶が海賊に襲撃された。折しも付近を航行中の日本の警備艇は，S. O. S. 信号を受信するや現場に急行し，激しい銃撃戦のすえ，海賊を制圧した。

この場合は，**他国のための個別的正当防衛**に当たる。

〔第4例〕 ソマリア海峡を航行中の英国船舶が海賊の襲撃を受けた。折しも付近を航行中の日本の警備艇とフランスの警備艇が直ちに現場に急行し，共同して海賊に対する銃撃戦を行い，海賊を制圧した。

この場合は，**他国のための集団的正当防衛**に当たる。

さて，上記4つの事例について正当防衛が認められることには異論はないであろう。では，国連憲章51条に規定する正当防衛権の行使について同じ理論が当てはまるであろうか。憲章51条にいわゆる武力攻撃は，戦争又はそれに準ずる戦闘行為を想定したものと解される。この場合の武力攻撃に対する防衛については，国際刑法における正当防衛との間にはなんらかの理論的差異があるのではなかろうか。

2　国連憲章第51条の訳語

国連憲章51条の公定訳（47頁参照）について国際刑法の見地から若干の検討を試みる。

〔Ⅰ〕　**自衛権という言葉**

A　条文の見出し

第51条の見出しとして，公定訳は〔自衛権〕という言葉を用いている。これに対し，著者は，**正当防衛権**という訳語がベターであると考える。なぜなら，「自衛」といえば，「自己防衛」を意味するからである。

憲章の英語正文には，正当防衛を指す言葉として 'self-defence' が用いられている。公定訳は，この用語を直訳したものと思われる。「自衛」といえば，他人のための正当防衛は認められないのではないか，という印象を与える。

しかしながら，英語圏の国では，一般に正当防衛を指す言葉として 'self-defence'という言葉が法文上用いられている。それは，全く歴史的事情にもとづく。英語圏の国では，学説上も判例法上も，'self-defence'には他人のための正当防衛も含まれるとする点では，一致している。

憲章51条のフランス語正文では，'légitime défense'という表現が，その言葉どおり「正当防衛」を指すものとして用いられている。日本刑法36条は，まさしく「正当防衛」という見出しの下で「自己又は他人の権利を防衛する」という文言を用いている。

B 正当防衛の権利

憲章51条の英語正文では，"the inherent right of self-defence"（正当防衛の固有の権利）という表現が用いられ，また，フランス語正文では"le droit naturel de légitime défense"（正当防衛の自然権）という表現が用いられている。

英語の"inherent right"には，'本来内在的な権利'という意味が内包されており，また，フランス語の"droit naturel"は，'自然法'とも'自然権'とも訳される。ここには，中世の自然法学者によって祖述された自然法論の考えが根底にあるように思われる。ここには，正当防衛は実定法で規定される以前から自然法によって承認されていたという歴史的事情が反映しているように見える。

〔Ⅱ〕 正当防衛の根拠

なぜ，正当防衛は適法とされるのか。一般的に通用している見解によれば，正当防衛は「正対不正」（Recht gegen Unrecht）の関係にあり，"正は不正に屈服する必要はない"と言われている。

学問的には，正当防衛の根拠は，**法秩序維持説**[43]に見いだされる。この説によれば，正当防衛は法秩序の維持に役立つので正当化されることになる。

---

[43] 斉藤誠二・正当防衛の根拠と展開（1999年，多賀出版社）57頁。

3　国連憲章51条における正当防衛の分類

憲章51条の規定する「個別的又は集団的正当防衛」を"誰のために"という見地を含めて分類すれば，次の4つの類型になるであろう。
1　自国のための個別的正当防衛
2　自国のための集団的正当防衛
3　他国のための個別的正当防衛
4　他国のための集団的正当防衛

この分類は，すでに海賊行為に対する正当防衛の形態について考察したところと同じ考えに基づいている。それゆえ，海賊行為に対する正当防衛の4つの類型について述べたところが同じ考え方に基づいて憲章51条に規定する正当防衛についても妥当するであろうか。それとも，国連加盟国の間における武力攻撃の場合には，国際法秩序維持の見地から別の問題点が浮かび上がるであろうか。この点の問題提起は，集団的自衛権の問題を考察するに当たり，重要な意味をもつであろう。

4　憲章51条における正当防衛の検討

憲章51条は，国連加盟国に対して武力攻撃がなされた場合に安全保障理事会が必要な措置をとるまでの間，加盟国が正当防衛権を行使することができる旨を規定している。この規定の趣旨に従って，上記の正当防衛の4つの類型について問題点を検討してみよう。

〔Ⅰ〕　**自国のための個別的正当防衛**
問題点　わが国がどこかの国から不正な武力攻撃を受けた場合，これに対して国を守るため防衛行為をすることはできる。

ところで，日本特有の問題として憲法9条にもかかわらず，自衛権を行使することは可能であるか。この問いが出されるのは，憲法9条が「国際紛争を解決する手段として」の戦争と武力行使を放棄し（1項），かつ，この目的を達するための戦力と交戦権を放棄している（2項）からである。

自然法にもとづく正当防衛　この問いに対しては，中世の哲学者　聖トマス・アクィナス（Thomas Aquinas, L. 1225-1274）の卓越した学説が，明解な答えを提示してくれる。彼によれば，「自然法と相容れない人定法は，その限りにおいて法としての効力をもたない。」（『神学大全』第2部の1　第95問）これによれば，他国から不正の武力攻撃を受けた場合に自国を防衛するための武力行使は，自然法によって正当化されるのであって，憲法9条の規定にもかかわらず，国家の正当防衛権（自衛権）は，国家固有の権利として認められるのである。

〔Ⅱ〕　**自国のための集団的正当防衛**
　典型的事例　わが国がX国から不正な武力攻撃を受けた場合において，A国がわが国と共同してX国に対して防衛行為をするときが，この類型に該当するであろう。実際には，この事例におけるA国は，わが国と相互防衛条約を締結している同盟国であろう。

　これに該当するのは，次に掲げる日米安全保障条約5条1項の場合であろう。

　第5条〔共同防衛〕　各締約国は，日本国の施政の下にある領域における，いずれか一方に対する武力攻撃が，自国の平和及び安全を危うくするものであることを認め，自国の憲法上の規定及び手続に従って共通の危険に対処するように行動することを宣言する。

　ここで大切なことは，「日本国の施政の下にある領域における」という要件が規定されていることである。

〔Ⅲ〕　**他国のための個別的正当防衛**
　仮定の事例　A国がB国から不当な武力攻撃を受けたが，A国はB国に対抗するだけの戦力を保有していない。日本はA国を見殺しにすることはできないとして，B国に対して反撃行為に出た。仮にこのようなことがあるとすれば，わが国は他国のために個別的正当防衛をすることになるで

あろう。

憲法違反 上に述べた仮定の事例につき，日本のとった行動を支持する者がいるであろうか。上記の事例にあっては，日本の若者は，一体だれのために血を流すのか，という問題がある。それのみならず，B国が「日本から攻撃を受けた」との口実の下に日本に対して本格的な武力行使をすることがあるかもしれない。

そうした懸念はさておき，ここで考えるべきは，他国のための防衛行為は，憲法9条に違反するのではないか，という点である。しかるに，わが国の保守系の有力政治家の中には，「刑法では他人のための正当防衛が許されているのであるから，同一の理論によって他国のための個別的正当防衛も集団的正当防衛も是認されるべきだ。」と主張する者がある。

この主張は，国内刑法における正当防衛と国際刑法における正当防衛との間には防衛行為の正当化理論における違いがあることを認識しないことに由来するものである。

正当防衛の根拠については，上述したように法秩序維持説が支持される。ここにいわゆる「法秩序」は，当該法令の制定権を有する法主体，言いかえると，日本刑法については日本の法秩序を意味する。ところで，国際刑法にあっては，諸国家を超越して諸国家を規律する法主体は存在せず，現実の国際社会は，異なる法秩序を有する諸国家で成り立っている。それゆえ，国内刑法で認められる'他人のための正当防衛'の要件がそのまま国際刑法において'他国のための正当防衛'の要件として認められる訳ではない。

〔Ⅳ〕 他国のための集団的正当防衛

A 閣議決定された集団的自衛権の行使

2014年7月1日，安倍政権は，集団的自衛権行使に関する大綱を閣議決定した。その中には，集団的自衛権行使の形態の1つとして次の事例が挙げられている[44]。

公海上の事例 公海上を米国の軍艦と日本の海上自衛艦（海自艦）が航行

中，進行方向の先方からＸ国の軍艦が米国の軍艦に発砲してきた。この場合，海自艦は，米国の軍艦を援護するため，Ｘ国の軍艦を攻撃することができる。

閣議決定の問題点

上記の閣議決定は，他国のための集団的自衛権の行使にしぼりをかけるための要件として，次のものを掲げている。すなわち，「わが国と密接な関係にある他国に対する武力攻撃が発生し，これによりわが国の存立が脅かされ，国民の生命，自由及び幸福追及の権利が根底から覆される明白な危険がある場合」が，それである。

それでは，上記の事例において，例えば，インド洋のはるか彼方の公海上を米国の軍艦と日本の海自艦が航行中，Ｘ国の軍艦が米国の軍艦に攻撃を仕掛けたときには，「わが国の存立が脅かされている明白な危険」があるのであろうか。

閣議決定は，「集団的自衛権」という表現を用いているが，すでに述べたとおり，ここにいわゆる「自衛権」は，'正当防衛権'を意味する。それゆえ，正当防衛の要件が備わった場合に限り，海自艦による武力行使は「正当防衛」として認められることになる。

しかしながら，上記の事例において正当防衛の要件は，備わっていない。その理由のうち，主なものを次に掲げる。

(a) 「不正の」侵害かどうか明らかでない。仮に，米国側がＸ国を挑発したのであれば，非自招性の要件が欠けることになる。また，米国がＸ国内において無人機による無差別爆撃を行い，その結果，多数の一般国民が殺傷され，多くの家屋や財産が焼失したため国民の怒りが頂点に達したような場合についても，同様であろう。

(b) 一般的に言えば，ある国の軍艦が他国の軍艦に対して武力行使することは，事実上の宣戦布告とも受け取られる可能性がある。それゆえ，Ｘ国の軍艦が米国の軍艦を攻撃することがあるとすれば，よほどの理由があるか，そうでなければ，Ｘ国軍艦の過失（例えば，射撃訓練で発射したら弾丸が米国軍艦の上を飛んだとか，比較的近い距離の地点に落下

したとか)による場合であろう。

(c) 「明白な危険」は「急迫の侵害」には該当しない。「危険」は，あくまで「危険」にすぎない。ましてや，日本から遠く離れた公海上で，X国の軍艦が米国の軍艦に向けて発砲したとしても，それが直ちに日本国の存立を脅やかす「明白な危険」に当たるとは考えられない。

集団的自衛権は容認されない

閣議決定を理由づけるために挙げられた上記**公海上の事例**は，日米安全保障条約5条に規定する要件を満たさないので，わが国には防衛義務はないのみならず，わが国の艦船への武力攻撃はないので，集団的自衛権の行使は容認されない。

同様に，「わが国と密接な関係にある国」(密接関係国)に対する武力攻撃が発生した場合において，わが国に対する武力攻撃がないときに当該国を防衛する行為は，憲法9条に違反するゆえに許されない。

(44) 安倍総理や岸田外務大臣は，平成26年7月14日，衆議院・予算委員会で，「公海上で米軍の艦船が武力攻撃を受けたような場合にも，閣議決定にもとづく集団的自衛権行使の要件を満たすことがありうる。」と答弁している。

第3章　国際刑法における緊急避難

第1節　国際刑法の意義
第2節　刑事国際法
第3節　国際法における緊急避難
第4節　緊急避難の構造
第5節　条約に現れた緊急避難
第6節　国家責任条文
第7節　結びに代えて

第1節　国際刑法の意義

　本章では，まず，「国際刑法」（droit pénal international, internationales Strafrecht, international criminal law）とはなにか，が問題となる。

　すでに拙著『国際刑法学の課題』（2007年，成文堂）で考察したように，「国際刑法」には広狭いくつかの概念があり，それは歴史的には狭義の国際刑法から広義の国際刑法へと拡大している[(1)]。このことは，刑事に関して国際的に扱われる事柄が多様化してきたこと，それを実体面で見れば，諸国家が連帯して国際犯罪の防止・制圧に向けて協力すべき事柄が増えてきたことを物語る。

　当初，いわゆる'国際刑法'の名で理解されたのは，刑法適用法（Strafrechtanwendungsrecht）であった。すなわち，内国刑法の場所的適用範囲に関する法原則を定める法規定であった。それは，'国際刑法'という名前で呼ばれるものの，実は国内刑法の適用領域に属するものであった。

　第2次大戦後，刑事に関する国際司法協力の分野における法思想と法制

度が新しい発展を遂げた。それは、次の4つに分類される[2]。
(1) 犯罪人引渡し
(2) 狭義の司法共助
(3) 外国刑事判決の執行
(4) 刑事訴追の移管

ここに掲げる4つの形態は、ほぼ歴史的発展の順序に従ったものである。ドイツの学説によれば、前2者は古典的形態の司法共助と呼ばれ、後2者は、新しい形態の司法共助と呼ばれる[3]。

こうして広義の国際刑法は、狭義の国際刑法（すなわち、刑法適用法）と上記4つの形態の国際刑事司法共助に関する法規範とを含む概念である[4]。この意味における"国際刑法"という包括的で便利な表現が、広く国際的に用いられているのである。

(1) 森下・国際刑法学の課題（2007年）、8頁。
(2) 森下・前掲書9頁。
(3) Jescheck, Neue Formen der internationalen Rechtsfhilfe in Srafsachen, in： Festschrift für Richard Hönig, 1970, S. 69ff. なお、ベネルックス諸国では、前2者は第2次の司法共助と呼ばれ、後2者は第1次の司法共助と呼ばれている。
(4) 森下・注(1)前掲書9頁。

第2節　刑事国際法

1　「刑事国際法」の分野の誕生

第2次大戦後、刑事国際法（droit international pénal）と呼ばれる新しい学問分野が登場した。

実は、第2次大戦後の1949年、いち早くエジプトの弁護士アザン（Edward Tawfik Hazan）が、『国家間刑法及び国際刑法における緊急避難』と題する、注目すべき書物を公刊した。この書の紹介は、本書第4章に掲載さ

れている。

 ところで，ここにいわゆる国家間刑法（droit pénal interétatique）という表現は，直訳である。当時，新しい用語であるので，言葉どおりに"国家間刑法"と訳したのである。その後，ヨーロッパでは，新しい学問分野として「刑事国際法」（droit international pénal）と呼ばれる国際法の分野が誕生した。この学問分野は，かつてエジプトのアザンが提唱した"国家間刑法"と内容的には同じものを指すと解される。

 "刑事国際法"という新しい分野の誕生を提唱したのは，ベルギーのグラーゼル（Stéfan Glaser）教授（リエージュ大学）の『刑事国際法研究入門』（1954年）[5]である。

 グラーゼルに続いて，スペインのリポレス（Antonio Quintano Ripolles）は，合計1,000頁を超える大著『国際刑法及刑事国際法』（第1巻，1955年，第2巻，1957年[6]）を公刊し，その中で，刑事国際法の法源について詳細な叙述をした後，国際犯罪の主要な類型について検討を加え，さらに国内法である国際刑事法について綿密な論述をしている。

 グラーゼルは，1970年と1978年に大著『条約刑事国際法』[7]を刊行して，条約による刑事国際法の分野につき体系的かつ綿密な論述をした。

 このような経緯を経て，今日では，刑事国際法と国際刑法との差異及びその交錯が認識されるようになっている。

(5) Glaser, Introduction à l'étude du Droit International Pénal. 1954, Bruxelles, Bruyant. 1954.
(6) Ripolles, Tratado de Derecho Penal Internacional e Internacional Penal. Tomo Ⅰ, 1955, Tomo Ⅱ, 1957.
(7) Glaser, Droit International Pénal Conventionnel, Vol Ⅰ, 1970, Vol Ⅱ, 1978. Bruxelles, Bruyant.

2　刑事国際法とは

 第2次大戦後，刑事国際法という新しい学問分野が誕生するに至ったの

は，重大な戦争犯罪人を裁くため，ヨーロッパではドイツのニュールンベルグに，また極東では東京に，それぞれ国際軍事裁判所が創設されたことに始まる。

その後，国連安全保障理事会（安保理）の決議により，アド・ホック裁判所（*ad hoc* Tribunals）と呼ばれる特別刑事法廷，すなわち，旧-ユーゴ国際刑事法廷（ICTY）及びルワンダ国際刑事法廷（ICTR）が創設された。

これら臨時の国際刑事法廷を経て，常設の国際刑事裁判所（International Criminal Court＝ICC）を創設するいわゆる**ローマ規程**（Rome Statute, Statut de Rome）が，1998年7月17日，ローマ外交会議において採択された。ローマ規程は，60か国の加盟手続を経て，2002年7月1日，発効した。

わが国は，2007年7月，加入書を国連本部に寄託し，同年10月，第105番目の当事国（締約国）となった。

このような経緯を経て，いわば国家を超越した国際刑事裁判所が重大な国際犯罪を裁くこととなった。国際刑事裁判所は，「国際社会全体にとって懸念の対象となっている最も重大な犯罪」について管轄権を有する（規程前文による）のであるが，その根拠となるローマ規程は，刑事国際法に属する。このように，刑事に関する国際法が"刑事国際法"と呼ばれる。

刑事国際法は，国際公法の一分野であって，刑法とつながり合っている特殊な法分野である。刑事国際法で扱われる犯罪は，世界法犯罪（infractions *delicta iuris gentium*）であって，従来，国際法犯罪ないし国内刑法における刑法適用法の原則としては世界主義（世界的裁判権主義）（principle of universality, principe d' universalité, Universalitätsprinzip）の対象としてきた犯罪である。これに対し，国際刑法で扱われる犯罪は，必ずしも国際法犯罪に限られることなく，犯罪防止に関する国際的連帯性の見地からある程度以上の重要性をもつ犯罪が対象とされる。例えば，国外逃亡した窃盗犯人に係る犯罪人引渡しの場合が，それである。

(8) ニュールンベルグ軍事裁判所は，1945年8月8日のロンドン協定（Accord of London）により，また，極東軍事裁判所は，1946年1月19日の連合国軍最高司

令官布告 (Declaration) によって創設された。
(9) 森下・国際刑事裁判所の研究 (2009年,成文堂) 8頁以下。
(10) 森下・前掲書14頁以下。
(11) Glaser, supra note 5, p. 4.

3 刑事国際法の法源

　刑事国際法の法源は，国際慣習法 (droit coutumier international) と条約国際法 (droit international pénal conventionnel) とから成る。

　このうち，条約国際法で扱うのは，例えば，ジェノサイド条約（集団殺害罪の防止及び処罰に関する条約），航空機不法奪取防止条約（ハイジャック防止条約）などのように，締約国に対し条約所定の犯罪行為を国内法で犯罪化すべき義務並びにそれに関する手続（例えば，犯罪人引渡しなど）である。これらの条約について注目すべきは，国内法により犯罪化すべき行為は定められているものの，それに対して科せられるべき刑罰は，「効果的な刑罰」（ジェノサイド条約5条）とか，「重い刑罰」（ハイジャック防止条約2条）と規定されているのみであって，必ずしも「法律なければ刑罰なし」(*nulla poena sine lege*) の原則が遵守されていないことである。

　それのみではない。ニュールンベルグ裁判及び東京裁判では，裁判所の管轄犯罪とされる平和に対する罪，戦争犯罪及び人道に対する罪の各構成要件が抽象的であって明確性の原則，言えかえると，「法律なければ犯罪なし」(*nullum crimen sine lege*) の原則に反すること，並びに事後法の禁止の原則に反するのではないかということが，最大の争点とされた。その意味で，この裁判は「勝者の裁判ではないか」が，批判の的とされた。だが，これらの裁判は慣習刑法を法源とするものであって，慣習刑法には罪刑法定主義は適用されない，という反論がなされた。

　こうした批判を考慮して条約刑事国際法の分野では，当該条約で処罰の対象とする「犯罪行為」をできる限り明確なものにする努力がなされている。それにもかかわらず，締約国における犯罪化にあっては当該国の法制度に適合するべく犯罪構成要件の定立が行われているほか，最大の争点と

なるのは，科せられるべき刑罰の種類と程度が明示されていないことである。結局，刑事国際法にあっては，罪刑法定主義の厳格な適用はない，ことになる。(13)

このようにして，罪刑法定主義が貫徹されるのは，裁判権を行使する内国裁判所及び国際刑事裁判所の裁判の場合ということになる。もっとも，条約刑事国際法にあっては，*nullum crimen sine lege*（法律なければ犯罪なし）の原則の趣旨を具現しようとする傾向が見られる。

(12) 東京裁判では，Webb 裁判長（オーストラリア）は，侵略の罪は自然法にもとづくことがありうるとの個人的見解を述べ，フランスの Bernard 裁判官は，平和に対する罪は自然法にもとづく，という見解を述べた。森下・注(9)前掲書 7 頁。cf. Gallant, The principle of legality in international and comparative law, 2010, Cambridge, pp. 144, 150.
(13) 森下「国際刑法における罪刑法定主義」同・国際刑法学の課題（2007 年，成文堂）79 頁以下，83 頁以下。

第 3 節　国際法における緊急避難

1　グラーゼル論文

ベルギーのグラーゼル（リエージュ大学教授）は，1952 年，ベルギーの刑法及び犯罪学雑誌（R.D.P.C）に「国際法における緊急避難についての若干の考察」と題するすぐれた論文を載せている。(14)

グラーゼルは，「緊急」（nécessité）という用語は，国際法ではさまざまな意味に用いられ，また，しばしば正当防衛と混同されてきたことを述べ，とりわけ，「戦争中の緊急」（nécesssité au cours d'une guerre）と「軍事上の必要」（nécessité militaire）という口実の下に濫用された多くの事例を挙げて批判している。

彼によれば，国際実務では，公海の自由の侵犯と中立の侵犯においてしばしばそれらの事例が見られる。例えば，第 1 次大戦中，ドイツが「緊急」

の口実の下にベルギーとルクセンブルグ大公国の中立を侵犯した事例及び連合国によってギリシャとShantung（山東）に侵攻した事例が，それである。ドイツは，フランスから攻撃される前にベルギーを通過する必要（nécessité）があったとの口実の下に，ベルギーの中立を侵犯した。

同様に，日本は，1914年，戦闘地域の外にまで軍事行動を拡大する必要があるとの口実の下に，山東（Shantung）から青島（Tsingtao）に至る鉄道線路を攻略した。ここでも，その行動を正当化するために軍事上の必要（nécessité militaire）という口実が用いられた。[15]

ドイツは，第2次大戦においても軍事上の必要という口実の下にしばしば中立国を侵犯した。ドイツの学説は，国際法における緊急の抗弁を根拠づけるために，国家の存続（conservation de l'Etat），戦争理由（raison de guerre, Kriegsraison），民族の優越性の理念（l'idée de hierarchie des peuples）の口実を用いた。[16]

ドイツがベルギーとルクセンブルクの中立侵犯を正当化するために用いた上記の口実は，いずれも「ドイツは世界に冠たり」（Deutschland über Alles）という思い上がった考え方にもとづくものであって，とうてい国際法の立場から承認されるはずのないものであった。ここで一つ注意すべきは，軍事上の必要（nécessité militaire）というときの"nécessité"は，文字どおり「必要」を意味するのであって，「緊急」ないし「緊急状態」（Notstand）とは異なることである。すなわち，ドイツにとってはフランスに侵攻するために独仏国境線を突破するということは，――フランスが国境線に強固な防衛陣地を築いていて，強硬な抵抗が予想されるので――フランス軍による反撃を回避するため，ベルギーの中立を侵犯してドイツ軍がベルギーを通過する'必要'があった，という抗弁をしたのである。この場合，ドイツはその存立を脅かす重大な危難に直面していてそれを回避するため，ベルギーの中立を侵した訳ではない。

このように「緊急避難」ないし「緊急状態」（état de nécessité）というときの"nécessité"，"necessity"は，実は口実としての「必要」をカムフラージュするために用いられることもあるので，注意を要する。ドイツは，世

界大戦中,軍事上の必要を口実にして,しばしば捕虜の大量虐殺を行った。[17] ドイツは,「必要」を援用することをためらわなかった。[18]

　第2次大戦にあっては,ドイツはポーランドを初めとして近隣諸国への侵攻を開始したのであるが,そこでは,「生存空間」(Lebensraum) の理論 (théorie de l'espace vital) が,ヒットラー総統によって用いられた。それは,ドイツ民族が生存を維持するための空間,すなわち,領土が必要である,との理念にもとづく口実であった。[19] 日本もまた,類似の論法を用いて満州 (中国東北部) を支配下に置き,[20] また,イタリアは,トリポリ (リビアの首都) 及びキレナイカ (Cyrénaïque)(リビアの東部地方)を制圧するための戦闘を行った。[21]

　このように論じて,グラーゼルは,緊急避難の理論が不当に拡大されて,国家の利己的,帝国主義的行動を正当化する口実としてしばしば援用されてきたことを指摘している。[22] 多くの国際法学者 (例えば,Accioqy, Rasdevant, Brierly, Le Fur, Rolin Westlake, Zitelmann ら) も,緊急避難を口実にして上記ドイツなどの行動の責任を免除する (excuser) などという主張は実定国際法の基本原則と相容れない,と論じている。[23]

　ところで,グラーゼルは,国際法において緊急避難は,国内刑法におけると同じく個人については違法性阻却事由 (cause de justification) としてではなく,可罰性阻却事由 (cause de l'exemption de la punititon) として認められるべきである,と論ずる。[24] この見解の根底には,緊急避難は危難とは無関係な第三者の法益を侵害する違法な行為であるので,避難行為の相手方は避難行為に対して正当防衛をすることができるという見解がある。[25] そこから,グラーゼルは,避難行為者はぎせいにした法益につき損害賠償責任を負う,と論じている。[26]

　この見解は,基本的に支持されるのであるが,グラーゼルが緊急避難を「可罰性阻却事由」として捉えている点に,問題がある。これは,1954年当時,国際法学者によって表明された見解であるので,刑法学者の立場から批判することは避けるが,「可罰性阻却」は,「責任阻却」に近い考え方であったであろう,と推測される。このことは,次に述べるように,グラー

ゼルが国家による緊急避難の場合には excuse が認められるべきだ、と主張していることからも、推測される。

　グラーゼルは、国家による緊急避難にあっては、人身の保護（conservation de la personne humaine）に関する場合に限り、利益衡量の要件が守られることを条件として、国家も法人（personne juridique）として国家に緊急の免責（excuse de nécessité）が認められるべきだ、と論ずる。ここで'人身の保護'というのは、生命、身体及び自由を指すのであり、これらの法益は絶対的価値（valeur absolue）とされているので、国家にはそれらの法益を守るべき特権（prérogative）が与えられている、と説いている。

　この最後の箇所でグラーゼルが国家によって生命・身体等を危難から救出するために行った緊急避難の場合を扱っているのは、恐らく「国際法における緊急避難」のテーマの観点から論文の締めくくりをする意味があったのであろう。

(14) Glaser, Quelques remarques sur l'état de nécessité en drtoit international, R.D.P.C., 32e année, no. 6 (1952), p. 584.
(15) B.C. Rodick, The doctrine on necessity in international law, 1928, p. 113 et s.—cité par Glaser, supra note 14, p. 584.
(16) Glaser, supra note 14, p. 585.
(17) Glaser, supra note 5, p. 100.
(18) Glaser, supra note 5, p. 101.
(19) Glaser, supra note 14, p. 599.
(20) Glaser, supra note 14, p. 599.
(21) Glaser, supra note 14, p. 598.
(22) Glaser, supra note 14, p. 577.
(23) Glaser, supra note 14, p. 597.
(24) Glaser, supra note 14, p. 601.
(25) Glaser, supra note 14, p. 574.
(26) Glaser, supra note 14, p. 603.
(27) Glaser, supra note 14, p. 603.
(28) Glaser, loc. cit.

2 山 田 論 文

　山田卓平教授（龍谷大学）は，「国際法における緊急避難」と題する，200頁を超える注目すべき論文を発表している（2013年）。[29]

　山田論文では，第1部「緊急避難は慣習国際法規則か？」において，第1章「従来の国家実践における緊急避難の不受容」，第2章「緊急事態への従来の対応方法」を経て，第3章「近年の国際実践における緊急避難受容への転回」において，多くの国際裁判例が紹介されている。そして，結論として，緊急避難は慣習法化への方向に進んでいることは否定できない，と述べられている。

　第2部「現在の緊急避難は過去の批判をどこまで克服しているか」及び第3部「国家責任法において緊急避難をどのように位置づけるべきか？」において，山田教授は，国家責任条文（Articles on Responsibility of States for Internationally Wrogful Acts）（2001年）が国連総会で採択されるまでの歩みを詳述したうえ，この条文の内容を検討し，自説を展開している。山田説は，後述するように，国家責任法において緊急避難行為国が不処罰とされる根拠を有責性阻却・軽減に見い出すものである。

　山田論文は，「国家による緊急避難をどのように解すべきか」という困難な課題につき，諸学説を批判的に分析すると共に過去の国際裁判例等について綿密な検討を加えたものとして，貴重な業績である。それは，国際法学者ならではの研究であって，刑法学者のなしえないものである。

　しかしながら，国際刑法学の立場からこの問題を考究するについては，異なった見方も出てくる。その意味で，国際法学者の先駆的業績を貴重な材料としながら，以下，考察を進めることにしたい。

(29) 山田卓平「国際法における緊急避難」龍大法学46巻1号（2013年）。

第4節　緊急避難の構造

1　用語の意義

　緊急避難に当たる言葉は，大陸法系の国では，普通，「緊急状態」を意味する 'état de nécessité'（仏），'stato di necessità'（伊），'Notstand'（独）が用いられている。コモン・ロー国では，これと同様に「緊急状態」を意味する 'state of necessity' が用いられることもあれば，単に「緊急」又は「必要」を意味する 'necessity' が用いられることもある。

　'緊急状態' を代表する場合に該当するのは，「カルネアデス（Carneades）の板」の事例である。すなわち，船が難破したため海に投げ出された2人（AとB）が1人を支える浮力しかない1枚の板にたどりついた場合，その1方が他方を海に突き落とさなければ自分の命は助からないという状況（又は状態）が，それである。この事例にあっては，危険共同体にあるAとBは，まさに正対正（Recht gegen Recht）の関係にある。この点に着目して，正当防衛は「正対不正」（Recht gegen Unrecht）の関係にあるので，この点に正当防衛と緊急避難との構造上の差異があるという見方が，一般的に主張されている。

　しかしながら，緊急状態には，危険共同体の場合のほか，無関係な第三者の法益をぎせいにしなければ，自己又は他人の法益を維持することができないという現在の（present, gegenwärtig）の危難（threat, Gefahr）が存在している状態も含まれる。この意味における「緊急状態」は，緊急避難における"危難の要件"に相当する緊急状態である。

　わが国では，'緊急事態' という言葉が用いられることもある。言葉の感覚としては，「事態」は，政治的，軍事的などの事柄が進行してそのようになった状態を指すようであるが，刑法における緊急避難を論ずるときには，'緊急状態' も '緊急事態' も同じ意味であるように思われる。

(30)「現在」は，正当防衛における「急迫」よりも広い概念であって，危難が持続的（dauernd）に迫まっている場合をも含んでいる。

2　緊急避難の要件

国内法においても国際法においても，「緊急避難」の成立要件は，危難の要件と避難（行為）の要件とに分かれる。従来，緊急避難は，学説上も立法上も —— 正当防衛の場合に比して —— 著しく立ち遅れてきたが，最近では，その成立要件に関しては，次のとおりほぼ共通的理解に達している。

(a)　危難の要件

1．自己又は他人（もしくは自己，その他自己と密接な関係のある者）の法益が侵害される危険（危難）が現在すること（危難の現在性）

2．その危難が避難の行為者（又は危険にさらされている法益の担い手）によって招来されたものでないこと（危難の非自招性）

(b)　避難の要件

3．他の方法ではその危難を避けることができないこと（手段の補充性）

4．ぎせいにされた法益が維持された法益の程度を超えないこと（避難の相当性又は法益の均衡性）

上記4つの要件は，立法例及び学説においてほぼ一致して認められているところである。[31] ただし，第4の要件である法益の均衡性（balancing of interests, la proportionalité des valeurs des biens）については，責任を阻却する緊急避難にあっては不要であるとする立場（例えば，ドイツ刑法35条，日本の学説）も存在する。[32]

(31)　cf. Cassese, Gaeta & Jones, The Rome Statute of the International Criminal Court. A Commentary, vol Ⅰ, 2000, pp. 1012-1013. ローマ規程31条1項d号は，避難の要件として「避けようとした害よりも大きい害を生じさせない意図をもって」行為したことを要件としている。これは，主観的均衡性（proportionality subjective）の要件と呼ばれている。Werle, Principles of International Criminal Law, 2005, Asser, p. 147, Rdn. 431.

(32) この立場は，責任を阻却する緊急避難の根拠を期待可能性（Zumutbarkeit）の不存在に見いだす点で，説得力をもっている。H.J. ヒルシュ（斉藤誠二訳「西ドイツにおける緊急避難の法理のあたらしい展開」（警察研究56巻7号，1985年7月）18頁以下。

3　不可罰性の根拠

　緊急避難については，学説も立法例も正当防衛に比べて著しく立ち遅れていたので，「なぜ，緊急避難は罰せられないか」の研究も著しく遅れていた。ラテン語の法格言「緊急は法をもたない」（Necessitas non habet legem.）が久しく通用していたのは，その故である。⁽³³⁾

　重要なことは，「緊急」（necessité, necessitas）という言葉がさまざまな意味に用いられ，さまざまな観点から考察されてきたことである。一部の者は，自然法に照らして解釈し，また，他方の者は，理論的考察をすることなく，国際実務において具体的結論を得ようとした。例えば，有名な『戦争と平和の法』を書いたグロティウス（Hugo Grotius, 1583-1645）は，国際実務において具体的事案に適用される制限的理論の構築を試みて，特に‘戦争中の緊急’（necessité au cours d'une guerre）の問題を考察した。彼は，その見地から，現実の軍事上の必要を超えて軍事行動を行ってはならないので，中立国を通過するのは正当でない戦争（une guerre injuste）の場合には許されない，と論じた。グロティウス以後も，Hobbes, Pufendorf, Wolff, Vattel らは，「戦闘中は，法は黙す」（*inter arma silent leges.*）（Cit. Mil. iv. 10）という古い時代の自然法論に従って，事案の解決を試みた。

　グラーゼルによれば，国際法学にあっては，久しい間，正当防衛と緊急避難とは明確に区別されない状態が続き，ようやく1928年に至って両者の区別が明確になされるに至った。すなわち，緊急避難は無関係な第三者の法益をぎせいにして危難を免れる行為であるので，国家が必理強制されて第三者の法益をぎせいにすることはなく，国際法上，緊急避難が正当化事由（cause de justification）とは認められない，というのである。そして，注目すべきは，緊急避難行為者に対しては，避難行為者の相手方は正当防

衛をなしうることが認められていることである。しかも，戦争法 (lois de guerre) にあっては，緊急避難を口実にしても責任免除 (excuse) さえ認められないとされ，そのような口実を用いるのは，最もしばしば利己的であり，時には帝国主義的である，と論ぜられている。

このようにして，グラーゼルは，国際法，特に刑事国際法において緊急避難を援用することは不当であるとし，緊急避難が免責事由 (excuse) として認められうるのは，個人の行為の場合だけである，と論じている。しかも，彼によれば，ここにいう"excuse"は，「刑罰阻却事由」(une raison de l'exemption de la punition) である。

ただし，次に述べるグラーゼルの見解は注目すべきである。すなわち，国家が個人 (persone humaine) を救うために行う緊急避難の場合に限り，国家も法人 (personne juridique) であるとして，"excuse"が認められるべきである，というのである。この見解は，実に興味のあるものであるが，「では，どのような場合が個人の生命・身体を救うために国家が行う緊急避難であるのか」は，──グラーゼルは述べていないので──課題として残されている。

われわれにとって重要なことは，国内法秩序において論ぜられている緊急避難論が国際法秩序の下ではどのように，また，どの範囲で通用するか，である。この問題を考察するに当たってかぎ (キー・ポイント) となるのは，緊急避難とされる当該行為が「国家行為としての緊急避難であるか，それとも法人としての国家の緊急避難であるか」という点であろう。国家それ自体に刑事責任を負わせることはできないので，この点は，国家責任法の問題として，後に考えることにしたい。

ただ，ここで紹介しておきたいのは，龍谷大学の山田教授がその論文「国際法における緊急避難」において，すぐれた論述をしておられ，緊急避難の法的性質について「有責性阻却・軽減説」を提唱しておられることである (後述)。

(33) Glaser, supra note 14, p. 575.

(34) Grotius, *De jure belli ac pacis, libri tres*, 1625, lib. Ⅲ, cap. Ⅳ, Ⅳ―cité par Glaser, loc. cit.
(35) Glaser, supra note 14, p. 577.
(36) Glaser, supra note 14, p. 576.
(37) Glaser, supra note 14, p. 575.
(38) Glaser, supra note 14, pp. 592-593.
(39) Glaser, supra note 14, p. 597.
(40) Glaser, supra note 14, p. 598.
(41) Glaser, supra note 14, p. 601.
(42) Glaser, loc. cit.
(43) Glaser, supra note 14, p. 603.
(44) 山田卓平・注(29)前掲論文191頁以下, 202頁以下。

第5節　条約に現れた緊急避難

1　欧州人権条約

〔Ⅰ〕　欧州人権条約第15条

1950年11月4日に締結された「人権及び基本的自由の保護のためのヨーロッパ条約」(欧州人権条約) は, 第15条として次の規定を設けている。

第15条〔緊急事態における適用除外〕
1　戦争その他国民の生存を脅かす公の緊急事態の場合には, いずれの締約国も, その事態が真に必要とする限度において, この条約に基づく義務に違反する措置をとることができる。ただし, その措置は, 国際法に基づくその他の義務に抵触するものであってはならない。
2　この条の規定は, 第2条 (合理的な戦闘行為から生ずる死亡の場合を除く。), 第3条, 第4条 (第1項) 及び第7条の規定に違反することを許すものではない。
3　義務に違反する権利を行使した締約国は, とった措置及びその理由を欧州評議会の事務総長にくわしく通知しなければならない。締約国は, それらの措置が終了した日及び条約の諸規定が再び完全に履行されるようになっ

たことをも事務総長に通知しなければならない。

〔Ⅱ〕 訳文の解説

ここに掲げた訳文は，著者が英語正文及びフランス語正文に基づき，かつドイツ語訳を参考にして訳したものである。

A　条文の見出しについて

英・仏語正文には，条文の見出しは付けられていない。わが国で市販されている国際条約集（有斐閣）には，第15条につき〔緊急時の適用除外〕という見出しが，編集者によって付けられている。ここにいわゆる「緊急」は，法律用語としては明確でない。あるドイツ語文献は，第15条を「緊急避難規定」(Notstansklausel) と呼んでいる。もともと 'Notstand' を直訳すれば，「緊急状態」となる。しかし，後に述べる国際自由権規約第4条の訳語と同一性を保つため，第15条につき，「緊急事態における適用除外」という見出しを付けた。

第1項における"緊急事態の場合"というのは，英・仏・独語の条文では，次の文言となっている。

(英)　In time of war or other public emergency threatening the life of the nation

(仏)　En cas de guerre ou en cas d'autre danger public menaçant la vie de la nation

(独)　Im Fall eines Krieges oder anderen öffentlichen Notstandes, der das Leben der Nation bedroht

ここで注目されるのは，国民の生存を脅すその他の公的な'危難'に当たる文言が emergency（英），danger（仏），Notstand（独）となっていることである。ドイツ語の Notstand は，日本の刑法学では，普通，「緊急避難」と訳されていて，これがわれわれにとっては，最も理解しやすい。ドイツ語の Notstand に相応する英語は necessity，フランス語は nécessité であると解されているのであるが，欧州人権条約で用いられているのは，上記のように，それとは異なる表現である。

なお，一言付記しておきたい。ドイツ語の 'Notstand' は，わが国では普通，「緊急避難」と訳されているが，正確に言えば，'緊急状態' であって，これに相応するフランス語としては，'état de nécessité' が用いられている。ドイツ語では，緊急避難を意味する正確な言葉としては 'Notstandshandlung' が用いられている[47]。このような見地から，本稿では，第15条の見出しを「緊急事態における適用除外」とした。

B　第1項の意義

第1項における「国民の生存を脅かす公の緊急事態」（public emergency threatening the life of the nation）とは，「一般公衆に影響を及ぼす例外的かつ急迫の危険又は危機の状態であって，当該国を構成する社会の組織化された生存に対する脅威を構成するもの」（situation of exceptional and imminent danger or crisis affecting the general public …… and constituting a threat to organized life of the community which composes the State in question）をいうと解されている[48]。これは，欧州人権委員会の解釈に従ったものである[49]。

これによれば，緊急事態の要件を具備している場合には，欧州人権条約に基づく義務に違反する措置をとることができる。言いかえると，緊急避難行為に出ても法的責任は問われない。ただし，国際法にもとづくその他の義務に違反する場合を除く。これが，第1項の趣旨であると解される。

(45)　1953年9月3日に効力発生。欧州評議会（Council of Europe, Conseil de l'Europe）〔公用語は，英語とフランス語〕の加盟国は，欧州人権条約の締約国であることが求められている。

(46)　Heinz-Eberhard Kitz, Die Notstandsklausel des Art. 15 der Europäischen Menschenrechtskonvention. Schriften zum Völkerrecht, Band 76, Duncker & Humbolt, 1982.

(47)　vgl. Münchener Kommentar zum Strafgesetzbuch. Band 1 StGB, §35, 2003, S. 1449.

(48)　cf. Kitz, op. cit. 46, p. 32. Lawless Case (merits), Judgment of 1st July 1061, CEDH, Séie A, 1960-1961, p. 56.

(49)　cf. Kitz, op. cit. 46, p. 33.

〔Ⅲ〕 緊急避難の要件

　欧州人権委員会の見解によれば，15条1項と緊急事態は，次の4つの要件を満たすものでなければならない。
1．現実かつ急迫であること。
2．その効果が国民全部（whole nation）に及ぶこと。
3．社会の組織化された生存（organized life of the community）が脅やかされていること。
4．危難又は危険は，公共の安全，健康又は秩序の維持のために条約で認められている通常の措置又は制限に対して明らかに不相当な（plainly inadequate）ものであること。

　ここで示されている緊急事態は，——国内刑法で通常掲げられている緊急避難の要件に比べて，危難が社会の人々の全体に対するものであることを要するとされている点で——特色があるように思われる。その意味では，集団的緊急の状況ということができる。これは，Lawless 事件に関して裁判所が下した判決で示された見解でもある。学説では，危難の状態（Gefahrensituation）には，国民の存続（Bestand des Staatsvolkes）又は国家自体の存続（Bestand des Staates als solcher）に対する脅威が迫っていることを要する，とも説かれている。

　ところで，上記の4要件は，緊急事態それ自体の成立が認められるためのもの（危難の要件）であって，緊急避難行為の不可罰性が認められるためのもの（避難行為の要件）とは言いがたい。

　上記要件の4番目には，「……の維持のために……通常の措置又は制限に対して明らかに不相当であること」が掲げられている。しかし，この要件は，必ずしも避難行為の相当性——生じた害が避けようとした害の程度を超えなかったこと——を意味しない。言いかえると，危難の要件としての相当性は事前の立場での判断であるのに対し，避難行為の成立要件としての相当性は事後の立場での判断である。条約の規定としては，事前の立場での要件を掲げることにとどめざるを得ないのであろう。

(50) ここで「国民」(nation) とは，法律上の「国民」(国籍を有する者) という意味ではなくて，組織化された社会 (organized society) に属する人々及び施設 (the people and the institutions) をいう。cf. Kitz, op. cit., 46, p. 33.
(51) ドイツの文献では，'Notstandssituation' という表現が用いられている。cf. Kitz, op. cit., 46, p. 35.
(52) cf. Urteil des Gerichthofs im Fall Lawless, CEDH, Série A, 1960-1961, S. 56.
(53) Kitz, op. cit. 46, p. 38.

〔Ⅳ〕 条約15条2項

15条2項は，緊急事態の抗弁が受け容れられない例外的場合として，次の4つを掲げている。

(1) 第2条（生命権）（ただし，合法的な戦闘行為から生ずる死亡の場合を除く。）
(2) 第3条（拷問の禁止）　この条文は，拷問のほか，非人道的な又は品位を傷つける取扱い又は刑罰をも禁止している。
(3) 第4条第1項（奴隷又は隷属の状態に置くことの禁止）
(4) 第7条（法に基づかない処罰の禁止

ここでは，「……に違反することを許すものではない」(No derogation from Article……shall be made ; n'autorise aucune dérogation) の解釈が問題となる。この文言を定義どおり解釈すれば，国民の生存が脅かされている緊急の事態にあっても，その危難から免れるための殺人も許されないという結論が導き出されるであろう。そうだとすれば，いかなる緊急避難行為も認められないという，首肯しがたい結論が導き出されることになる。

このジレンマを解くために「内在的制約」(inherent limitations, immanente Schranken) の理論をこれに当てはめようとする見解がある。それによれば，例えば，生命権については合法的戦闘行為の場合と死刑執行の場合にあっては生命の剥奪が認められるし，また，身体の自由の権利にあっては，自由刑の場合には自由の剥奪が内在的制約として認められる，とい

うのである。しかしながら，条約15条2項の規定について内在的制約の理論が妥当するかは，疑問である。これにつき，ドイツの学者は，「人権条約15条の場合に内在的制約の理論を当てはめることは適切でない。」と論じている[54]。この見解が妥当である。

では，この難問はどのように考えるべきか。

欧州人権条約は，締約国がその管轄内にあるすべての者に対して同条約第1節に規定する権利及び自由を保障することを規定したものである（第1条）。別の見方をすれば，緊急事態において他人の法益を侵害した者の刑事責任についてまで規定したものではない。緊急避難行為者がどのような要件の下でどのような刑事責任を問われるかは，刑罰法規（例えば，ヨーロッパ刑法典）で規定すべきものである。

欧州人権条約15条1項は，緊急事態において締約国が真に必要とされる措置（measures, mesures, Maßnahmen）をとることができる旨を規定したものである。その措置によっては救済されえない緊急事態（état de nécessité, Notstand）に陥った者が急迫の危難から免れるためにした避難行為については，刑法（国内刑法又は国際刑法）の規定及び理論によって罪責が決められることになる[55]。

(54) Kitz, op. cit. 46, S. 40.
(55) ここにいわゆる国際刑法には，ローマ規程（ICC規程）のほか，国際化された刑事法廷（internationalized criminal courts or tribunals）に適用される刑罰法規が含まれる。

2 国際自由権規約

1966年の国際自由権規約（市民的及び政治的権利に関する国際規約）第4条は，次のとおり欧州人権条約15条の趣旨をいっそう拡大している[56]（国際条約集の訳文による）。

第 4 条〔緊急事態における適用除外〕
1 国民の生存を脅かす公の緊急事態の場合において，その緊急事態の存在が公式に宣言されているときは，この規約の締約国は，事態の緊急性が真に必要とする限度において，この規約に基づく義務に違反する措置をとることができる。ただし，その措置は，当該締約国が国際法に基づいて負う他の義務に抵触してはならず，また，人種，皮膚の色，性，言語，宗教又は社会的出身のみを理由とする差別を含んではならない。
2 前項の規定は，第 6 条〔生命に対する権利及び死刑〕，第 7 条〔拷問又は残虐な刑の禁止〕，第 8 条第 1 項〔奴隷禁止〕及び第 2 項〔隷属状態の禁止〕，第 11 条〔契約不履行による拘禁〕，第 15 条〔遡及処罰の禁止〕，第 16 条〔人として認められる権利〕並びに第 18 条〔思想・良心及び宗教の自由〕の規定に違反することを許すものではない。
3 （略）

　このように，第 4 条は，実体法の領域についてのみならず，手続法の領域についてまで，緊急事態における措置の適用除外を拡大している[57]。この点で，欧州人権条約 15 条の規定に比べて人権保障の範囲を拡大しているように見える。その点を除けば，緊急事態に陥った者が急迫の危難から免れるために他人の法益を侵害する行為（緊急避難行為）に出た場合に，その者がいかなる刑事責任を問われるかは，規定の範囲外とされている。その限りにおいて，規約 4 条は，欧州人権条約 15 条と同一内容を規定したものである。

(56) 国際自由権規約については，国連人権委員会（HRC）がまとめた見解，注釈，諸国における裁判例などを収録した本を公刊しており，この本は国際的に権威あるものとされている。しかしながら，規約 4 条については，なんらの記述もなされていない。cf. Joseph, Schulz & Castan, The International Covenant on Civil and Political Rights, 2nd, ed., 2005, Oxford.
(57) Kitz, op. cit. 46, S. 94. は，この点を注目している。

3　ローマ規程（ICC 規程）

〔Ⅰ〕　緊急避難，個人の刑事責任

　1998年7月17日，ローマ外交会議で採択された「国際刑事裁判所に関するローマ規程」（ICC 規程）は，第31条（刑事責任の免除事由）第1項（d）において強制（duress）と緊急避難（necessity）について詳細な規定を設けている。これについては，本書第6章「ローマ規程における強制と緊急避難」を参照していただきたい。

　そこで述べたように，この規程は，法系や法制の異なる諸国の間で妥協の結果生まれたものであるので，論理的には分かりにくいものになっている。それほど，緊急避難をめぐる法思想と立法例は多様であって，ローマ規程31条1項(d)の規定の解釈と運用には，多くの困難が伴っている。

　さて，ここで一つ注意すべきは，ローマ規程が超国家的な常設の国際刑事裁判所（ICC）の根拠法規ともいうべき国際刑法典（international criminal code）であって，そこでは，罪刑法定主義が基本原則とされていることである（22条，23条参照）。言えかえると，ICC は，独立の裁判権をもつ裁判所であるので，ローマ規程には「犯罪」（管轄犯罪）（5条以下）とそれに対する「刑罰」（77条）とが規定されているのである。

　ローマ規程25条（個人の刑事責任）は，個人の刑事責任の原則（principle of individual criminal responsibility）を掲げている。つまり，自然人（natural persons）のみが刑事責任を問われる旨を明記している。言えかえると，国家の刑事責任も法人の刑事責任も，処罰の対象として問題とされることはない。このことは，広く世界的に受容（universal acceptance）されているところである。

　ちなみに，ローマ規程における「適用される刑罰」（Applicable penalties）は，30年以下の拘禁刑，無期拘禁刑，罰金及び没収である（77条）。

(58)　規程31条の見出しは，grounds for excluding criminal responsibility（英）；Motifs d'exonération de la responsabilité pénale（仏）となっていて，その中には，

責任能力の欠如，正当防衛も含まれている。ゆえに，単に狭義の責任阻却の場合だけが規定されているのではない。
(59) cf. Triffterer (ed.), Commentary on the Rome Statute of the International Criminial Court, 1999, Nomos, p. 436.

〔II〕 補完性の原則に由来する問題点

ローマ規程では，補完性の原則（principle of complementarity）がICC制度の基本原則とされている。補完性は，「国際刑事法における新しい概念」であって，「革新的方法として」創造されたものである。規程1条に「本裁判所は，……国内の刑事裁判所を補うものとする。」と規定されているのが，この'創造された原則'の法的根拠である。補完性の基準としては，規程17条（受理許容性の問題）に4つの事由が掲げられている。

補完性の原則によれば，ICCの管轄犯罪につき裁判すべき第1次の任務を負うのは，締約国の裁判所である。そうなると，わが国の裁判所がICCの管轄犯罪（中核犯罪〔core crimes〕と呼ばれる）を審理する場合があることになる。その場合，緊急避難に係る事件については，軽い法の原則が適用されるかの問題点が困難な課題となるであろう。

軽い法の原則（Grundsatz der *lex mitior*）とは，行為地である外国の刑罰法規が裁判国のそれに比べて軽いときは，その軽い外国法を適用する，という原則である。

では，補完性の原則に従ってわが国の裁判所が人道に対する罪などの中核犯罪の犯人を裁くこととなった場合，死刑の言渡しをすることはできないか。ローマ規程は，適用されうる刑罰の中に死刑を規定していないので，死刑存置国であるわが国としては，軽い法の原則が適用されるとすれば，大量虐殺の犯人に対しても最高刑は無期懲役ということになり，他の事件との量刑上の均衡を失することになる。

外国の文献では，「補完性の原則と死刑」の問題について論じたものは見当たらない。それは，恐らくローマ規程に関する著書・論文を公にしている学者の国では死刑が廃止されていることによるであろう。

軽い法の原則は，属人主義の場合について論ぜられているので，上記の問題は，全く新しい問題である。仮に，軽い法の原則は能動的属人主義にもとづいて内国刑法を国外犯につき適用する場合に限るとすれば，中核犯罪については，軽い法の原則の適用は認められない，という帰結に導かれるであろう。なお，大量虐殺等が行われた国で死刑が存置されている場合には，軽い法の原則を適用する余地はない，という考えもありうる。

ともあれ，純理論的には，ICC の管轄犯罪につき補完性の原則にもとづいて内国で裁判を行う場合には，軽い法の原則の適用が問題となることがある。

(60) 森下「補完性の原則」同・国際刑事裁判所の研究（2009 年，成文堂）53 頁以下。
(61) 森下・前掲書 56 頁以下。
(62) 森下・国際刑法の基本問題（1996 年，成文堂）54 頁。

〔Ⅲ〕 正当化事由としての緊急避難が認められるか

国内刑法において緊急避難が不可罰とされる根拠については，立法例では緊急避難の要件の仕方がさまざまであるので，諸国の学説は分かれている。著者は，かつて著書『緊急避難の研究』（1960 年，有斐閣）においてドイツの学説を分析検討し，ついで著書『緊急避難の比較法的考察』（1962 年，有信堂）において，フランス，ベルギー，スイス，イタリア，スペイン及び英米諸国の緊急避難につき，立法，裁判例及び学説を考察した。

日本刑法 37 条（緊急避難）については，違法性阻却説が圧倒的な通説となっている。これに対し，著者は，著しく価値の低い法益をぎせいにする場合は違法性阻却，その他の場合は責任阻却という独特の二分説を主張した。この見解は，1975 年のドイツ刑法 34 条（正当化する緊急避難）及び 35 条（責任を阻却する緊急避難）とほぼ同じ考え方に立っている。

現在，国際刑法における緊急避難を論ずる諸国の学説は，緊急避難の不可罰性の根拠を justification 又は excuse に求めているが，そこでは両者間に必ずしも厳密な意味で明確な区別がなされてはいない。[63]

ところで，国際刑法で扱われる犯罪は，多くの場合，世界的裁判権（compétence universelle；universal jurisdiction）の対象とされる犯罪であろうから，そこでは正当化（違法性阻却）される緊急避難の場合は，考慮にのぼらないかもしれない。山田教授がその論文「国際法における緊急避難」において「有責性阻却・軽減説」を提唱されるのは，そうした観点によるものであろう。現実に生起する事例はそうであるとしても，理論的には著しく価値の低い法益（例えば，財産）をぎせいにして人の生命・身体に対する危難から免れる行為に出る場合もありうるであろう。山田教授は避難行為の相手方に損害賠償の義務を負わせるという見地から有責性阻却・軽減説を採る旨を述べている。しかしながら，違法性阻却の場合であっても行為者が損害賠償責任を負うことは，理論的に可能である。

(63) Cassese, International Criminal Law, 2003, Oxford, p. 219 et s.
(64) 山田・注㉙前掲論文 202 頁以下。
(65) 刑事裁判では無罪でも，民事裁判で損害賠償を命ぜられることは，珍しくない。理論的にも無過失損害賠償責任が認められる。

第6節　国家責任条文

1　国家責任条文

2001 年 8 月，国連国際法委員会（ILC）で採択され，同年 12 月 12 日，国連総会決議（56/83 附属文書）で採択された国家責任条文（「国際違法行為に対する国の責任」に関する条文）（Articles on Responsibility of States for Internationally Wrongful Acts）は，その第 25 条に次の規定を設けている。

第 25 条（緊急避難）
1　国は，次の場合を除くほか，自国の国際義務に合致しない行為の違法性を阻却する根拠として緊急避難（necessity）を援用することができない。

(a) 当該行為が，重大かつ差し迫った危険から根本的利益を守るために当該国にとって唯一の方法であるとき，及び
(b) 当該行為が，その義務の相手国又は国際共同体全体の根本的利益を大きく損うものでないとき。
2 国は，次のいかなる場合にも，緊急避難を違法性を阻却する根拠として援用することができない。
(a) 問題とされている義務が，緊急避難の援用の可能性を排除しているとき。
(b) 当該国が，緊急避難の状態に寄与したとき。

この国家責任条文については，山田論文で，ICCにおける第1読会作業以降の議論の経過及び条文内容につきくわしい分析がなされている。[66]

(66) 山田・注(29)前掲論文98頁以下。

2 国家責任条文についての若干の検討

ここでまず念頭に置くべきは，「国家責任」（responsibility of States）という言葉は，第1条「国のすべての国際違法行為（internationally wrongful acts）は，当該国の国際責任を伴う。」に示されているように，国際違法行為（国際不法行為）に対する民事的責任を意味するのであって，国際犯罪に対する刑事責任ではない，ということである。

このことは，責任条文第2部の「国の国際責任の内容」第2章「被害の回復」において，責任の具体的内容として，第35条（原状回復 Restitution），第36条（金銭賠償 Compensation），第37条（精神的満足 Satisfactitn），第38条（利息 Interest）及び第39条（被害に対する寄与 Contribution to the injury）が規定されていることから理解されるであろう。

国際刑法の見地から問題とされるのは，責任条文第5章の題目が"Circumstances precluding wrongfulness"とされ，第25条「緊急避難」（Necessity）において"a ground for precluding the wrongfulness of an act"とされており，国際条約集の訳では，前者が「違法性阻却事由」とされ，後

者が「行為の違法性を阻却する根拠」と訳されていることである。

　なぜ，違法性阻却事由を指す言葉として"cause of justification"が用いられなかったのか。それは恐らく，国家責任条文が国家の刑事責任ではなくて，不法行為責任を問うことを目ざすものであるからであろう。国際法にあっては，国家責任（State responsibility）と個人の刑事責任（individual criminal responsibility）とは同じでないので[67]，われわれとしては，国家責任条文の上記文言が妥協の産物として用いられたものであることを理解すべきであろう。

(67) Kittichaisaree, International Criminal Law, 2001, Oxford, p. 9.

第7節　結びに代えて

　「緊急避難は，人類社会と共に古い」と言われる。これは，人類の社会生活が始まった頃から，絶えず争いがあり，そこでは —— 正当防衛とともに —— 緊急避難が行われた，ということを意味するであろう。

　古い法格言「緊急は法をもたない」（Necessitas non habet legem.）は，緊急避難の法規制・法解釈の難しいことを表すものである。この法格言を自然法論の角度から説明することも行われたようであるが[68]，放任行為説（緊急避難は，法的規制の及ばない法領域の行為である，という説）が久しく通用した。現代では，例えば，ナチス・ドイツが，ドイツ民族の"生存空間"を維持する「必要」な行為であるとの口実の下に，他国への侵攻を正当化するためにこの法格言を用いた。このような口実が「法の支配」，「国家平等の原則」の見地から正当化されえないことは，明白である。

　それにもかかわらず，世界の少なからざる国や地域において内戦状態，民族闘争，大規模テロ行為が跡を絶たない現実の下で，「国際刑法における緊急避難」のテーマについて考えることは，困難な課題である。国家の刑事責任を問うことができない以上[69]，われわれが考察の対象とするのは，国際刑事法廷（ICC及びアド・ホック *ad hoc* の国際刑事法廷を指す）並びに国内

裁判所で行われる国際犯罪の裁判において審理される個人の刑事責任である。

すでに述べたとおり，ICC の管轄犯罪については補完性の原則によって，まず締約国の裁判所が審理することになる。わが国にあっては，その裁判において緊急避難の成否が争われたとき，刑法 37 条（緊急避難）の規定に照らして判断すべきことになる。その際，われわれが念頭におくべきことは，刑法 37 条の規定が比較法的に見て特異なものであること，及び緊急避難を違法性阻却事由として捉える通説の立場が国際的には受け容れられがたいものであること，である。

刑法学の立場から緊急避難の法的性質を考えるとき，最も重要な視点は，避難行為の相手方（第三者）の保護ということである。避難行為が違法であれば，相手方は避難行為者に対して正当防衛をすることができる。それでは，通説である違法性阻却説の立場では，相手方は，正当防衛をすることはできないことになる。なぜ，相手方は，たまたまその場に居合わせたというだけで，避難行為によって法益侵害されることを甘受しなければならないのか。相手方は，どのようにして保護されるのか。[70]

違法阻却説の立場からは，避難行為に対して緊急避難（だけ）が許される，と論ぜられている。[71] この立場からすれば，適法な緊急避難に対して適法な緊急避難をもって対抗することができることになる。それは，結局，放任行為説の場合と同じく，「強い者勝ち」（Macht ist Recht.），「先手を取った者が勝ち」という帰結に導くことになるであろう。外国の文献をひもといた限りでは，「緊急避難に対しては緊急避難で対抗することができる」との所論は見当たらない。

このような次第で，（仮りに）国際犯罪の行為者につきわが国の裁判所が裁判をすることとなった場合において，被告人側から緊急避難の抗弁が提出されたとき，違法性阻却説の立場からする判決がなされたとすれば，関係者を含めて広く一般の納得が得られるであろうか。ここで注意すべきは，緊急避難は「正対正」（Recht gegen Recht）の関係にあるといわれているが，[72] それは，侵害される危険に直面している法益を救うためには無関係な第三

者の法益をぎせいにする以外に方法はないという，法益と法益が対立している緊急の状態を比喩的に表現したスローガンであって，緊急避難行為（Notstandshandlung）が正当（Recht）であることを意味するのではない。外国の国際法学者は，緊急避難に対しては第三者（相手方）は正当防衛をすることができる旨，くり返し論じている。1951年に大著『刑法における緊急避難』を公にしたフォリエも，緊急避難を違法性阻却事由と解する所論には断じて同意できない旨を明言している。

このようにして，「国際刑法における緊急避難」の問題は，国内法と国際法との双方の観点から考察すべきことを，われわれに要請している。

(68) cf. Glaser, supra note 14, p. 575.
(69) この問題については，安藤泰子『個人責任と国家責任』（2012年，成文堂）第5章「個人責任と国家責任」の論述が有益である。
(70) 緊急避難の不可罰性と第三者保護について詳細な論述をしたものとして，次の文献が有益である。井上宜裕・緊急行為論（2007年，成文堂）。
(71) 団藤重光・刑法綱要総論・改訂版〔増補〕（1988年，創文社）226頁。
(72) Frank, Strafgesetzbuch für das Deutsche Reich, 18. Aufl. 1931, S. 167.
(73) Glaser, supra note 14, pp. 574. 597.
(74) Paul Foriers, De l'Etat de Nécessité en Droit Pénal, 1951, Bruyant, p. 338.

第4章　アザン『国家間刑法及び国際刑法における緊急避難』

Tawfik Hazan, L'Etat de Nécessité en Droit Pénal Interétatique et International, 1949, Paris.

1　はしがき
2　序説　　緊急避難の歴史と現代の実定法
3　国際関係における緊急避難論
4　国家間刑法及び国際刑法における緊急避難の制裁

1　はしがき

〔I〕　古くて新しい課題

　緊急避難（état de nécessité）は，刑法学において最も古く，しかもつねに新しい意義をもつ課題である。それは，緊急避難の理論がすべての社会的関係に利害関係をもつ基本的問題を中核とするからである。ここに紹介する本書の著者タウフィック・アザン（Edouard Tawfik Hazan）博士がいみじくも指摘したように，人類社会とともに古い（vieux comme le monde）[1]この理論は，人間固有の本性である生存本能と法秩序の必然的に厳格な性格との間の，宿命的な闘争の結果なのである。

　先に述べたように，緊急避難論は，すべての社会的関係に利害関係をもっている。生きんがための闘いから生ずるこの問題は，今日もなお，個人と個人との関係，個人と集団との関係，集団と集団との関係においてくり返えされている。しかも，20世紀に入って資本主義の高度化に伴う階級対立の激化は，特に労働争議をめぐって集団と集団との関係における緊急避難論を生み，刑法学に新しい問題を提供しているが，[2]この「集団」を広く解

してそれに国家をも含めることができるであろうか。国家の存立が危胎に瀕するとき，無関係の第三国の正当な利益を侵害して，危難を免れることができるか。これが，国際関係における緊急避難論の問題である。

(1) Hazan, L'Etat de Nécessité en Droit Pénal Interétatique et International, 1949, Paris, p. 1.
(2) 佐伯千仭「終戦後の判例と期待可能性の理論——高等裁判所の判例を中心として」刑法雑誌3巻3号1頁以下参照。

〔Ⅱ〕 刑法と国際法との交錯

アザン博士の上述の著書は，刑法と国際法とが交錯する複雑な緊急避難の問題を初めて取り上げて鋭いメスを入れた，興味深い書である。著者は，エジプトの弁護士である。本書の序文がパリ大学のドンヌディュー・ド・ヴァーブル（Donnedieu de Vabres）教授の手になるものである点と，本文中にもヴァーブル教授の学説がしばしば引用されており，その影響が大きい点とを併せて考えると，アザン氏は，おそらくパリ大学に学び，ヴァーブル教授の教えを受けたのであろう。そのヴァーブル教授が本書の序文で言っているように，ごく最近，緊急避難を免責事由として主張する侵略国がその理論的基礎づけを試みた努力は，この問題に全く新たな価値を生ぜしめている。それは，「国際刑法」（droit pénal international）と「国家間刑法」（droit pénal interétatique）—— 両者の概念や差異については，後述する —— の範囲に及ぶものである。著者アザン博士の功績は，非常に良心的かつ包括的な研究において，国内刑法と国際法との結び付きから生ずる種々の問題点を示し，国内刑法の学説と判例によって樹立された古典的解決が国際社会の新しい状態から発せられた諸困難を解きほぐすカギを与えるかどうか，を研究したことである。

本書は，本文149頁に及ぶモノグラフィーであって，序説，第1部「国際関係における緊急避難論」，第2部「国家間刑法及び国際刑法における緊急避難の制裁」との，計3部から成る。

以下，本書の順序に従ってその内容を紹介しながら，問題の所在を検討

してみよう。

2　序説　緊急避難の歴史と現代の実定法

〔I〕　第1章　歴史

　国家間刑法及び国際刑法の領域における緊急避難論の発展と制裁とを研究するためには，国内刑法における緊急避難論の発展とそれによってもたらされた解決の吟味とから出発することが望ましい。

　まず，第1章「歴史」では，インド法，ローマ法，ユダヤ法，カノン法，イスラム法における緊急避難の問題が，要領よく論ぜられている。その紹介は，省略する。[3]

　なお，緊急避難の歴史的考察としては，拙著『緊急避難の研究』日本刑法学会選書(5) (1960年，有斐閣) においてくわしく検討した。そこでは，アザンの著書もたびたび引用されている。参考のため，上記拙著における関係部分の目次を次に掲げておく。

　　古代および中世における緊急避難論
　　　　1　はしがき
　　　　2　インド法，ユダヤ法，ギリシャ法
　　　　3　ローマ法
　　　　4　教会法
　　　　5　中世紀のドイツ法
　　　　6　聖トマス・アクィナスの説

　　近世における緊急避難論
　　　　1　カロリナ法典と普通法
　　　　2　啓蒙期における学説の発展
　　　　3　18世紀の立法に現れた緊急避難論

　　近世における緊急避難論
　　　　1　フランス刑法における緊急避難論

2　19世紀ドイツの各ラント法における緊急避難規定
　　3　ドイツの刑法典制定以前の諸学説　その1
　　4　ドイツの刑法典制定以前の諸学説　その2

(3)　イスラム法は，実定法が施行されるまでのエジプトにおける普通法であった。
　　cf. Hazan, op. cit., p. 8 note 12.

〔Ⅱ〕　第2章　現代の実定法
　第2章では，国内刑法と国内公法とにおける緊急避難の意義が検討されている。
　　A　フランス，ドイツ，エジプトの各刑法規定
　まず，著者は，現代の国内刑法としてフランス，ドイツ，エジプトの3つを選び，そこから現代における緊急避難論の特徴的要素を解明しようと試みている。フランス刑法には緊急避難の一般規定がないため，精神的強制（contrainte morale）に関する第64条を類推適用して無罪とすることが一般的に認められていることや，ドイツ刑法第54条（緊急避難 Notstand）の規定については，わが国でも良く知られている。
　エジプト刑法第61条は，「生命又は身体に対する重大かつ急迫な危難から自己又は他人を守るべき緊急によって強制され，その場合において，その危難が故意に生ぜしめられたものでなく，他の方法では避けえないときは，罪を犯した者は罰せられない。」と規定している。著者アザンによれば，エジプトの立法者は緊急避難を責任阻却事由（cause de non-imputabilité）とみなしており，違法性阻却事由（cause de justification）とは見ていない。なぜなら，第61条は「罰せられない」（N'est pas punissable）という表現を用いており，仮に違法性阻却事由と考えるのであれば，「重罪も軽罪も存在しない」（Il n'y a ni crime, ni délit……）との文言を用いるはずだから，というのである。しかし，このように文言形式から上記の結論を導き出すことができるかについては，疑問が残る。
　結局，著者アザンによれば，「緊急避難とは，重大かつ急迫で，しかも避

けることのできない危難に直面している者が,不当な損害を甘受するか,無関係の第三者を侵害して法違反の行為を犯すかの,二者択一に直面している状態をいう。」

B 緊急避難の本質についての見解

では,緊急避難の本質は,なにか。アザンは,緊急避難を放任行為と見るフランスの通説——通説といえるかどうか疑問であるが——を最も論理的であるとして,これに賛意を示し,その結果,民事責任も免除される,と主張している。では,なぜ,緊急避難は適法行為とされるのか。著者アザンによれば,ヴァーブル教授とともに,緊急避難は社会的に有用であり,社会にとっては無関心であり,それは「刑法の外」にあるからである。これは,まさに典型的な放任行為説の主張である。

私見によれば,放任行為説は,結局,強者の権(Faustrecht)を認めることに帰着するので,支持しがたい。ただ,ここでは,フランスの学説のうちの1つである放任行為説が採られていることを紹介するにとどめる。

(4) フランスにおいては,緊急避難の本質について,違法性阻却説,放任行為説,精神的強制説などが入り乱れている。森下「フランス刑法における緊急避難論」同・緊急避難の比較法的考察(1962年,有信堂)3頁以下。
(5) 森下・前掲書49頁以下。

〔Ⅲ〕 固有の公法領域における緊急避難

緊急避難の理論は,刑法のみならず,固有の公法の領域にまで拡げることができる。このような見地から,アザンは,次のような議論を展開している。

今日,三権分立の原則に立つ国家にあっては,行政官庁への権限の賦与は法律によって行われているのであるが,このような権限の分立は,平常時には望ましいものであっても,国家の危急に際しては,公共の福祉を確保すべきことを本質的目的とする行政機関の活動に対するはなはだしい妨害となる。危急の時期に,国家の緊急状態は行政官庁に認められた権限の拡大が正当化されることを議会や裁判所が認めざるをえなかったのは,こ

のゆえである。実際，行政権の担い手は，危急の時期には公共の福祉の必要に備えるために，憲法上制限された権限を犯す権利を要求してきている。すなわち，行政権の拡大を緊急避難論の拡大によって正当化しようとしたのである。

その最初の一般的適用は，第1次大戦によって交戦国にもたらされた非常事態に対処するためのものであった。時には，極めて困難な条件下においてさえ戦争遂行の至上命令は，政府をして，通常は立法府に委ねられている権限を侵犯するのやむなきに至らしめた。このような権限侵犯事件を扱う管轄裁判所は，行政府の態度を正当化するために緊急避難論の適用をためらいはしなかった。

これと同じ現象は，第2次大戦時においても交戦国の内部に，行政府の権限の体系的拡大を生ぜしめた。例えば，米国では，1939年9月7日，ルーズベルト大統領は非常事態（national emergency）を宣言し，準専制権限の遂行を正当化した。最高裁判所は憲法上の原則を侵犯するこれらの例外的権限の遂行を抑制すべきであったが，たいていの場合，同裁判所は，大統領の行為を有効とした。

では，このようなことが認められるのは，戦争状態にあるときだけであろうか。フランスの法学界は，内乱又は少なくとも重大事態とみなされるすべての危機は同様の結論を生ぜしめることを，Winckell 裁判（1909年8月，Conseil d'Etat）以来，承認している。

こうして一歩進めて，憲法中にこの原理そのものを採用することが，2つの世界大戦中，特にドイツ，オーストリア及びエジプトの各憲法によって実現されるに至った。まず，1919年のワイマール憲法第48条は，危機の場合における大統領の権限拡大の可能性を緊急避難論の適用によって明文化し，ついで，1929年のオーストリア憲法第18条第3項，1923年のエジプト憲法第41条も，これとほぼ同様な規定を設けた。

このようにして，緊急避難の理論は，刑法におけると同様に，固有の公法の領域にも適用されるに至った。否，むしろ，公法を支配する法的関係の特別な類型が緊急避難論の発展を促したのである。

ところで，以上，国内法の秩序における緊急避難論の適用について最も注意すべきことは，それぞれの場合に緊急避難の要件が備わっていたかどうかを判断し，行為者の恣意的弁解を抑制する機関が存在することである。すなわち，たとい憲法の条規にもとづく緊急命令等といえども，国会の追認を要するとされているのであるし，その他の場合については裁判所がかかる例外的権限の行使についてきびしい制限を加えるのであって，この点で，後述するところの国際関係における場合と本質的差異をもつのである。

3 国際関係における緊急避難論

〔I〕 問題点の歴史的考察

A 問題の提起

国内法において重要な役割を果たした緊急避難論は，国際関係においても同様な役割を果たすであろうか。もし，そうだとすれば，国際法の違反を正当化するために，この理論は，どのように援用されるであろうか。いまだかつて，いかなる国家も故意に国際法を破ったことも，自国の関与している戦争が侵略戦争であることも決して認めていない。その口実は，つねに相手国が攻撃しようとした自国の正当な権益を防衛し，保護するという唯一の目的において戦争を開始した，というのである。

史実に徴すれば，諸国が領土獲得の野望をカムフラージュするためにしばしば緊急避難論を避難所としたことがわかる。特にドイツは，自国による国際法違反を正当化するためにこの理論を援用したのであって，多くの学者によってこの理論の祖国とされている。アザンによれば，ドイツの多数説が正当でないことは，この問題に関する歴史的研究を一覧すれば容易にわかるであろう。

B 歴史的考察

アザンは，第1章「歴史」第1節において，まず，カノン法学者と自然法学者との学説を概観している。

カノン（canon）法学者は，緊急避難の問題を正当な戦争と不正な戦争との区別（正戦論）という観点から論じた。領土獲得を目的とする戦争は不正

であり，国家間の平和と良き協調との回復を目的とするもののみが正当であるというのが，その結論であった。彼らは，緊急避難の問題を道徳的・宗教的見地から考察し，免責事由として認めた。

自然法学派にあっても，グロティウス（Hugo Grotius, 1583-1645）を初めとする輝かしい代表者たちによって緊急避難の理論は認められた。しかし，その所説は，緊急権の存否の確定を緊急権を主張する者の評価に従わせている点で，大きな弱点をもっている。

〔Ⅱ〕 **国際関係における緊急避難の適用事例**

では，国際関係における緊急避難論は，どのように適用されてきたか。歴史をひもとく者は，強大国が弱小国のぎせいにおいて犯した法違反を世界の輿論の前に正当化しようとして緊急避難の理論を援用した事例を数多く発見するであろう。さほど強大でない国は，緊急避難を主張してまで他国を侵略することはしない。そのような国の望むところは，むしろ他国との友好関係を維持することだからである。

アザン博士は，19世紀と20世紀においてこの理論の援用された実例を挙げている。18世紀以前においても諸国が緊急避難を援用していることが認められる[6]が，この理論が重要な意義をおびて登場したのは，19世紀初頭以来のことである。

A **19世紀における実例**

19世紀において最初に緊急避難の主張を口実にしたのは，英国である。1807年，英国はデンマークの艦隊を捕え，コペンハーゲン港に抑留したが，その口実は，フランスによるコペンハーゲンの占領とデンマーク艦隊の動員とを避けるため緊急避難行為に出た，というのであった。

1856年，オーストリアがCracovieという自由市を併合したときも，1870年，ロシアが1856年のパリ条約に違反して黒海の中立を犯したのも，さらに，1886年，ロシアがBatoum自由港を中立化した1878年のベルリン条約違反に出たのも，この理論を楯としてであった。

要するに，これら諸国は，国際法を故意に破ったのではなく，自国の侵

害されようとしている利益を保護するためにやむなくこの行為に出た，という口実をつけて緊急避難を主張することによって，その国際法違反を正当化しようと努めたのである。

B 20世紀における実例

20世紀に入ってこの理論を最初に適用したのは，日本である。1904年，日本は，日露戦争を遂行する必要上，中立国である韓国に軍隊を上陸させた。ついで，1914年，ドイツは，ベルギーの中立を犯したが，きびしい世界の批判を免れるため，緊急避難を主張して自国行動の正当化に努めた。

他方，連合国も，この理論に訴えることをためらいはしなかった。1916年4月10日，英国とフランスがギリシャの中立を犯して，ギリシャの島々に海軍基地を設けることをギリシャに通告したのは，その1例である。

さらに，日本は，満州事変（1931年）[7]に際して満州（現，中国東北部）攻略を正当防衛権の行使だと主張し，また，イタリアは，イタリア＝エチオピア戦争（1935～36年）に際して，原料の入手と過剰人口のはけ口とを求めるため，領土拡張の必要性を主張した。

第2次世界大戦が勃発するや，ドイツは，その野望をカムフラージュするために緊急避難を主張して，次々と中立国侵犯をあえてした。そこに見られるものは，緊急避難の伝統的理論にもたらされた甚しい拡大である。そこでは，前提条件である急迫の危難を構成する外部からの違法な攻撃があるのではなく，当該行為国の内部的事情が存在するにすぎない。国際関係における緊急避難論の危険性の1つはまさにここにある，と著者アザンは史実に照らして力説している。

(6) 緊急権（droit de nécessité）という文言こそ用いていないが，この概念の存在を前提として設けられた国際条約は，かなり古くから見られる。例えば，1689年に英国とオランダがフランスと戦うために結んだ条約，1793年に英国，ロシア及びオーストリアとの間に結ばれた条約など。

(7) 1931年9月18日の柳条溝事件に始まる日本の満州侵略戦争。この事件は，関東軍の周到な計画によって，柳条溝の満鉄線路の爆破が行われたものであった。関東軍は，それを中国軍の行為だと言い，「自衛のため」と称して軍事行動を始め，

たちまち全満州に軍事行動を拡げた。その後，1937年7月7日夜，中国の北京郊外にある芦溝橋付近で日本軍と中国軍とが衝突し，それがきっかけとなって日中戦争，やがて大平洋戦争へと発展した。

〔Ⅲ〕 緊急避難のドイツ的概念

第2章「緊急避難のドイツ的概念」においては，過去2回にわたる世界大戦を通じて，ドイツがいかに緊急避難の理論を曲げて国際関係に適用したかという，理論的・歴史的研究が展開されている。

ドイツ法学において国際法違反を正当化する方便としての緊急避難論が開花したのは，1870～71年の普仏戦争以後のことである。特に汎ゲルマニストたちによって試みられた緊急避難の不可罰性の根拠づけは，「緊急は法をもたない」(Necessitas non habet legem.) という古い格言を拠り所とするもの（Lutherの説）であり，また，「力は正義なり」(Macht ist Recht.) という暴力的理論（Bismarkが主張した）であった。

1つの理念に熱中するとき，それを極端にまで推し進めてゆくドイツ人の不幸な性格は，「ドイツは世界に冠たり」(Deutschland über Alles) との思想と相まって，ここに遺憾なく発揮された。その代表的なものは，1914年におけるベルギーの中立侵犯を正当化するために主張された緊急避難論であり，かつ，第2次大戦においてドイツの侵略を正当化するためにヒットラーが提唱した生存空間（Lebensraum）の理論である。著者アザンは，20頁にわたる紙幅を割いて，この問題を取り上げ，ドイツ人の我田引水的議論に冷徹な批判を加えている。

(8) この格言については，森下・緊急避難の研究23頁，59頁にくわしく説明されている。

〔Ⅳ〕 ドイツによるベルギーの中立侵犯

本書の第2章第1節では，1914年のドイツによるベルギーの中立侵犯がくわしく論ぜられている。

第1次大戦が開始された当時，ベルギーは，国際条約によって永世中立

国とされていた。すなわち，1831年1月20日，オランダから独立する外交議定書（protocole）によって，ベルギーは，1831年以来，永世中立国とされた。この議定書は，英国，フランス，プロシャ，オーストリア・ハンガリー及びロシアの5大国がベルギーの安全を保障するとの条件で，ベルギーを永世中立国としたものであって，1831年6月24日のいわゆる18か条条約によって批准された。また，同年10月15日に締結されたいわゆる24か条条約第9条は，ベルギーの永世中立を規定した。さらに1839年には，オランダも1831年条約の締約国との間で上記の2条約を結び，また，ベルギーと5大国との間には，ベルギーの中立を再確約する条約が締結された。

それゆえ，1914年当時，ベルギーは，自国の中立が尊重されると信ずるあらゆる理由をもっていた。なぜなら，80年間にわたる平和と繁栄をもたらしたベルギーの中立は，すべての国の政治的常識と言いうるほどであったのであり，かつ，ヨーロッパのまん中に緩衝国ベルギーが存在する必要性を最も強く宣言していた国の中にドイツも含まれていたからである。

しかるに，1914年8月2日，ドイツは，フランスからの攻撃を防ぐためにベルギーの国内を通過する要求をする最後通牒を発した。ベルギーがこれを拒絶するや，ドイツ軍は，直ちにベルギー領に侵入した。果たせるかな，このドイツによるベルギーの中立侵犯は，各国のはげしい憤激を惹き起こし，「これは，史上いまだ見ざるところの，最も憎むべき犯罪の遂行である」とまで非難された。

このような，あまりにも明白な国際法違反を，ドイツはどのようにして正当化しようとしたか。1914年8月4日の歴史的議会において，宰相Bethman-Hollwegは，次のように宣言した。「われわれは，自己防衛の緊急状態にあった。緊急は法をもたない。」と。ドイツの歴史家も法学者も，そして国民も，この宣言に賛意を表して，(1)ドイツは，フランスがベルギーを通過して攻撃してくる危険に直面していた。(2)ゆえに，ドイツにとっては，ベルギー領の通過は存立維持の必要によるものであった，と主張した。

だが，著者アザンによれば，この主張はあくまでも詭弁であって，それは国際条約を紙屑だと見るドイツ人の観念を如実に反映したものである。

事実，宰相 Bethman-Hollweg は，ベルリン駐在の英国大使に対し，「条約なんて紙屑だ」と公言した。この事実にかんがみ，アザンは，次のようにドイツの横暴に対して痛烈な批判を浴びせている。いわく，条約が自国に役立つ限りではこれを尊重するが，条約が厄介なものになるや「紙屑だ」と言うのが，国際条約の尊重に関するドイツの観念なのだ，と。

(9) Descamps, L'évolution de la neutralité et les problèmes d'actualité qui s'y rattachent. Extrait de la Revue l'Egypte contemporaine, t. IV, p. 423.—cité par Hazan, op. cit., p. 66 note 31.

〔V〕 ドイツが利用した「生存空間」の理論

第2次大戦において，ヒットラーは，隣接国の併合を正当化するために「生存空間」（Lebensraum, l'espace vital）の理論を利用した。生存空間の概念は，発展してゆく民族の生存と維持に必要な領土獲得の要求をその本質とするものであって，ナチスのバイブルといわれるヒットラーの著書『わが闘争』（Mein Kamp）の基本的テーゼの1つを構成するものであった。生存空間の概念自体は，ヒットラーに特有のものではなく，すでに以前から存在したのであるが，ヒットラーは，「われわれは，狭い刑務所の中で窒息しそうだ」と叫ぶことによって，ドイツ民族の生存と発展のための領土獲得を正当化しようとしたのである。

ヒットラーは，オーストリアとチェコスロヴァキアを併合し，さらにポーランドに対して攻撃を開始した。――これらの国の安全と独立とを尊重し，かつ，これらの国にはいかなる攻撃も加えないという義務を課した国際条約を破ることによって。こうして，ドイツは，1938〜39年の間に16万5,000平方キロを併合又は占領した。

これらの侵略行為を正当化するために，ドイツは，「生存空間」の理論によって生存権を主張した。アザンによれば，この説は，緊急避難の新しい形でしかないのであって，この点の認識は重要な意義をもつ。

〔Ⅵ〕 緊急理論の賛否両論

第3章「緊急理論の学説上の議論」では,国際関係における緊急避難論につき賛否両論の検討がなされている。

国際関係における緊急避難論でも,あたかも国内法におけるように,2つの法益,すなわち,危難に陥っている法益とその危難を免れるためにぎせいにしようとしている法益との衝突が問題となる。しかるに,この衝突は,国内法の要件とは異なった要件において必然的に展開されるので,国際関係における緊急避難論は,全く特別な様相を呈さざるをえない。この議論をめぐって賛成者と反対者とが見いだされるのは,この故である。今や,議論は本書の核心に迫った。著者アザンに従って,賛否の両論に耳を傾けよう。

A 賛成論の立場

国際関係における緊急避難論の賛成者は,その基礎を国家の生存権に求める。この権利は,国際法の古典的概念によれば,国家の基本権の1つを構成するものであって,個人におけると同様に国家にとってもその生存・存立に対する権利であり,すべての政治的社会の第1位の法である,というのである。

しかし,この見解は,必ずしも無条件に是認されているのではない。ある者は,実定法に定めのない緊急避難行為は違法であるという。この場合には,被害国に直接に必要な弁明と損害賠償とをしなければならないからである。また,ある者は,(1)国家の存立自体に対する,(2)予期せざる,急迫な,(3)他の手段では避けえない危難が存在するときに限り,(4)その国自体は責任を負わない,と主張する。だが,これらの要件はすでに国内法で認められているところであって,格別,新しいものではない。

国内法の場合と根本的に異なるものとして注意すべきは,国内法にあっては緊急避難の要件がそろっていたかどうかは裁判所によって判定されるが,国際法にあっては,諸国の上に立って,諸国を拘束しうる法的権威が存在しないことである。そのため,その国際法違反の行為が緊急避難の要件を備えていたかどうかを判断するのは,行為者たる当該国ということに

ならざるをえない。ここに，国際関係における緊急避難論の明白な危険性が存在する。

(10) アザンの著書が公刊された1949年当時，常設の国際刑事裁判所は，まだ創設されていなかった。
　国際刑事裁判所（International Criminal Court = ICC；Cour Pénale Internationale = CPI）を設立する規程（ローマ規程，ICC規程）は，1998年7月1日，ローマ外交会議で採択され，2002年7月1日，効力を発生した。常設の国際刑事裁判所の創設は人類永年の願望とされてきたものではあるが，同裁判所が管轄権行使の対象とするのは自然人のみである（規程25条）。それゆえ，国家の刑事責任を問うことのできる，超国家的な裁判所は，いまだ存在しない。

B　否定論の立場

否定論の立脚点も，ほとんどが国家生存権に置かれている。

国家生存権の主張は，この権利の評価が主観的なものであるために，強国の恣意に導くことは疑いがない。[11]国際法違反を正当化するためには，自国の存立の危機を口実とすれば足りることになるからである。結局，この理論はすべての法秩序を無視するもの，言いかえると，「強者の権」を謳歌するものと言わざるをえない。

アザンもまた，大多数の学者とともに，この理論を甚しい謬論としている。なぜなら，権利に対する権利はありえず，1国の権益は国際社会の他の構成員の権益を限度とするからである。ことに，この理論の危険性は，ナチス・ドイツの「生存空間」の理論に見られる。それは，経済的・政治的制覇を正当化するのに役立つ好戦的な概念にほかならない。——このように，著者は，この理論のからくりを徹底的に追及している。

(11) ドイツのすぐれた国際法学者 von Bar も，「戦争の権利の基本原理を緊急避難に求めるなら，それはもはや恣意でしかない。」と明言している。cf. Hazan, op. cit., p. 89.

4　国家間刑法及び国際刑法における緊急避難の制裁

〔Ⅰ〕　国家間刑法と国際刑法

上述したように，国際法にあっては，諸国家を義務的に拘束する上位の法的権威は存在しない。しかし，このことは，国家間刑法及び国際刑法における緊急避難論に一定の効果が認められるかどうかを研究することを妨げるものではない。本書の第2部は，この研究に充てられている。

では，国際刑法とは何をいい，国家間刑法とは何を意味するか。ヴァーブル教授によれば，国際刑法（droit pénal international）とは，「外国の裁判権に対する国家の刑事裁判権，場所と人との関係による刑事法（実体法と手続法）の適用，外国の刑事裁判の自国領域における権威を決定する学問である。」これに対して，国家間刑法（droit pénal interétatique）とは，「国家の名において行われる公的活動の実行者によって，国家間の関係において犯される犯罪を扱う学問をいう。」国際刑法と国家間刑法との関係は，あたかも国際私法と国際公法との関係に類似している。—— ただ，国際私法は私法に属するのに，国家間刑法は公法に属するという差を除いて ——。

国際刑法は，国際私法と同様に各国の国内立法を法源とするが，国家間刑法は数国間に締結された特別な条約のほか慣習法を適用しうる国内裁判所及び国際裁判所の判決とを法源とする。したがって，国際刑法は個人の活動として特定人によって犯された犯罪を対象とし，処罰するが，これに対し，国家間刑法は諸国家に課せられた相互の義務違反を対象とする。

では，緊急避難論は，これらの法領域においてどのような地位を占め，どのような意義をもつであろうか。

---

(12)　Donnedieu de Vabres, Cours de l'Institut des Hautes Etudes Internationales (1947-1948), p. 1.—cité par Hazan, op. cit., p. 96 note 2.

(13)　D. de Vabres, Le procés de Nuremberg devant les principes modernes du droit pénal international. Recueil des cours, t. 70, p. 485 note 1. —cité par Hazan, op. cit., p. 96 note 2.

〔Ⅱ〕 国際関係における国家の刑事責任

　国際関係における国家の刑事責任の問題は，久しく激しい論争の対象となっているが，今日では国家が自己の行為について責任を負うことについては，議論の余地がない。国家に刑事責任がないものなら，国家はその責任を免れるために緊急避難を援用するまでもないからである。

　では，この責任の本質は，なにか。アザンは，本編第1章「国家の刑事責任」において，ヴァーブル教授とともに，国家の民事責任 —— それは，すでに国際法上，承認されている —— を支配する原則は刑事責任にもそのまま当てはまる，という。国家の主権と刑事責任とは両立しえないものではなく，国家の行為を規制する国際条約を締結する権利自体が主権の属性であるからだ，と論じている。

　この見解を基礎づけるものとして，アザンは，次の3つの理由を挙げている。

　(1) 多くの国の国内法は法人の刑事責任を認めている。国家は，必要にして特別重要な法人であるにすぎない。

　(2) 国際法，例えば，ヴェルサイユ条約第 227 条は，国際刑事責任 (responsabilité pénale internationale) の原則を規定している。

　(3) 多くの国際会議も，国家の刑事責任を認めている。例えば，1926 年のブリュッセルにおける第1回国際会議は，国家と個人との重複的責任の原則を認め，同じ年のウィーンにおける第3回国際法学会 (International Law Association) 会議は，国際刑事裁判所草案において国家の刑事責任を規定し，さらに，1929 年のブカレストにおける国際刑法学会会議 (Congrès de l'Association Internationale du Droit Criminel) は，侵略行為に対する国家と個人との責任を認める決議をした。

　このように，国家の刑事責任は数多くの学説，条約，国際会議等で承認されているので，ドイツ，日本，イタリアなどはその侵略行為を免れるために緊急避難を主張した，とアザンは説くのである。

　だが，これだけでは問題の本質は，いぜんとして未解決ではあるまいか。国内法において法人の刑事責任を認めると言っても，法人自体に生命刑や

自由刑を科しえないのと同様に，国家自体に生命刑や自由刑を科することはできない。そこで，上記のように国家と個人（おそらく，国家の重要な戦争責任者たち）とに対する一種の両罰規定が設けられるに至ったのであろう。そうだとすれば，国家の刑事責任の本質については，なお今後の研究に待つべきものが多く残されている。

(14) D. de Vabres, Principes modernes du droit pénal international, 1928, p. 415 ; Hazan, op. cit., p. 100 note 6.

〔Ⅲ〕 緊急避難と正当防衛

第2章「緊急避難と正当防衛」では，国家による緊急避難と国家による正当防衛との差異が述べられている。著者は，正当防衛を緊急状態（緊急避難）の特別な1つの場合と見ながらも，正当防衛にあっては被害者（防衛行為の相手方という意味であろう）は攻撃者であるのに対し，緊急避難にあっては無関係な第三者であるとしている。

この見解は，フランスの学説にならった，不徹底な議論である。正当防衛と緊急避難とは，両者の上位概念としての「緊急行為」のカテゴリーに包括され，その中でそれぞれの法的構造を異にするものと解されるからである。[15]

(15) フランス語の 'état de nécessité' 及びドイツ語の 'Notstand' は，わが国では「緊急避難」と訳されているが，直訳すれば「緊急状態」である。緊急避難を意味する言葉としては，'Notstandshandlung'（緊急状態行為）が正確であろう。

〔Ⅳ〕 緊急避難と侵略戦争

第3章「緊急避難と侵略戦争」では，第1次大戦以降，諸国によって実行された侵略行為が論ぜられている。そこでは，第1次大戦におけるドイツによるベルギーの中立侵犯を初めとし，1932年以降に行われた侵略の事例，すなわち，日本による中国攻略，イタリアによるエチオピア攻略，ナチス・ドイツによるオーストリアとチェコスロヴァキアの併合について論

述し，最後に，第2次大戦に際して，それぞれの侵攻国がその行為を正当化するためにどのように緊急避難の理論を援用したかを史実に則って紹介し，それについての批判を述べている。

まず，1914年，フランスは「ベルギーの中立を尊重すべし」という英国の提案を受諾したにもかかわらず，ドイツは，この提案を拒絶した。したがって，ドイツによるベルギーの中立侵犯は明らかに予謀的であり，通常の戦争行為（un acte de guerre ordinaire）ではなくて，むしろ犯罪行為（un acte criminel）であった。ドイツ側の緊急避難の主張がヴェルサイユ条約によって認められなかったのは，この故である。

では，これらの国がその非難を免れようとした侵略戦争（la guerre d'agression）とは，なにか。国連憲章やニュールンベルクの国際刑事裁判所規程のどこにも，この定義は見られない。侵略戦争を国際犯罪と規定したのは，1923年の司法共助条約草案（Projet de Traité d'Assistance Mutuelle）第1条が最初であり，ついで，ジュネーヴの外交議定書の序文，1927年の第8回国際連盟総会の満場一致（ドイツを含む）の決議，ロンドン条約，1928年の第6回汎アメリカ会議の決議（21か国の満場一致）でも，くり返し確認されている。

それにもかかわらず，ドイツ，日本及びイタリアは，侵略戦争禁止の原則を破って，領土獲得の野望を満たすため軍事行動に出た。これに対し，国際連盟は，1933年2月4日の総会で，42対1（日本），棄権1（シャム。現在のタイ）という表決で日本の満州侵略を非難し，日本を「侵略国」と宣言し，次いで，1935年10月7日，イタリアのエチオピア侵攻を侵略行為と認めることによって，正当防衛ないし緊急避難の抗弁を拒否した。

第2次大戦におけるドイツによるノールウェイとデンマークの攻略も，ニュールンベルグ軍事裁判所は，「侵略行為」だと判示した。国際軍事裁判所規程も，侵略戦争を正当化する事由としての緊急避難の理論を完全に否定している。この点，極東軍事裁判所規程においても，同様である。

このように，著者によれば，侵略国がその行動を正当化するために緊急避難というインチキ理論の陰に身を隠そうとするのは，むしろ，それによっ

(16)　国際刑事裁判所規程（ローマ規程）では，第5条（管轄犯罪）第1項(d)に「侵略の罪」(the crime of aggression, le crime d'agression) が掲げられている。しかし，ローマ会議では，「侵略」の定義について合意が得られなかったので，規程の定め（121条，123条）に従い，「侵略の罪」の定義がなされ，かつ，侵略犯罪について管轄権を行使する条件がととのった後に管轄権を行使することとされた（規程5条2項）。

(17)　cf. Hazan, op. cit., p. 132 note 54.

〔Ⅴ〕　戦争犯罪，人道に対する罪，緊急避難

　第4章「戦争犯罪，人道に対する罪及び緊急避難」では，緊急避難論は戦争犯罪や人道に対する罪を正当化することができるか，の問題が検討されている。では，これら2種類の犯罪は，なにを意味するか。

　1945年8月8日にロンドンで採択された国際軍事裁判所規程第6条(b)によれば，「戦争犯罪」(les crimes de guerres) とは，「戦争に関する実定法と慣習法との違反をいう。この違反には，占領地域における非戦闘員の謀殺，虐待，強制労働又はその他の目的をもってする流刑，捕虜もしくは海員の謀殺，虐待，人質の実行，公的もしくは私的財産の略奪，市町村の理由なき破壊又は軍事上の必要により正当化されない荒廃行為のすべてを含む[18]。」

　この「戦争犯罪」という概念は，1907年のハーグ条約（Convention de La Haye de 1907）の第40条，第50条など及び1926年のジュネーヴ条約第2条，第3条，第4条などに見られるところである。その本質が普通法の犯罪であるか国際犯罪であるかについては，従来，争われてきた[19]。これにつき，著者は，戦争犯罪を普通法の犯罪として考え，その成立要件として次の3つが必要であると論ずる。(1)公然たる敵対行為があったこと。したがって，一定の犯罪が戦争犯罪とされるのは，宣戦布告のなされた日以後のことである。(2)国際的要素が存在したこと。(3)処罰されるその行為が国際法違反を構成すること。この行為を犯した者が軍人であると非戦闘員である

とを問わない。

次に，人道に対する罪（crimes contre l'humanité）とは，国際軍事裁判所規程第6条(c)によれば，「戦前又は戦時中におけるすべての非戦闘員に対する絶滅，奴隷化，流刑及びすべての非人道的行為又は国際裁判所の管轄に属するすべての犯罪に続いて犯された迫害」をいう。この犯罪が処罰されるようになったのは，戦争犯罪におけるとは異なり，ニュールンベルグ裁判（1945年のロンドン協定にもとづくヨーロッパ枢軸国の重大戦争犯罪人に係る裁判）以後のことである。この犯罪において重要な意義をもつのは，客観的要素ではなく，謀殺，略奪等が被害者の国籍，人種，宗教又は信条のゆえに犯されたという主観的要素である。

(18) 戦争犯罪の概念の発達の歴史については，次の文献が有益である。Glaser, Droit International Pénal Conventionnel, 1970, Bruylant, p. 74 et s. なお，同書 p. 217 et s. には，軍事裁判所規程の条文が載っている。
(19) 普通法犯罪説を採る者に D. de Vabres があり，これに対し，国際犯罪説を採る者に Pella, Larnaude, Lapradelle がある。cf. Hazan, op. cit., p. 138 note 8 et 9.

〔Ⅵ〕 緊急避難によって正当化されるか

では，戦争犯罪と人道に対する罪とは，どのようにして緊急避難論によって正当化されるであろうか。著者によれば，人道に対する罪は，いかなる場合にも緊急避難によって正当化されることはない。それは，この犯罪が行為者の予謀に基づくものだからであり，ことに国籍，人種，宗教等の理由による迫害を本質とするものであるので，いかなる緊急状態も存在しないからである。

しかし，著者アザンによれば，戦争犯罪については，(a)個人的・偶然的な行為が問題になる場合と(b)体系的刑事政策が問題になる場合とに分けて考察することが，必要である。後者（b のカテゴリー）に属する犯罪は，ナチスが侵略戦争について適用した「全体戦争」という概念の産物であって，この場合には，緊急避難が行為の正当化事由として認められることはない。

これに対し，前者（a のカテゴリー）に属する犯罪は緊急避難に当たると

して正当化されることがありうる。そのことはすでに学説史的にも，また，いくつかの国際条約によっても認められたところであるとして，アザンは，数箇の規定を挙げて説明している。それらの条約の規定は，戦闘行為中の重大かつ急迫な軍事上の緊急という例外的場合における，敵国財産の破壊・奪取とか，通信網の占領・破壊とか，輸送車の拿捕，輸送隊の解散など，比較的に軽度な侵害行為を正当化したものである。[20]

> (20)　アザンは，このように論じているのであるが，緊急避難を援用して正当化が認められる戦争犯罪の場合については，よりくわしい検討が必要であるように思われる。アザンが例示しているのは，主として敵国財産に対して損傷・破壊・奪取がなされる場合であるが，このような侵害行為によって非戦闘員の側に少なからぬ死者，重大な傷病者が出現することは，十分予見されるところである。それゆえ，緊急避難の要件を充足したかどうかの判断については，厳格な解釈が必要とされるであろう。

5　あとがき

著者アザンは，上述したように，国際関係における緊急避難という，国内刑法と国際法とが複雑に交錯し，しかも非常に政治的色彩の濃い問題について，その意義，歴史，運用の正否を検討してきた。最も問題とされるのは，国際社会においては国家を裁く上位の法的権威が存在しないことである。今日存在する国際連合といえども，政治的制裁・経済的制裁はなしうるが法的制裁を行うことはできず，さらに国際司法裁判所への提訴も任意的にすぎず，かつ，同裁判所の管轄権には国家又は個人の刑事責任を問うことは含まれていない。このようにして，国家は，侵略行為の行為者でありながら，緊急の理論を援用してその行為を正当化する審判者ともなりうる。緊急避難論を国際法の領域に移すことは，危険極まりない。それは，強国の恣意と暴力を是認する以外の何ものでもない。国際関係における緊急避難は，国際法に明文規定のある場合しか認められない。——これが，アザンの結論である。

まことに，ヴァーブル教授が序文で言っているように，この至難な問題

に批判のメスを入れた著者の功績は大きい。しかし，問題のすべてが解明された訳ではない。

アザンは，国際法に明文規定のある場合にのみ緊急避難は正当化される（se justifier）というが，'se justifier' をドイツ刑法学における違法性阻却と同一の意味に解してよいであろうか。むしろ，この場合は「責を負わない」（excusable, irresponsable）の意味をもつのではなかろうか。また，国際法が明文で規定する要件を充足したかどうかを裁くのは，どの裁判所か。さらに，国家の刑事責任や戦争犯罪人の責任を問うことができるとしても，それは，どの範囲で，どのような根拠に基づいて，どのように追及されるべきものであろうか。

これらの本質的問題は，いぜんとして未解決のままに残されている。それは，今後，われわれが取り組むべき問題であり，人類の平和と幸福を希求するすべての者が真剣に考えなければならない問題である。

(1955.8.6)

追 記

本章は，岡山大学法経学会雑誌第13号（1955年）に掲載した著書紹介である。私は，アザン博士が第2次大戦終了から間もなくのころ，このように透徹した所論を公にされた著書を感激をもって読んだ。21世紀の今もなおアザンの見解は有益であると思うので，本書に再録することにした。

第5章　上官の命令と部下の責任

第1節　ローマ規程までの国際的動向
第2節　ローマ規程第33条
第3節　上官の責任
第4節　上官の命令と強制との関係

第1節　ローマ規程までの国際的動向

1　はしがき

　上官の命令に従って部下が犯罪を行った場合，その部下は，どのような刑事責任を問われるか。これは，古くからあった問題であるが，国際的角度から重大な問題として取り上げられるようになったのは，特に第2次大戦後のことである。

　最もしばしば挙げられる事例は，ナチス・ドイツの総統ヒットラーの命令によりユダヤ人を大量虐殺したアイヒマン（Adolf Eichmann, 1906-1962）の裁判であろう。アイヒマンの裁判は，イスラエルの「ナチス及びナチス協力者処罰法」（1950年）にもとづき，1961年4月からイエルサレム地裁で開始された。アイヒマンは，「ヒットラー総統の命令に従っただけだ。総統の命令は，絶対であって，命令に服従するしか途はなかった」という抗弁をくり返した。しかし，彼は，15項目の罪状の全部につき有罪とされ，絞首刑を宣告された[1]。

　ここでは，上官の命令に従わなければ，不服従のゆえに死の制裁を受けるという脅迫にさらされてやむなく行為したという「強制」（duress）の抗

弁が認められるか，という問題が浮かび上がってくる。それについては，後述する。

(1) アイヒマン裁判については，わが国でも多くの文献が存在する。小谷鶴次「アイヒマン裁判と国際刑法」修道法学3巻1号（1979年），桜木澄和「アイヒマン裁判と国際刑法」法学セミナー1961年6月号，森下「アイヒマン裁判とテルアヴィブ空港事件」判例時報1125号（1984年）など。

2　歴史的発展

〔Ⅰ〕　IMT規程

1945年のニュールンベルグ軍事裁判所規程（Charter of the International Military Tribunal＝IMT規程）第8条は，部下の刑事責任について最初に規定した条文である。それによれば，「政府（Government）又は上官（a superior）の命令に従った行為は，……刑事責任を免れないが，裁判所が相当と認めるときは，刑の減軽が考慮されることがある。」と規定されていた。裁判所は，事案に応じてこの規定を適用した。しかし，この規定は，訴訟の当事者の間においてのみならず，裁判官の間においてさえ，大いに議論の対象とされた。

なお，ニュールンベルグ裁判所規程8条と同様な規定が，極東軍事裁判所規程（Statute of the International Military Tribunal for the Far East）第6条にも採り入れられている。

(2) Triffterer (ed.), Commentary on the Rome Statute of the International Criminal Court, 1999, Nomos, p. 574, footnote 2 ; Cassese, Gaetsa & Jones, The Rome Statute of the International Criminal Court : A Commentary, vol Ⅰ, 2002, p. 959.

〔Ⅱ〕　ILC草案

国際法委員会（International Law Commission＝ILC）の「平和と人類の安全に対する罪法典草案（Draft Code of Offences against Peace and Security of Mankind）は，上官の命令に従って罪を犯した部下の責任につき重要な出

発点となるものであった。その1951年草案第4条は，ニュールンベルグ規程を原則として採り入れながら，部下を処罰するためには，その部下に事実上'moral choice'が存在したことを要する，との立場を採った。これは，ニュールンベルク規程とは異なる重要な変更点であった。

ところが，ILCの1954年草案は，'moral choice'に代えて「その時の事情により，命令に服従しないことが被告人にとって可能であった」という文言に置き替えられた。それは，'moral choice'という文言が定義するのに困難な概念であるので，「部下が罪を犯した事実上又は法的状況（the factual or the legal）に重点を置く」べしとの提案が採択されたことによる。

この立場は，1991年のICL草案第11条でも維持された。さらに，同草案では，「裁判所は，法の一般原則に従って抗弁の許容性について決定することができる。」旨を規定し，かつ，「適当な場合には減軽事情を考慮することができる。」との規定（第14条）を設けた。

しかるに，1994年のILC草案は，上官の命令についての規定を設けていない。その後，ローマ会議の草案準備委員会におけるこの問題の扱いには，変遷があった。結局，ローマ規程33条は，妥協の結果，採択されたものである。

(3) ILCは，1947年に国連総会によって設立された国連総会の補助機関であって，国際法の発展と法典化（国際条約，多国間条約の草案の起草）の任務を負うている。
(4) **'moral choice'（倫理的選択）** とは，部下が違法命令に従うことを拒否するかどうかの選択をする自由をもっていたことを要する，という要件を意味する。
(5) Triffterer, supra note 2, p. 574.
(6) Triffterer, op. cit., p. 575.
(7) Triffterer, loc. cit.
(8) Triffterer, op. cit., pp. 577-578.

第2節　ローマ規程第33条

1　規程第33条

〔Ⅰ〕　条　文
第33条は，次のとおり規定する。

第33条（上官の命令及び法の命令）
1　本裁判所の管轄に属する犯罪が，軍事上であると民間のものであるとを問わず，政府又は上官の命令に従って行われた場合には，行為者の刑事責任は，次に掲げる場合に該当するときに限り，免除される。
　(a)　その者が政府（Government）又は当該上官の命令に従う法的義務を負っていたとき。
　(b)　その者がその命令が違法であることを知らなかったとき，及び
　(c)　その命令が明らかに違法ではなかったとき。
2　本条に関しては，集団殺害又は人道に対する罪を犯す命令は，明らかに違法である。

〔Ⅱ〕　第1項の解釈
A　条文の見出し
　見出しは，「上官の命令及び法の命令[9]」（superior orders and prescription of law；ordre hiérarchique et ordre de la loi）となっている。英語正文とフランス語正文との間には，ニュアンスの上で若干の違いがあるように感じられる。英語の'prescription of law'がフランス語の'ordre de la loi'とは異なるニュアンスをもつからである。そこで，内容について検討することにしたい。

　[9]　ドイツ語訳では，'gesetzliche Vorschriften'となっている。この点からすれば，見出しにおける'law'は，法律（loi, Gesetz）を指すように見える。

B　裁判所の管轄犯罪

　管轄犯罪は，規程5条では，集団殺害（genocide）の罪，人道に対する罪，戦争犯罪（war crimes）及び侵略の罪（crime of aggression）と規定されている。このうち，侵略の罪については，2010年の規程再検討会議で，侵略の定義及び管轄権行使の手続きに関する改正条項が採択された。管轄権行使には諸条件が満たされる必要がある。その条件が満たされれば，2017年7月1日以降，管轄権の行使が可能となる。

　第33条は，これら4種類の管轄犯罪について同条が適用される要件を区別していないので，原則的には同様の扱いがなされるであろう。ところで，ローマ規程によれば，補完性の原則（principle of complementarity）がICC制度の中核をなす基本原則とされている（規程前文及び第1条）ので[10]，締約国が管轄犯罪について補完的裁判権（complementary jurisdiction）を行使することがある。その場合には，上官の命令及び法令にもとづく命令については，当該国の法令に従って判断されることになるであろう[11]。

C　上官の命令，governmentの命令

　ここで「命令」（order）とは，口頭によるものであると文書によるものであるとを問わず，作為又は不作為により管轄犯罪を犯すことを要求する行為をいう。命令を発する上官は，その部下に対して服従を要求する権限を有することが，原則として前提とされている。

　第1項には「政府の命令」（an order of a Government ; ordre d'un gouvernement）という文言が用いられている。ここにいう「命令」とは，注釈書によれば，政府機関又はそれに所属する者（公務員）によって命ぜられるものであって，かつ，政府又はその下部機関のために（on behalf of），又はその名によって（in the name of）行うことのできる特別の職務として発せられるものをいう[12]。

　政府の命令は，権限のある機関（又は人）によって発せられることを要し，しかも正式に合法的（formally legitimate）なものでなければならない。

　この命令は，「軍事上のものであると民間のものであるとを問わず」（whether military or civilian）とされているが，この意味は，上官から発せら

れた場合であると，政府の命令と同じ効力をもつ命令であるとを問わない，という意味である。このことは，政府機関が事実上，軍事関係機関と民間関係とに分かれることがあることを考慮した規定のようである。

「命令に従って……犯した」とは，部下が（命令がなければ）行う意図のなかった行為を行い，又は行わないで（不作為により），上官の命令を実行したことを要する，という意味である。それゆえ，命令とは無関係にその犯罪を行ったときは，第33条は適用されない。これに対し，行為者がその犯罪を行う意思をもっていて，上官の命令は犯行のきっかけであったような場合であっても，「命令に従って……犯した」ことになる。[13]

D 法的効果

第1項によれば，但し書の場合を除いて，「その者の刑事責任を免除しない。」（Shall not relieve that person of criminal responsibility ; n'exonère pas la personne……de sa responsabilité pénale）。この文言は，原則として刑罰が科せられるべきであるという一般原則を規定したものである。それゆえ，ニュールンベルグ規程8条，ICTY規程7条及びICTR規程6条とは異なり，刑の減軽事情を規定したものではない。[14] しかし，第33条は，第78条（刑の量定）第1項の適用を排除するものではないので，犯罪の重大性及び行為者の個人的事情を考慮して刑が減軽されることはありうる。[15]

E 刑事責任を免除されるための要件

第1項但し書は，次の3要件が満たされる場合に刑事責任が免除される旨，規定する。

(a) 命令に従うべき法的義務の存在

行為が犯罪を行う義務を決意した時に上記の法的義務（legal obligation）が存在したことを要する。この命令は，拘束命令（binding order）を意味する。実際には拘束命令は存在しなかったのに拘束命令が存在すると行為者が誤信したときは，第32条（法の錯誤）が適用されることがある。

(b) 命令が違法であることを知らなかったこと。

第33条は，ICCの管轄犯罪を行えという命令は本来，違法であることを（暗黙の）前提としている。したがって，部下は命令の違法性を知っていた

ことが，想定されている。集団殺害の罪，人道に対する罪などの管轄犯罪が国際社会全体にとって懸念の対象となっている最も凶悪な犯罪であること（前文参照）からすれば，規程の立場は，理解できる。

それにもかかわらず，行為者が行為の違法性を知らなかったと疑われる場合もありうる。その場合には，行為の違法性を知らなかったことの挙証責任は，行為者の側に転換される。

(c) 命令が明らかに違法ではなかったこと。

上記(a)及び(b)の要件が満たされたとしても，その命令が「明らかに違法でなかった」(the order was not manifestly unlawful) という要件が充足されなければ，行為者は刑事責任を免除されない。「明らかに違法でなかったこと」の挙証責任は，被告人の側にある。

この場合，当該命令が明らかに違法ではなかったかどうかの判断は，なにを基準としてなされるか。学説によれば，通常人 (ordinary person) がその被告人の置かれた状況において命令が明らかに違法であると判断するかどうかが基準とされるべきである。しかも，違法かどうかは，当該被告人の国内法を基準にして決定されるべきではなくて，国際法の下で明らかに違法であったかどうかを基準にして決定されるべきである。

以上3つの要件が満たされたときは，刑事責任が免除される。このときの'免除' (relieve, exemption ; exonérer, exonération) がなにを意味するかは，課題として残される。注釈書によれば，この場合には強制 (duress, coercion) 又は錯誤 (error) によるのと同様に結局は刑事責任 (criminal responsibility) が免除されるのであるから，行為の justification か行為者の免責 (excuse of a person) かは，実際問題としては僅かの重要性しかない問題にすぎない。

ドイツ刑法におけるように違法性と責任とを明確に区別して考える立場に拠るのではない限り，国際刑法にあっては，このように刑事責任の免除の分析は，一般に行われていない。ましてや，ローマ規程が妥協の産物である以上，学説は，この問題に深入りすることを避けている。

(10) 森下『国際刑事裁判所の研究』国際刑法研究第11巻（2009年，成文堂）53頁以下。
(11) cf. Triffterer, supra note 2, p. 581.
(12) Triffterer, op. cit., p. 582.
(13) Triffterer, op. cit., pp. 584-585.
(14) Triffterer, op. cit., p. 585.
(15) Triffterer, loc. cit.
(16) Triffterer, op. cit., p. 586.
(17) Triffterer, loc. cit.
(18) Triffterer, loc. cit.
(19) Triffterer, op. cit., p. 587.
(20) Cassese, Gaeta & Jones, supra note 2, p. 970.
(21) Cassese, Gaeta & Jones, op. cit., p. 970.

〔Ⅲ〕 第2項の解釈

　第2項は，第1項(c)に規定する要件は集団殺害の罪と人道に対する罪については適用されないこと，したがって，これらの罪はいかなる場合にあっても「明らかに違法」(manifestly unlawful) であるとの，反証を許さない法律上の推定 (*presumptio iuris et de jure*) を明記している。言いかえると，集団殺害の罪及び人道に対する罪の違法性は，自明 (self-evident) である旨を規定している。

　これによれば，第33条の規定が適用されるのは，戦争犯罪及び侵略の罪についてのみである，ということになる。[22]この点については，疑問が投げかけられている。なぜなら，集団殺害の罪については，戦争犯罪及び人道に対する罪におけると同様，極端な場合には被害（ぎせい者）の程度は実に重大なものがあるので，集団殺害の罪及び人道に対する罪と戦争犯罪との間で区別するには及ばない場合があるからである。[23]このような区別がなされたのは，集団殺害及び人道に対する罪は何人でもこれを犯すことができるのに反し，戦争犯罪及び侵害の罪は通常，軍人又は軍属 (paramilitary persons) によって犯される，という理由によるようである。[24]

　このような理由に合理性が見い出されるかの問題は別として，現行ロー

マ規程の解釈としては，第1項の規定によって裁判されることになる。

(22) Triffterer, supra note 2, p. 587.
(23) Triffterer, op. cit., p. 587.
(24) Triffterer, loc. cit.

第3節　上官の責任

ICCの管轄犯罪を行うことを部下に命令した上官は，規程第25条（個人の刑事責任）及び第78条（司令官その他の上官の責任）により刑事責任を問われる。

第25条により上官が刑事責任を問われる典型的な場合は，第3項(b)における「犯罪の実行を命じ，唆し，又は導いたとき」，さらに，第3項(e)「集団殺害の罪に関して，集団殺害を行うことを他人に直接に又は公然と煽動した（incites）とき」であろう。

第28条は，管轄犯罪について本規程における刑事責任のその他の根拠に加えて，司令官及びその他の上官（commanders and other superiors）につき国際慣習法上，きびしい責任を問う立場を維持した上，さらに第2次大戦後，国際刑事裁判において司令官に重い責任を問うこととした事例を承け継いだものである。[25]例えば，司令官又は上官が監督責任を怠ったため管轄犯罪が発生したとき（1項a号），犯罪の実行を阻止するため必要かつ合理的な手段を講じなかったとき（b号）などが，それである。

(25) Triffterer, supra note 2, p. 516.

第4節　上官の命令と強制との関係

1　はしがき

〔Ⅰ〕　強制の一般的意義

'強制'は，人から無理に強要されて，やむなく犯罪を行ったような場合であって，自然現象などの外部事情に因り危難に陥った場合から区別される，といわれる。これが，一般的な理解であるように見える。そして，'強制'の代表的事例は，上官の違法命令に従わざるをえなかった部下の場合が代表的なものである，と言われている。

では，上官の違法拘束命令に従って違法行為をした者は'強制'に陥ってやむなく罪を犯したので，不可罰とされるか。わが国では，このような場合，違法行為に出ることの期待可能性が存在しないという理由で，部下には責任阻却が認められる，という見解が有力であるように思われる。

この考え方が，国際的に広く承認されるであろうか。

〔Ⅱ〕　映画「私は貝になりたい」

戦後，わが国で，「私は貝になりたい」という題の映画が広く上映されたことがある。その筋書きは，次のようなものである。

戦争が終わって郷里に復員した甲は，理髪屋を営んでいた。そこへ，ある日，米国占領軍の憲兵（MP）がやって来て，「お前を戦争犯罪人の容疑者として逮捕する」と言って，甲を逮捕した。

甲に係る容疑は，戦時中，日本軍の占領下にある南アジアの某所において，逃亡を図った米軍の捕虜を木にくくりつけ，銃剣で刺し殺した，というものであった。戦犯（戦争犯罪人）を裁く軍事法廷で，甲は，「上官の命令により，わが意にあらずして捕虜を刺殺した。旧軍隊では，上官の命令は大元帥である天皇陛下の命令であるので，従わざるを得なかった。」と抗弁した。

かつて軍人勅諭の中には,「上官の命を承ること,すなわち,朕（天皇）の命を承るの義なりと心得よ」というくだりがあった。このくだりは,旧軍隊では,実にしばしば濫用された。
　甲の抗弁に対し,裁判長は尋ねた。「"捕慮を殺せ"という上官の命令が天皇陛下の命令であるなら,天皇が署名した命令書があるはずだ。それを見せてください。」　もとより,天皇の署名入りの命令書などあるはずがない。甲は,そのことを言った。しかし,軍事法廷は,甲の抗弁は理由なしとして甲を絞首刑に処する旨の判決を言い渡した。
　甲が処刑される日が近づいた。日本人の教誨師は,甲に尋ねた。「もし,あなたが死後,生まれ替わることができるとすれば,あなたは,何になりたいですか。」この問いに対し,甲は答えて言った。「もし,生まれ替わることができるとすれば,私は貝になりたいです。貝は,海岸で砂に埋もれていて誰からもいじめられることなく,静かに生きることができるからです。」
　映画は,甲が2人の憲兵から左右の腕をかかえられながら,処刑台の13階段を1歩ずつ上がって行くところで,終わっている。
　映画「私は貝になりたい」は,実際にあった,似たような事例を参考にして作られたようである。かつて,日本の軍刑法には抗命罪の規定が設けられていた。それによれば,上官の命令に反抗し,又は服従しなかった者には最高刑として死刑が科せられていた。上官の命令は,絶対的なものであった。それは,軍隊というものの特殊な性格から生まれたやむを得ないものであった。しかし,実際には,このことはしばしば濫用された。'上官'とは,星1つの違い,例えば,2等兵（襟の星1つ）にとっては1等兵（星2つ）は,上官であった。ましてや,一般の兵隊にとっては,将校は神様ともいうべき存在であった。それゆえ,将校である隊長から命令されれば,部下の兵士にとっては,捕慮の虐待・殺害のごときは,是非を言わさず,実行せざるを得ない事柄であった。
　第2次大戦が終わるや,多くの旧日本軍兵士がB級・C級の戦争犯罪人として捕えられ,軍事法廷で裁判を受け,そのうち少なからざる数の者が,

死刑判決を言い渡された。

　軍事法廷では，(1)上官の命令に従ったという証拠の提出ができなかったこと，(2)上官の命令に従ったとはいえ，違法な命令（例えば，捕虜の殺害，とりわけ無実の民間人に対する虐殺行為をせよとの命令）には従うべきでない，というコモン・ローの理論が適用されたことが，有罪判決を基礎づけたようである。では，この場合，'duress' の理論は適用されないのか。これが，問題である。

〔Ⅲ〕　**上官の命令と強制との関係**

　上官の命令に従って行った部下の行為が規程33条に規定する要件をすべて満たすときは，その部下は，33条の規定により刑事責任を免除される。上記「私は貝になりたい」の事例にあっては，規程33条の規定する要件を満たさないことは，明らかである。当該部下は，「捕虜を殺せ」という上官の命令が違法であることを認識していたからである。コモン・ローでは，「上官の命令といえども，その命令が違法なものであるときは，部下には命令に従うべき義務はない」という考えがあるようである。しかし，ローマ規程は，妥協を図る見地からその立場を採らなかった。それゆえ，「私は貝になりたい」の事例にあっても，上官の「命令に従うべき法的義務」(a legal obligation to obey orders) は存在したと考えられる。

　それゆえ，規程33条の規定する要件を満たさないときには，'強制' の理論によって刑事責任が免除されるかが問題となりうる。例えば，上官以外の者から犯罪を行うよう強要され，その強要に応じなければ「お前の生命はないぞ」と脅されて，やむをえず行為に出た場合の問題である。わが国では，かつてオウム真理教のある信者がサチアンと称する基地から逃亡を図った者の「耳を切れ」と教団の上司から命ぜられ，「命令に従わなければ，掟に従って処分する」と脅かされて，逃亡を図った者の耳を切り落とした事件があった。後日，犯人は，東京地裁で裁判を受けた。このような事件の場合，'強制' の抗弁が認められるか，問題となりうる。

　ICTY（旧ユーゴ国際刑事法廷）では，Erdmović 被告（セルビアのイスラム

教徒）は，上級幹部から「クロアチアのイスラム教徒を射殺せよ。命令に従わなければ，お前を彼ら（クロアチア人）と一緒に並べて射殺する」と脅迫されて数十人（ある文献によれば，70人以上100人以下）を殺害した罪につき，'強制'の抗弁は認められず，5年の拘禁刑に処せられた。この事案にあっては，(1)命令を下したのは，上命下服の関係のない幹部であったこと，(2)被害者が無実の者であり，しかもその数が余りにも多かったことが，裁判官（多数意見）の量刑判断において考慮されたであろう，と推察される。

　ローマ規程の下にあっても，無実の者（innocent persons）の殺害を含む犯罪を行った者については，強制の抗弁を認めることは原則として排除されるというのが，一般の見解となっている[26]。それは，国際法のルールとして世界的に適用される立場になっている[27]。

(26)　Cassese, International Criminal Law, 2003, p. 251.
(27)　Cassese, Gaeta & Jones, The Rome Statute of the International Criminal Court. A Commentary, 2002, Oxford, p. 973.

第6章　ローマ規程における強制と緊急避難

第1節　比較法的に見た強制と緊急避難
第2節　ローマ規程における強制と緊急避難

第1節　比較法的に見た強制と緊急避難

1　コモン・ロー

　英米法では，'強制'に当たる言葉として，'duress'，'compulsion'及び'coercion'の3つが用いられている。このうち，'duress'と'compulsion'は，全く同じ意味に用いられている。これに対し，'coercion'は，妻が夫の威圧・強要の下に罪を犯す場合を指すと，永い間，理解されてきた。しかし，今日では，そのような理解は，失われている。今日では，一般に'duress'という用語が，学術上も立法上も用いられている。もっとも，ドイツのAmbos教授によれば，コモン・ローでは，人の脅迫により他人に対する強い圧力の下で犯罪を行わせる場合を'coercion'又は'compulsion'という用語で伝統的に緊急避難状況（Notstandssituation）から区別してきた，といわれる。そこでは，強制は自然現象的出来事（naturhafte Ereignisse）である緊急避難状況から区別される，という点に主眼が置かれている。1989年の英国刑法草案（Draft Criminal Code Bill＝DCCB）では，'duress of circumstances（necessity）'（外部事情によるduress）と'duress by threats'（脅迫に因るduress）とが区別されている。

　ところが，ニュールンベルグ国際軍事裁判では，――裁判官がコモン・

ロー系の国の出身者であることと並んで,錯綜した判例法とにもとづいて——事実上は'duress'を意味するにもかかわらず,——'necessity'の概念が用いられた。

ここで注意すべきは,一般にコモン・ローにあっては,犯罪不成立事由(不可罰事由)として'justification'と'excuse'とが明確には区別されていないことである。これは,犯罪論の構成において違法(Rechtswidrigkeit)と責任(Schuld)とが截然と区別されていないことに基因するであろう。

(1) Wolf-Dietmar Pröchel, Die Falle des Notstandes nach angloamerikanischen Strafrecht. Neue Kölner Rechtswissenschaftliche Abhandlungen., 1975, Köln, S. 80.
(2) Pröchel, op. cit., S. 80.
(3) Kai Ambos, Der Allgemeine Teil des Völkerstrafrechts. 2002, Duncker & Humbolt, S. 837.
(4) Ambos, loc. cit.; Zimmermann も,ニュールンベルク裁判では実際には'duress'を意味する場合につき'necessity'という表現が用いられている,と指摘している。Zimmermann, in. Cassese, Gaeta & Jones, The Rome Statute of the International Criminal Court. A Commentary, vol. I, 2002, p. 1036.

2 強制と緊急避難

伝統的なコモン・ローにあっては,duressとnecessityとは,区別されるべき不可罰事由であるにもかかわらず,国際刑法に係る立法作業等においては,両者を区別する必要性が認識されていなかった。これに対し,1966年,イタリアのSiracusaで開催されたILA(国際法学会)の草案(Siracusa Draft)では,次のとおり,necessityとcoercionとが区別されている。

第33-13条 Necessity, coercion, duress

1 緊急(necessity)は,ある人の統御(control)を越える情況が避けることのできない私的な又は公的な害を惹き起こすようなものである場合であっ

て，その者がその状況によって生じるであろうような急迫の害を避けるためにのみ，犯罪行為をしたときには，刑を免除する。この抗弁（defence）には，致死的な力（deadly force）は含まれない。
2　自己又は他人に向けられた力（force）又は力の行使をされる脅迫の下において，そうでなければ犯すことのないであろう行為をすることを余儀なくされた者は，その強制された行為が蒙るであろう害よりも大きいものであって人を死に致すものでないときに限り，強制（coercion）の下で行為したことになる。
3　軍事上の緊急（military necessity）は，国際法上，武力衝突に当たるときに限り，刑を免除することがある。

　この規定にあっては，necessity と coercion とは，異なる要件の下で区別して規定されていること，緊急避難にあっては人の死を惹起するような避難行為が除外されていること，及び刑の免除のみが規定されていることが注目される。なお，条文の見出しに coercion と duress とが並べて掲げられていることは，混乱を招くものだと指摘されている⁽⁶⁾。
　Siracusa 草案の立場では，coercion は，急迫の脅迫に直面した者が意思又は選択の自由を欠くに至った場合に関するものであり，これに対し，necessity にあっては害の少ない方の行為に出るべき選択の余地が残されている。ここには，優越的利益の原則が根底にある。しかしながら，避けようとした害と生じた害とを比較して，どちらの法益が優越していると見るかについては，議論がある⁽⁷⁾。その議論があるにもかかわらず，緊急避難は行為の違法性を阻却する事由，すなわち，justification として理解されている⁽⁸⁾。これに対し，duress の場合には優越的利益の維持は要件とされていないので，ドイツの学者 Zimmermann は，duress にあっては期待可能性（Zumutbarkeit）の理論によって解決される，と論じている⁽⁹⁾。
　このように見ると，duress と necessity との成立要件及び法的性質については，いろいろな立場や見解が錯綜していることが理解される。伝統的なコモン・ローの立場では，両者を区別するメルクマールは，急迫の危難が人の脅迫に因る場合を 'duress by threat' として捉え，これに対し，危

難が外部的情況によって生じた場合を 'duress of circumstances, すなわち, 'necessity' として捉えている。[10]

このように, duress と necessity との間には, 構造上の差異が存在する。すなわち, 前者にあっては, ——上官の違法拘束命令に従って違法な行為（例えば, 捕虜の殺害）をせざるをえない窮地に追い込まれた部下の場合が代表的であるが——強制状態の惹起者は, 上官である。これに対し, かのミニョネット（Mignonette）号事件[11]にあっては, 暴風雨によって遭難した船長らが自己の生命を維持するためボーイを殺してやっと生き永らえることができたのであって, 急迫の危難は, 外部情況（自然現象）によって惹き起こされている。

こうした構造上の差異のゆえに, 両者は全く相容れないものであるか。それとも, necessity は duress を内包することのあるものであるか。反対に, duress には necessity が含まれることがあるものか。これにつき, 学説は, 2つに分かれている。Cassesse 教授は, 一般的に言えば necessity は duress よりも広い概念であるとし[12], これに対し, Bantekas & Nash は, 1998年以降の立法には necessity が duress の中に含まれたものがあることを指摘している。[13]

立法論としては, いずれの途を歩むことも可能であるし, 他方, 両者を別箇の構造のものとして並存させる途も可能である。この点, 後述する。

(5) Zimmermann, supra note 4, p. 1017.
(6) Zimmermann, supra note 4, p. 1017 footnote 93.
(7) Zimmermann, op. cit., p. 1036.
(8) Zimmermann, op. cit. p. 1036-1037.
(9) Zimmermann, op. cit., p. 1037.
(10) Zimmermann, op. cit. p. 1037.
(11) 1884年, イギリスの Mignonette 号という名のヨットが喜望峰沖で暴風雨に遭って遭難し, それから20日後, 船長ら3人がボーイを殺してその血を吸い, 肉を食べて命をつないだ事件。被告人は, 死刑判決を受けたが, 女王の恩赦により6か月の自由刑に減軽された。森下「英米刑法における緊急避難論」同・緊急避難の比較法的考察（1962年, 有信堂）169頁以下。

(12) Cassese, International Criminal Law, 2003, Oxford, p. 243.
(13) Bantekas & Nash, International Criminal Law, 2003, p. 135.

3　ICTY の Erdemović 裁判

〔Ⅰ〕　Erdemović 事件

　ここに掲げる ICTY は，旧ユーゴ国際刑事法廷（International Criminal Tribunal for Former Yugoslavia＝ICTY）の略称である。ICTY は，国連安保理が国連憲章第 7 章にもとづいてした決議を法的根拠として設置された最初のアド・ホック（*ad hoc*）〔特設〕の国際刑事法廷である[14]。

　本稿で紹介するのは，エルデモヴィッチ（Dražen Erdemović）被告が犯した人道に対する罪に係る裁判である。

　1995 年 7 月，エルデモヴィッチは，ボスニアのセルビア軍部隊の 1 人であったが，当時ボスニアに属していたクロアチアの非武装のイスラム教徒を数十人を射殺した罪で，ICTY に起訴された。

　彼は，法廷で犯行を認めたが，次のように陳述した。「私は，あの民間人であるイスラム教徒を射殺することを拒みました。彼らが可哀相でならなかったからです。しかし，上官は，『お前が彼らを可哀相だと思うなら，彼らと一緒に並べ。おれたちは，お前を彼らと一緒に射ち殺してやる。』と言いました。それで，私はやむを得ず，上官の命令に従って彼らを殺したのです。私は，自分が（命令不服従のゆえに）殺されるのは仕方ないと思いました[15]が，私の妻と生後 9 か月になったばかりの子供が可哀相でならないので，命令を拒むことができなかったのです。」と[16]。

(14)　森下・国際刑事裁判所の研究・国際刑法研究第 11 巻（2009, 成文堂）9 頁以下。
(15)　Cassese, International Criminal Law, 2003, Oxford, p. 248, footnote 32.
(16)　Cassese, Gaeta & Jones, supra note 4, p. 1011.

〔Ⅱ〕 判決
A 第一審判決

第一審の裁判では，被告人が強制（duress）の抗弁をしたにもかかわらず，彼の guilty plea（有罪答弁）を明白な（unequivocal）なものとみなすことができるかどうかが，大きな争点となった。上官の命令に従うことは，ICTY 規程7条4項で抗弁としては明白に拒否されており，しかも，同規程は duress についてなんらの規定を設けていなかったからである。裁判所は，厳格な証拠がそろっておれば，duress の抗弁を認める考えであったようである。だが，肝心の上官の，拒否を許さぬ絶対の命令があったことの証拠が存在したかについては，法廷で立証されなかったようである。裁判所は，被告人の責任を阻却するに足る情況が存在したことの立証がないとして，被告人の有罪答弁は有効である，と判示した。被告人側から提出された duress の抗弁は却けられた。

B 控訴審の判決

Erdemović 被告に対する控訴審（ICTY Appeals Chamber）の判決は，1997年10月7日，言い渡された。5人の裁判官の意見は，3対2に分かれた。多数意見は，第一審判決を支持したが，duress の抗弁を認めることの重要性を説いた上で，刑を減軽し，5年の拘禁刑を言い渡した。

これに対し，少数説を採る Stephen 裁判官は，一般論としては duress は刑の減軽事情として認められるのであるが，殺人事件にあっては duress の抗弁は完全に排除される，との意見を述べた。しかも，殺害された被害者が無実の者（innocent persons）であるときは duress の抗弁は絶対的に排除されるという，近代コモン・ローの学説が支持された[19]。

これに対し，Cassese 裁判官（Firenze 大学教授）は，次に掲げる4つの要件が厳格に満たされるときには，duress の抗弁は認められるべきだとの見解を述べた[20]。

(1) 生命又は身体に対する重大かつ回復しがたい急迫の危難（immediate threat）が存在すること。
(2) その害を避ける適当な手段が存在しなかったこと。

(3)　避難行為が避けようとした害（evil threatened）に対して不均衡でなかったこと（2つの害のうち，より軽微なものであること）。

　(4)　強制状態（duress situation）が強制された人の自由意思によって惹き起こされたものでないこと。

　この4要件は，後日，ローマ規程31条1項(d)の規定として採用された。その意味で，Cassese 裁判官の少数意見は，重要な意義をもっている。ところで，Erdemović 事件にあっては，数十人もの無実の人が殺害されている。では，上記第3の要件に当たらないとして，被告人は刑事責任を問われるべきか。この点につき，Cassese は，仮に Erdemović が上官の命令に従わなかったとしても，他の隊員が命令にもとづいてそれら多数の無実の民間人を殺害したであろうとの理由にもとづき，道義的に非難することができず，又は社会に害なきものであるので，処罰の必要はない，との意見を述べた。[21]

　Cassese が上記4つの要件が厳格に満たされたときに限り duress の抗弁は認められるとしながら，Erdemović の行為を処罰する必要なしとの見解を表明していることは，被告人につき他の行為を期待することはできなかった，という考えによるものであろうか。しかし，Cassese の所論には期待可能性についての言及は見られない。Cassese が特に述べているのは，Erdemović がクロアチア人のイスラム教徒を殺害する実行部隊（execution squad）の1員であって，彼が上官の命令に従うことを拒否したとしても，他の隊員によってクロアチア人の殺害は実行されたであろう，という事情のゆえに例外的にのみ duress の抗弁が認められる，ということであった。[22]

(17)　Cassese, Gaeta & Jones, supra note 4, p. 1011.
(18)　Cassese, Gaeta & Jones, supra note 4, p. 1011.
(19)　Cassese, Gaeta & Jones, supra note 4, p. 1044.
(20)　Cassese, Gaeta & Jones, supra note 4, pp. 1012-1013.
(21)　Cassese, Gaeta & Jones, supra note 4, p. 1013.
(22)　Cassese, International Criminal Law, 2003, p. 248.

4 若干の立法例

〔Ⅰ〕 米国の模範刑法典（MPC）

1962年，アメリカ法律協会（American Law Institute）は，模範刑法典（Model Penal Code＝MPC）を作成した。この法典は，コモン・ローの考えを反映したものとして，国際的に注目されているものである。

第3章「違法阻却の一般原理」第3・02条は，duressに関する条文として諸外国の学者によって引用されている。

第3・02条（一般的違法阻却事由・害悪の選択）
1 行為者が自己又は他人に対する害悪（a harm or evil）を避けるために必要だと信じてした行為は，次に掲げる要件を満たす場合には，その違法性が阻却される。
　(a) その行為によって避けようとした害悪が，訴追の対象となった罪を定める法律の防止しようとする害悪よりも大であって，かつ，
　(b) この法律又はその犯罪を規定する他の法律が，問題となった特殊の状況に応ずる除外例（exceptions）又は抗弁（defenses）を規定しておらず，さらに，
　(c) 主張される違法阻却事由を排除する立法趣旨が明白に示されていないとき。
2 行為者が，軽卒又は不注意によって，害悪の選択を迫られる状況を招致し，又は害悪の選択をする必要性の判断を誤ったときは，軽率又は過失により成立する罪の事件においては，本条による違法阻却を主張することができない。

ここで注意すべきは，'justification'を一応，「違法阻却」と訳していることである（注23の法務省資料による）。第3・03条が「公務の執行」を規定し，ついで第3・04条が「正当防衛（Self-Protection）における威力行使」を規定しているところから見れば，第3・02条は，その見出しのとおり「一般的違法阻却事由」（Justification Generally）を規定したものと見るべきで

あろう。しかし，第3・05条以下の諸条文を見ると，'justification'は，必ずしも違法性阻却と責任阻却とを明確に区別したものではなく，不可罰事由ないし犯罪不成立事由とも解されるものである。

これに関し，Cassese 教授は，次のように述べている。国際刑法にあっては，'justifications' と 'excuse' が論ぜられているが，両者を法的に（かつ実際に）どこで区別するかは，いまだ明確でない，と。

(23) アメリカ法律協会・模範刑法典（1962年），法務省・刑事基本法令改正資料第8号（1964年）。
(24) Cassese, Justifications and Excuses in International Criminal Law, in：Cassese, Gaeta & Jones, supra note 4, p. 953.

〔Ⅱ〕 ドイツ刑法

1871年のドイツ刑法は，第52条で強制状態（Nötigungsstand）を，第54条で緊急避難（又は緊急状態）（Notstand）を規定していた。両規定は，隣接しているとはいえ，正当防衛規定である第53条によって隔てられており，しかもその要件は必ずしも一致していない。そこで，両者の関係はどうか，また，両者は法的性質においてどのような差異をもつかが，論ぜられた。このほか，民法904条（緊急避難）の規定がある。

これについては，拙稿「強制状態と緊急避難」においてくわしく検討した。なお，ドイツにおける強制と緊急避難をめぐる議論状況については，井上宜裕教授の精緻な研究が公刊されている。

ところで，1975年に改正されたドイツ刑法典は，正当化する緊急避難（Rechtfertigender Notstand）と免責する緊急避難（Entschuldigender Notstand）とに分けて，次のとおり緊急避難を規定するに至った。

第34条（正当化する緊急避難）
　　生命，身体，自由，名誉又はその他の法益に対する，他の方法では避けることのできない現在の危難において，自己又は他人をその危難から避けるため行為をした者は，対立する利益，特に当該法益とそれに迫っている危難

の程度とを考量し、保護された利益が侵害された利益を著しく超えている（wesentlich überwiegt）ときは、違法に行為したことにはならない。ただし、その行為が危難を避けるために適切な手段であるときに限る。

第35条（免責する緊急避難）

1　生命、身体又は自由に対する他の方法では避けることのできない現在の危難において、自己、親族又は自己と密接な関係のある者をその危難から避けるために違法な行為をした者は、責任なく行為したことになる。このことは、行為者がその危難をみずから生じさせたことを理由にして、又は行為者が特別な法的関係にあることを理由にして、その危難を忍受することがその事情の下では期待することができた場合に限り、適用されない。ただし、行為者が特別な法的関係を考慮しないでも危難を忍受すべきであったときは、第49条第1項に従って刑を減軽することができる。

2　行為者が行為の遂行に当たり、第1項により免責されるであろう事情があると誤信したときは、その者は、錯誤を回避することができた場合に限り、罰せられる。その刑は、第49条第1項により、減軽する。

　この規定にあっては、緊急避難行為の責任が阻却される理由が期待可能性の不存在に見出されることは、明白である。

　ところで、注目されるべきは、第35条（責任を阻却する緊急避難）の規定によって旧刑法52条の強制（Nötigung）が、これに包含されることになったことである。もともと、第34条（正当化する緊急避難）の規定は、民法904条にその源が見出されるので、純然たる創設規定ではない。

　著者は、かつてドイツ刑法における緊急避難行為には(1)違法性阻却事由としての超法規的緊急避難（übergesetzlicher Notstand）の場合と(2)期待不可能性を理由とする緊急避難の場合との2つがある、と主張した。今や、ドイツでは、その主張が現行法となっているのである。

　問題になるのは、なぜ、ドイツの現行刑法では、旧第52条の強制状態（Nötigungsnotstand）が、1975年制定の現行刑法では、第35条の責任を阻却する緊急避難（Entschuldigender Notstand）に包含されたのか、である。これは、さほど難しい問題ではない。旧刑法の時代にあって、学説も判例

も，第 52 条の強制状態は第 54 条の意味における緊急避難の一部分にすぎない，と解されていたからである。(28)というのは，通常，危難の発生原因から見て，強制状態は脅迫にもとづく場合であり，緊急避難はそれ以外の原因（自然現象など）にもとづく場合であるとして，両者は区別されているのであるが，実はこの区別は意味がないと解されているからである。両者は，行為者が危難を忍受するか可罰的行為をするかの二者択一を迫られているという点において，行為の存在構造を同じくするからである。(29)

(25) 森下・緊急避難の研究（1960 年，有斐閣）244 頁以下。
(26) 井上宜裕・緊急行為論（2007 年，成文堂）137 頁以下。
(27) 森下・注 (25) 前掲書 222 頁以下。
(28) 森下・注 (25) 前掲書 262 頁。
(29) 森下・注 (25) 前掲書 262 頁。

〔III〕 フランス刑法

A　1810 年の刑法典

1810 年に制定されたフランス刑法典 (Code Pénal) は，いわゆるナポレオン刑法典と呼ばれて，その後に制定された諸国の刑法典に大きな影響を及ぼした。ところで，この刑法典には，緊急避難に関する一般規定は存在しなかった。そこで，強制 (contrainte) に関する第 64 条の類推解釈によって緊急避難の場合をもこれに含ませる見解が登場した。(30)その規定は，次のとおりである。

> 第 64 条〔強制〕　被告人が行為の時に心神喪失の状態にあった場合，又は抗拒不能の力 (force) によって犯行を強制された場合には，重罪又は軽罪とならない。

しかし，緊急避難の不可罰性の根拠を第 64 条の「強制」の類推解釈に求めることは，もともと無理な解釈であった。これに対し，判例は，緊急窃盗，緊急堕胎，交通事故などの領域について，さまざまな理論構成を用い

て，緊急避難の場合を不可罰とする歩みをたどった。19世紀には，学説では，刑法64条を手がかりとしていわゆる精神的強制説（théorie de la contrainte morale）が通説的見解となるに至った。そこでは，緊急状態において犯罪的行為を犯した者は，その自由意思を奪われたため，抵抗しがたい力によって強制されたのであり，可罰的とはされないというのが，その根本的理由であった。

しかし，精神的強制説に対しては，その純粋な適用についてその信奉者の内部でも多くの疑問が提出されており，また，19世紀の終りから20世紀初頭にかけて強い反対説が登場したことは，看過できない事柄である。

(30) 森下・緊急避難の比較法的考察（1962年，有信堂）15頁以下。
(31) 森下・注 (30) 前掲書 27 頁以下。
(32) 森下・注 (30) 前掲書 39 頁。
(33) 森下・注 (30) 前掲書 42 頁。

B　現行刑法典

1992年公布，1994年施行のフランスの現行刑法典には，強制に関する規定と緊急避難に関する規定とが設けられている。

第122-2条〔不可抗力，強制〕
　抵抗することのできない力（force）又は強制（contrainte）の支配の下で行為した者は，刑事責任を問われない。

第122-7条〔緊急避難〕
　自己，他人又は財産を脅かす現在又は急迫の危難に直面して，その人又は財産の保護に必要な行為を行う者は，刑事責任を問われない。ただし，用いられた手段と脅威の重大性との間に不均衡がある場合は，この限りでない。

これらの条文については，Dalloz, Code Pénal, 109e éd., 2012 に収められた Yves Mayaud 教授（パリ第2大学）の詳細な判例及び文献についての注釈が参考になる。それによれば，第122-2条における force は'不可抗力'

(force majeure) を意味し。また，第122-7条は，緊急避難（état de nécessité）を規定したものである。これによれば，新刑法典の立法者は「強制」と「緊急避難」との構造上の差異に着目して，両者を別々に規定したものと解される。

このことは，ドイツの立法者及び学説とフランスの立法者及び学説との間における差異を物語るものとして興味がある。

(34) Dalloz Code Pénal, 109ᵉ éd., 2012, pp. 218, 222.
(35) Dalloz, supra note 34, p. 250.

〔Ⅳ〕 **イタリア刑法**

1930年制定の現行イタリア刑法典（Codice Penale）では，不可抗力（forza maggiore）（刑45条）及び有形の強制（costringimento fisico）（刑46条）から区別して，緊急避難（stato di necessità）（刑54条）が規定されている。これについては，拙稿「イタリア刑法における緊急避難論」を参照していただきたい。この規定方式は，旧ドイツ刑法52条及び54条にならったものである。

イタリアでは，強制状態と緊急避難との一応の差異を認めながら，強制状態をも緊急避難の一種と解するという妥協的態度が採られている。

(36) 森下・緊急避難の比較法的考察（注30）111頁以下に所収。
(37) 森下・注（36）前掲書123頁。

第2節　ローマ規程における強制と緊急避難

1　ローマ規程

ローマ規程第1項d号は，刑事責任を免除する事由の1つとして，次のとおりduress（強制）を規定している。

第31条（刑事責任を免除する事由）

1 本規程に規定する刑事責任を免除する他の事由に加えて，行為の時において，次に掲げる事由に当たるときは，その者は，刑事責任を問われない。

(a) 略（責任無能力）

(b) 略（酩酊）

(c) 略（正当防衛）

(d) 本裁判所の管轄に属する犯罪にあたるとされる行為（conduct, comportement）が，自己又は他人に対する急迫の死の脅威（a threat of imminent death；une menace de mort imminente）又は持続的もしくは急迫する重大な身体的損傷から生じた強制（duress；contrainte）によって惹き起こされた場合において，その者がその脅威を避けるために必要かつ合理的に行為したときは，その者が避けようとした害より大きな害を生じさせることを意図していなかったときに限る。この脅威は，次に掲げる場合のいずれかとする。

　(i) 他人によって惹き起こされたとき。

　(ii) その者の制御することのできないその他の事情にあたるとき。

2　妥協の立法がもたらした不明確な規定

　上記第31条第1項(d)の規定は，ローマ会議における妥協の結果として設けられたものであって，そのため，解釈上，多くの不明確さを含むものとなっている。というのは，duress（強制）は，しばしばnecessity（緊急避難）を指すものとして用いられているのであるが，両者の間には，いくつかの重要な差異が存在するからである。

　一般的には，緊急状態（necessity, état de necessité, Notstand）は，客観的事情（objective circumstances）によって惹き起こされた生命又は身体に対する危難を意味する。その事例としてしばしば引用されるのは，有名なカルデアネス（Carneades）の板，又はミニョネット号（Mignonette）の事件である。これらの場合には，難船の結果，一枚の板にたどりついた者又は同じボートに乗った者，すなわち，危険共同体に置かれた者が，生きんがた

めに他方の者を殺すという極限状態において，他方をぎせいにするのは罪であることを知りながら避難行為に出たのであって，行為者は処罰を免れる。これに対し，duressの代表的な事例は，上官の命令によってやむなく部下が捕虜を刺し殺すというような場合であって，その部下は，もともと捕虜を殺害しようという意図はないのである。この場合には，その捕虜の殺害を命じた上官が，刑事責任を問われることになる。[40]

このような構造上の差異があるにもかかわらず，一般には，necessityはduressを含むことのあるより広い概念だと，理解されている。[41]それは，両者について次の4つの要件において共通性があると認められるからである。[42]

1　その行為は，生命又は身体に対する重大かつ回復することのできない急迫の脅威の下で行われたこと。
2　その害を避ける適切な手段が存在しなかったこと。
3　行われた犯罪は，避けようとした害に対して均衡の取れないものではなかったこと（例えば，性的暴行を避けるための殺人の場合には，逆のことが起こるであろう）。言いかえると，duress又はnecessityで行われた犯罪は，2つの害のうちでより少ないもの，又は避けようとした害と同程度に重大な害としてバランスにおいて均衡の取れたものでなければならない。
4　duress又はnecessityへと導く状況は，強制された者（the person coerced）の意思によって惹き起こされたものでなかったこと。

上記のうち，第4の要件については，国際刑法の原則に照らして，国際人道法に違反する行為をする団体又は組織に自由意思で加入した者又は加入することを選んだ者については，緊急避難を理由にして刑事責任を免除されないとした裁判例が存在する。[43]

(38)　Ambos, Der Allgemeine Teil des Völkerstrafrechts. 2002, Duncker & Humbolt, S. 853；Triffterer (ed.), Commentary on the Rome Statute of the International Criminal Court. 1999, Nomos, p. 550.
(39)　Cassese, International Criminal Law, 2003, Oxford, p. 242.

(40) Cassese, loc. cit.
(41) Cassese, op. cit. p. 243.
(42) Cassese, op. cit. pp. 242-243.
(43) その代表的なものは，ナチス党員となった者が上官の命令に従って，ユダヤ人の教会を襲撃して放火したなどの事件について，緊急避難の抗弁が認められなかったものである。Cassese, op. cit. p. 245. and p. 245 footnote 24.

3　規程31条1項(d)

〔Ⅰ〕　duress には necessity が含まれる

　規程31条は，「刑事責任を免除する事由」（Grounds for excluding criminal responsibility；Motifs d'exonération de la responsabilité pénale）との見出しの下に，責任無能力（1項(a)），正当防衛（1項(c)）などと並んで「強制」（duress）の場合を1項(d)として規定している。そのことからも理解されるように，ここにいわゆる「刑事責任の免除」は，不可罰事由ないし刑罰阻却事由を指している。これも，ローマ会議における妥協の結果であろう。

　このことを理解するならば，不可罰事由としての 'duress' と 'necessity' との差異を吟味することは，国際刑法にあってはさほど重要な事柄とは捉えられていないように見える。

　規程31条1項(d)は，'duress' の中に 'necessity' が含まれるものとして規定している。コモン・ローの伝統的考えにあっては，necessity は自然現象（ないし外部事情）によって惹き起こされた緊急避難事態（Notstandssituation）として捉えられており，'coercion' 又は 'compulsion' は何人かによる脅迫によって行為者に対する強い威迫として捉えられていた。この区別は，今日なお英法では明確に維持されている。それにもかかわらず，ローマ規程では，両者の区別は，放棄された。ドイツ法系におけるように違法性阻却（Rechtfertigung）と責任阻却（Entschuldigung）とが截然と区別されることはなく，両者を包括して「刑事責任の免除」と捉える立場からすれば，'duress' と 'necessity' についてその成立要件及び不可罰事由を区別することは，果てしない議論の応酬を招きかねないと考えられたので

あろう。結局，妥協的立法を基本的立場とするローマ規程にあっては，'duress' の中に 'necessity' が含まれるとする立場——それは，ナポレオン刑法典の時代におけるフランスの通説的立場であった——が，採用されることになった。

(44) Ambos, supra note 38, S. 839.
(45) Ambos, op. cit., S. 839.

〔Ⅱ〕 構成要件の分析
A ３つの要件
第31条第１項(d)の規定における 'duress' の成立要件は，次の３つに分けられる。

⑴ 他人により又は行為者の統御（control）の及ばない情況によって自己又は他人に対する急迫の死の脅威（threat）又は身体に対する急迫の重大な害の脅威
⑵ その脅威を避けるために必要かつ合理的な反応（reaction）
⑶ 主観面では，〔脅威に〕対応する故意（dolus）（ただし，避けようとした害よりも大きな害を生じさせる意図でないもの）

B 第１の要件（急迫の脅威の存在）
まず，第１の要件では，necessity と duress とに共通する客観的要件，すなわち，生命又は身体に対する急迫の脅威（ドイツ語では，Gefahr〔危難〕）の存在することが挙げられる。

この脅威は，自己又は他人に対するものでなければならない。ここにいう「他人」（any third person）は，行為者と特別の関係のある者であることを要しない。このことは，アメリカ法律協会の模範刑法典（MPC）第2・09条〔強制〕に規定されていることからもうかがえるように，コモン・ロー上，広く認められた立場である。

次に，脅威は，行為者の統制の及ばない状況の下で生じたものであるこ

とを要する（d号ⅱ）。言いかえると，自招脅威の場合は除外されることになる。フランス語正文が「その者の意図とは独立の情況」（circonstances indépendantes de sa volonté）という文言を用いていることが参考になる。

C 第2の要件（行為の要件）

第2の「必要かつ合理的な反応」（necessary and reasonable reaction）という要件は，necessityにのみ適用される。Zimmermannによれば，これは，「損害の選択」基準（'choice of evils' criterion）に関する新しい主観的要素（a new *subjective* requirement）である[48]。

ところで，正当防衛の規定（1項c号）にあっては，防衛行為は，「危険の程度に均衡のとれた態様において」（in a manner proportionate to the degree of danger）合理的に行為したことが要求されている。しかるに，緊急避難にあっては危難とは無関係の第三者に対して避難行為がなされるにもかかわらず，均衡性の要件は明文上，要求されていない。

これは，どう考えるべきか。学説によれば，ここにいう'合理的'（reasonable）という用語は，'必要な'（necessary），'均衡のとれた'（proportionate）などを含む包括的な用語（an umbrella term）とみなすことのできるものであるので，c号（正当防衛）とd号（duress）との間における要件上の違いは，単に用法上の性質のものにすぎない[49]。それゆえ，d号にあっても，危難を避けるために用いられる手段は，適当かつ効果的なものでなければならず，また，生じた損害は危難を避けるために絶対的に必要な（absolutely necessary）ものに限定されるべきであり，さらに最も重要なことは，危難を転嫁する行為は避けようとした損害よりも大きい損害を生じさせるものであってはならないことである[50]。

このようにc号における文言とd号における文言とは，実質的には同様であるにもかかわらず，両者の間に表現の差異があることはまずい（unfortunate），と評されている[51]。しかし，この批判については，若干の疑問がある。正当防衛にあっては急迫不正の侵害に対する防衛であるので，侵害の程度を超える反撃が許される余地がある。これに対し，緊急避難にあっては，無関係な第三者の法益を侵害するのであるから，避けようとした害

と生じた害との間に均衡性が要求されるのは，理の当然である。しかるに，c 号の規定する要件と d 号に規定する要件とが同様のものになっているのは，学説によれば，d 号において duress の中に necessity が含まれるものとして規定されたことによる，とのことである。

D 第3の要件（主観的要件）

d 号では，但し書（provided that；à condition que）として，「行為者が避けようとした害よりも大きい害を生じさせる意図をもたなかったこと」という主観的要件が規定されている。

この主観的要件は，「より小さい害の原則」（lesser-evil principle）と呼ばれているが，不可罰事由としての抗弁という観点からは，重要なポイントだといわれている。なぜなら，一方では伝統的な 'necessity' にあっては，生じた害（ぎせいにされた法益）の程度が避けようとした害（維持された法益）の程度を超えないこと（日本刑法37条1項参照）が要件とされているのに対し，他方では，伝統的な強制（classical duress）にあっては，行為者につき脅威（危難）に立ち向うことがとうてい期待できなかったときは，生じた害の程度いかん（greater or less harm）は問わないで excuse（責任免除）が認められると解されているからである。

これに対し，ローマ規程31条1項(d)の第3要件を直視すれば，次の2点において不合理な結果に導かれることになる。

その1．「行為者は避けようとした害よりも大きな害を生じさせる意図をもたなかった」のであるが，結果的には生じた害（ぎせいにされた法益）の方が大きかった場合，不可罰事由として認められないのか，という問題が生じる。わが国にあっては，「生じた害が避けようとした害の程度を超えなかった場合に限り，罰しない。」と規定されている（刑法37条1項）ので，法益均衡原則が要件とされている。通説は，この点を重視して緊急避難をもって違法性阻却事由として理解している。

その2．上記第3の主観的要件を適用すれば，例えば，上官から「逃走を図った捕虜2人を射殺せよ」という命令を受けた部下は，命令に従わなければ自分も捕虜と一緒に銃殺すると告げられ，やむを得ずして2人の捕

虜を射殺した場合には，'duress' の抗弁を認められないことになる。

このような矛盾をかかえながら第3の主観的要件——それは，比較法において先例のないものである——が導入されたのは，ローマ会議における妥協の産物であった(56)。では，この妥協にもかかわらず，実際にICCで裁判を行うときには，どう考えるべきか。その解決策として，ある学説は，necessity にあっては法益の均衡（balancing interests）が実現された場合には justifying "necessity" を認めることとし，これに対し，法益の均衡が図られなかった場合には execusing "duress" が認められることになるとするのが，個別の事案に則した妥当な解決策（adequate solution）となる旨，主張している(57)。この見解は個別の事案について具体的妥当性を見出そうとするものであるが，そこに用いられている 'justifying' と 'excusing' とがそれぞれ厳格な意味で '違法性阻却' と '責任阻却' に対応するものではないであろう。もともと '均衡の要件'（requirement of proportionality）という客観的要件を行為者の意図という主観的要件をもって置き替えようとした点に，——妥協の結果とはいえ——立法上の無理がある。

(46) Cassese, Gaeta & Jones, supra note 4, p. 1037.
(47) アンボス教授によるドイツ語訳による。Ambos, supra note 38, S. 930.
(48) Zimmermann, in：Cassese, Gaeta & Jones, supra note 4, pp. 1037-1038.
(49) Zimmermann, op. cit., p. 1040.
(50) Zimmermann, loc. cit.
(51) Zimmermann, loc. cit.
(52) Zimmermann, loc. cit.
(53) Triffterer, supra note 38, p. 552.
(54) Triffterer, loc. cit.
(55) 団藤・刑法綱要総論〔改訂・増補〕（1988年，創文堂）227頁。
(56) Cassese, Gaeta & Jones, supra note 4, p. 55. ただし，Werle 教授によれば，この妥協的立法は，確立した国際判例法にもとづいたものである。cf. Werle, Principles of International Criminal Law, 2005, Asser Press, p. 147.
(57) Werle, loc. cit.

第7章　代理処罰主義とその問題

　　　はしがき
　　　第1節　能動的属人主義による代理処罰
　　　第2節　代理処罰主義を補う制度
　　　第3節　純代理処罰主義
　　　第4節　代理主義

はしがき

〔Ⅰ〕　**事柄の発端**

　2006年（平成18）と2007年（平成19），わが国のマスコミは，こぞってブラジル刑事法制のことを大々的に報道した。

　それは，静岡県下で強盗殺人，殺人，自動車運転過失致死，ひき逃げなどの罪を犯したブラジル人らが母国に逃亡し，処罰されることもなく暮らしているので，「ブラジルとの間で犯罪人引渡条約を締結して，逃亡犯罪人らを日本で裁くことができるようにせよ」という国民運動が起こったからである。

　この件は，結局，ブラジルが逃亡自国民を能動的属人主義（刑法7条2項6号）[1]にもとづき，ブラジルの裁判所で犯人らを裁いたので，ひとまず上記の国民運動は収束した。ブラジルが日本で罪を犯したブラジル人を国内で裁くに至ったのは，2つの主要な理由があるといわれている。すなわち，(1)日本国内で沸き上がった国民運動が広がりを見せるに及んで，マスコミの報道ぶりが過熱したこと，及び(2)逃亡した自国民を不処罰のままにしておくと，日本に居住している多数のブラジル人に対する日本国民の反感が高まり，その結果，在日ブラジル人に対する取扱い（雇傭，日常生活における

対応)が悪化するおそれが憂慮されたことが、それである。

　ところで、わが国のマスコミは、「ブラジルが日本に代わって自国民を裁いたのだから、"代理処罰"だ」と考えて、この方式による母国での裁判を"代理処罰"と呼ぶようになり、「代理処罰主義」という言い方が通用するになった。

　この表現は、学問的に見て正しい。実は、「代理処罰主義」には、後に述べるとおり3つの形態がある。上記のタイプは、沿革的には最初のものであるので、"第1形態の代理処罰主義"と呼ばれている。すなわち、逃亡犯罪人の母国(国籍国)が能動的属人主義にもとづいて、自国法を適用して国内裁判所で自国民に対する裁判を行う方式が、それである。

(1)　ブラジル刑法7条(国外犯)2項は、ブラジル国民が国外で犯した罪につき、一定の要件を満たすときにブラジル法を適用する旨を規定している。森下「ブラジルの憲法、刑法、犯罪人引渡し」同・国際刑法の新しい地平(2013年、成文堂)120頁をみよ。

〔Ⅱ〕　代理処罰主義の適用事例

　新聞で報道された限りで、犯行後、ブラジルに逃亡したブラジル国民に対する裁判の様子を紹介しよう。

A　浜松市のひき逃げ、致死事件

　1999年に静岡県浜松市で当時16歳の女子高校生をひき逃げし、死亡させた日系ブラジル人ヒガキ(32歳)は、事件から4日後に帰国。日本政府からの要請にもとづき、2001年1月、サン・パウロ州検察庁が彼を起訴した。これは、日本からの要請にもとづく最初の起訴であった。

　ヒガキ被告は、第一審で起訴事実を認め、「遺族に赦しを乞いたい」と述べた。第一審は、過失致死罪(刑法121条)に因り懲役(reclusão)4年及び180日の罰金(multa)(約395万円)に処した。被告人は、罰金を払えないとして控訴した。控訴審は、懲役4年の刑を維持したが、罰金を10日(約22万円)に減軽し、社会奉仕作業〔公共労働奉仕〕を義務づけた。判決は確定した。

B 長野市の強盗殺人事件

2003年7月，長野市でブラジル人のソノダ（29歳）が貸金業者（59歳）を殺害し，約42万円を強奪した。日本政府が，ソノダ容疑者の処罰をブラジル政府に要請。

容疑者は，2008年1月，起訴された。

C 焼津市の3人殺害事件

2006年12月，静岡県焼津市でブラジル人母子3人（交際相手の女性，その長男と次男）の殺害事件が発生。容疑者は，ブラジル人のネベス（44歳）であった。

新聞報道によれば，第一審は，公判が州の管轄でないなどと裁定した。弁護側は，これを承けて，逮捕は憲法5条61項の規定（下記参照）に違反すると主張した。

> **憲法5条61項** 何人も，現行犯の場合を除いては，権限を有する司法官憲（autoridade judiciária competente）が発し，かつ，理由を示した令状（ordem escrita）によらなければ，自由を奪われない。ただし，軍法違反又は軍事犯罪の場合には，この限りでない。

州高裁の3人の裁判官が検討した結果，全員一致で身柄拘束は無効と決定した。

新聞によれば，ネベス被告は，2006年12月の事件直後にブラジルに帰国。これにつき，日本政府が2007年9月，ブラジルに国外犯処罰を要請した。この要請にもとづき，サン・パウロ州の検察当局が上記の殺人罪で起訴した後，州警察が，2008年1月，被告を逮捕した。被告は，同年2月に行われた初公判の罪状認否では黙秘していた。

この新聞記事だけでは，本件の事情及び裁判所の（身柄拘束の）無効決定後の推移が明らかでない。すなわち，(1)なぜ，州警察は，現行犯でないのに逮捕状なしに犯人を逮捕したのか，(2)身柄の拘束が無効とされて以後，公判は在宅のままで進められたのか，(3)どのような判決が言い渡されたの

かが，疑問として残る（ブラジル刑訴法の条文を入手していないので，刑事手続の当否を論ずることができない）。

要するに，3人殺害という凶悪犯罪であるのに，ブラジルにおける刑事手続は，法律に従って厳正に行われていないのではないか，という疑念が残る。

D 群馬県の殺人事件

2001年10月，群馬県太田市で，ペルー人のサンチェス（43歳）が，公園のトイレの中で男性作業員（69歳）の背中などを刃物で刺して殺害した。その後，犯人は，2004年，不法残留の理由で日本から強制退去処分になり，ペルーに帰国した。

日本政府からペルー政府に対して犯人に対する国外犯処罰の要請がなされた。その要請を受けて首都リマの高裁で審理が行われた。2010年10月，裁判所は，求刑どおり拘禁刑（prisión）8年の言渡しをした。判決は，確定した[6]。

この事件では，殺人が行われたのは2001年10月であるのに，2004年に至って犯人に対する強制退去の措置がとられた点につき，疑問が残る。なぜ，犯行後，日本で逮捕されなかったのか。証拠不十分で逮捕が行われなかったのか。いつ，日本政府はペルー政府に対し，国外犯処罰の要請をしたのか，などの点で疑問が残る（新聞報道は，簡単すぎる）。

ともあれ，この事件は，日本国内で犯罪を行ったペルー人に対してペルーで国外犯処罰が行われた最初の事例として，意義があるであろう[7]。

E 静岡県下の自動車運転過失致死事件

2005年10月，静岡県下で日系3世のブラジル人フジモト（38歳）は，市道交差点の信号が「赤」であるのに進入し，女性が運転する乗用車と衝突した。その結果，女性運転の車に乗っていた長女（2歳）が頭を打って死亡し，かつ，車を運転していた母親も負傷した。フジモトは，事故直後，ブラジルに帰国した。

この事件につき，日本政府は，ブラジル政府に対し，国外犯処罰を要請した。この要請にもとづき，ブラジルでフジモト被告に対する裁判が行わ

れた。2013年8月12日，判決公判は開かれないままで，判決の言渡しがなされた。地裁は，判決文をウェブサイトで公表した。

判決は，懲役2年2月であった。ただし，この懲役刑は，権利制限刑である社会奉仕活動による代替が認められる（刑法44条）[8]。ところが，被告人は，現場の信号は「青」だったとして無罪を主張していたので，その主張が認められなかったことを不服として，控訴する方針である[9]。

なお，NHKテレビは，2014年4月17日の放映で，静岡県下の交通事故につきブラジルで代理処罰により行われていた裁判で，裁判所は時効完成を理由として公訴を棄却したことを報道した[10]。この報道にかかる事件は，上述したフジモト被告が犯したもののように思われる。

(2) 刑法121条によれば，過失致死は，1年以上3年以下の懲役。ただし，業務上又は技術上の規則の不遵守により人を死亡させたときは，刑を3分の1加重する。森下・国際刑法の新しい地平（2011年，成文堂）125頁。
(3) 罰金は，10日以上360日以下の日数罰金（dias-multa）である。日額（1日の罰金額）は，犯人の1か月の収入の30分の1を下ってはならず，5倍を超えてはならない（刑49条）。
(4) 2008年7月30日の日経新聞夕刊。
(5) 注(4)に記載する日経新聞の記事
(6) 2010年10月7日の日経新聞夕刊。
(7) 1924年制定のペルー刑法5条（国外犯）は，犯罪人引渡しの対象犯罪を国外で犯した自国民につき刑法を適用する旨，規定している。
(8) ブラジル刑法44条によれば，4年以下の自由刑が，重大な暴力若しくは脅迫を伴わないで犯された対人犯罪，又は過失に因り犯された罪につき科せられたときは，権利制限刑をもって自由刑に代えることができる（1項）。なお，故意の累犯者でないときも，同じく権利制限刑による代替が可能である（2項）。
(9) 2013年8月13日の日経新聞。
(10) NHKテレビの報告だけでは，ブラジルの時効制度を明らかにすることができないので，公訴棄却の裁判の当否について論ずることは差し控える。第一審に公訴・提起された時点ですでに時効が完成していたのであれば，第一審で公訴棄却が言い渡されるはずだからである。

第1節　能動的属人主義による代理処罰

1　能動的属人主義

〔Ⅰ〕　**歴史的考察，適用範囲**

　刑法適用法にあっては，「初めに属人主義があった」といわれる。その後における属人主義の発達については，別の拙著で述べた。(11)

　現代では，属人主義は，能動的属人主義（積極的属人主義ともいわれる）と受動的属人主義（消極的属人主義ともいわれる）の2つに分類される。

　能動的属人主義（principle of active personality, principe de la personnalité active）とは，犯罪地のいかんを問わず，自国民（又は自国内に常居所を有する外国人）が罪を犯したときに内国刑法の適用を認める原則である。実際には，多くの国で属地主義が基本原則とされているので，能動的属人主義が妥当するのは，国外犯の場合である。この意味において，能動的属人主義は，属地主義との関係において補充的性格（第2次的性格）をもっているといわれる。

　能動的属人主義にあっては，その適用対象となる犯罪の範囲について，次の2つの類型がある。(12)

(1)　無制限の能動的属人主義
(2)　制限された能動的属人主義

　今日，多くの立法例で採用されているのは，(2)の類型である。日本刑法3条（国民の国外犯）は，比較的重要な犯罪に限定している。多くの国もこの立場を採っているが，具体的には，沿革的理由のほか，犯罪構成要件の定立の仕方の違いによって，適用対象にはギャップがある。そうなると，能動的属人主義による代理処罰については立法例によって差異が生じることになる。

---

(11)　森下・刑法適用法の理論（2005年，成文堂）105頁。

(12) 森下・前掲書112頁以下。

〔Ⅱ〕 自国民不引渡しの原則
A 歴史的変遷

自国民の不引渡し（non-extradition of nationals, non-extradition des nationaux）は，長い歴史をもつ制度であって，その意義や目的は，時代により，また当該国の法体系などによって変遷をたどってきた。注目すべきは，英米法系と大陸法系とでは，この制度についての基本的立場が大きく異なっていることである。すなわち，一般に英米法系の国にあっては，自国民をも引き渡す立場を採っており，これに対して，大陸法系の国は，一般的に自国民不引渡しの原則を採っているといわれる。

ところで，20世紀後半からグローバル化が進み，それに伴って犯罪の国際化が進むにつれて，犯罪防止のための国際的連帯性の促進が叫ばれるようになると，自国民不引渡しの原則に対する国際的批判が高まった。具体的には，自国民の不引渡しを絶対的なものから相対的なもの（すなわち，裁量的なもの）に緩和する方向への転換である。

(13) 森下「自国民不引渡しの原則」同・犯罪人引渡法の理論（1993年，成文堂）159頁以下。
(14) 森下・前掲書162頁以下，167頁以下。

B 裁量的引渡しの導入

自国民の裁量的引渡しの制度は，すでに多くの条約や立法例で採用されている。例えば，1978年の日米犯罪人引渡条約5条は，「被請求国は，自国民を引き渡す義務を負わない。ただし，被請求国は，その裁量により自国民を引き渡すことができる。」と規定する。

これに呼応するべく，わが逃亡犯罪人引渡法は，(1953年公布) 第2条（引渡しに関する制限）において，「逃亡犯罪人が日本国民であるとき」(9号) に該当する場合にはこの制限は適用されない（すなわち，引渡しを拒むことができる）旨を明記している。

理論的にはすべての国が自国民の引渡しの問題について絶対的拒絶事由の立場を捨てて，裁量的引渡しを認める立場を採ることが望まれる。しかし，国によっては，憲法で自国民の引渡しを禁止している国がある。それらの国は，次に述べるように，自国民の引渡しを許すことができる旨の明文規定を盛り込んだ犯罪人引渡条約を締結することによって，この問題の解決を図ることが望まれる。

(15)　森下・注(13)前掲書182頁。
(16)　それにはいろいろの理由がある。ブラジルでは，独裁的軍事政権時代の名残りと考えられる。これに対し，1949年のドイツ連邦基本法16条2項が「いかなるドイツ国民も外国に引き渡されてはならない。」と規定している背景には，特別の事情がある。第2次大戦中，多くのドイツ人がユダヤ人の大量虐殺などのナチス犯罪の遂行に関与した。それらの戦争犯罪人の引渡しを外国から請求されても自国民の不引渡しを基本法（憲法に相当する）に明記することによって，引渡しを拒絶することが，基本法制定当時の国民の一般意思であった。

C　国際法優位の原則

憲法で「自国民は引き渡さない。」と明文規定を設けている国がある。

ところで，2006年，わが国では，静岡県下で凶悪犯罪を犯したブラジル人が母国に逃亡して不処罰のままにおかれていることに憤慨した県民らを中心にて，「日本とブラジルとの間の犯罪人引渡条約を締結せよ」という国民運動が巻き起こった。連日のように，マスコミは，これを報道した。

この国民的盛り上がりを前にして，外務省は，「ブラジル憲法は自国民の引渡しを禁止しているので，条約を締結しても逃亡ブラジル国民が日本に引き渡されることはない。」との逃げ口上を用いることによって，盛り上がる国民運動に水を差した。

1988年10月5日に公布されたブラジル憲法5条51項は，「ブラジル国民は，……の場合を除いては，引き渡されない。」と規定している。しかし，これは絶対のものではない。条約によって「自国民引渡しの義務を負わない。」とか，「自国民の引渡しを拒むことができる。」とかの条項を盛り込むことによって，裁量的引渡しを可能にする途を拓くことができるからであ

る。これは，「**国際法優位の原則**」(principe de la primauté du droit international) から導き出される帰結である。[17] 参考のため，ブラジルが締結した2つの引渡条約を挙げる。

 (a) 1988年のスペイン＝ブラジル引渡条約3条（自国民の引渡し）[18]
 (b) 1995年の韓国＝ブラジル引渡条約5条（自国民の引渡し）[19]

これらの条約は，いずれも「被請求国は，自国民を引き渡す義務を負わない。」との趣旨の規定を設けている。そして，自国民不引渡しの場合には，被請求国は，引渡しを求められている者に係る事件を訴追当局に付託すべき義務を負う。これは，aut dedere aut judicare（引き渡すか裁くかせよ）の原則に従ったものである。[20]

このように見てくると，日本の外務省が「ブラジル憲法では自国民の不引渡しが規定されているので，ブラジルとの間で犯罪人引渡条約を締結しても，逃亡犯罪人であるブラジル国民を日本に引き渡すことはない」との理由で，条約締結に動かない態度をとり続けているのは，端的に言って'外務省にはやる気がない'ことを物語る。

これは，外務省や法務省だけではなくて，日本政府の側に「やる気のない」ことの証拠というべきである。

(17) 森下・国際刑法の新しい地平（2011年，成文堂）93頁，96頁以下。
(18) 森下・注(17)前掲書93頁以下。
(19) 森下・注(17)前掲書95頁以下。
(20) ここでは，'judicare'は，「裁く」ではなくて，訴追当局への事件付託を意味する。森下・注(17)前掲書103頁。

2 代理処罰主義に現れた不都合

上述したように，逃亡犯罪人であるブラジル人等に対する代理処罰の事例には，いくつもの不都合がひそんでいる。それを整理すれば，次のとおりである。

〔Ⅰ〕 **相互主義にもとづく場合**

引渡条約が締結されていない国との間においても犯罪人引渡しは，相互主義（principle of reciprocity, principe de la réciprocité）にもとづいて行われることは可能である。[21] わが国は，2014年現在，米国との間及び韓国との間でしか引渡条約を締結していない。条約を締結していない国との間では，相互主義にもとづき，国際刑事司法協力の一形態として行われることが可能である。条約にもとづく場合の引渡しは権利・義務の関係によって規律されるが，条約によらずに相互主義にもとづいて行われる場合には，引渡しは，当該関係国の間における信頼・協力の関係において行われる。そのことは，必然的に両国（すなわち，請求国と被請求国）間の政治情勢等によって影響を免れないことを意味するであろう。

ここでは，「相互主義」の意義が問題となる。かつてフランスの碩学ドンヌディユー・ド・ヴァーブルは，「犯罪人引渡しにおける相互主義は，神話（mythe）である」と言った。[22]「相互主義」の内容と範囲に段階があるからである。さし当たり，自国民の引渡しについて言えば，相互主義は，双方の国が自国民を相手国に引き渡すことを意味する。

これに対して最も問題となるのは，引渡犯罪の種類において差があること，及び検察当局に事件付託しても検察官の側におけるいわゆる訴追強度に差があることであろう。

(21) 森下「犯罪人引渡法における相互主義」同・注(13)前掲書１頁以下。
(22) Donnedieu de Vabres, De La réciprocité d'extradition d'après la loi française de 10 mars 1927, 1028, pp. 559, 563, 565. なお，森下・注(13)前掲書27頁。

〔Ⅱ〕 **証拠収集の困難性**

外国に証拠（人証，物証）があるとき，その証拠を裁判国における訴追・裁判のために収集することには，実に多くの困難がつきまとっている。

ところで，代理処罰の場合には，別の困難に遭遇することになる。①法制の違い，②言葉の壁，③時間の制約が，その代表的なものであろう。

例えば，③時間の制約について見よう。殺人，窃盗，又は交通事故の犯罪が行われた場合，犯人が現行犯逮捕されることは多くはないであろう。警察が捜査を開始して，犯人を割り出した時には，犯人はすでに母国（又はその他の国）に逃亡していることがある。また，警察が被疑者から（身柄不拘束のままで）事情聴取を始めたところ，被疑者が国外逃亡することも少なくないであろう。

このような事例にあっては，捜査機関が被害者から事情聴取し，写真，指紋を取ったり，供述録取書を作成することができないか，仮にそれが一部分だけできたとしても，不十分であることは明らかである。犯人の逃亡後，警察が地道な捜査を行って犯人の特定にまでこぎつけたとして，日本政府が犯人の現在する母国に代理処罰の要請をしたとしても，当該母国の訴追当局の判断によれば「これでは証拠不十分」として訴追しないことが起こりうる[23]。

著者の記憶するところによれば，犯人の逃亡先の母国ペルーの訴追当局が「日本で被疑者本人につき弁解の機会が与えられていない」との理由で訴追しなかった件が，数年前，日本のマスコミで報告されたことがある。

(23) このほか，国によっては，「日本の捜査機関が被疑者の段階から弁護人を付けないで事情聴取を行って作成した供述録取書には証拠能力なし」として，訴追しないこともありうるであろう。

〔Ⅲ〕 **裁判国における軽い判決**

犯人の母国が死刑廃止国であるときは，どのように凶悪重大な犯罪の被告人についても，死刑が言い渡されることはない。国によっては，無期刑をも憲法又は刑法によって廃止している国がある。

そのほか，危険運転致死傷罪（刑208条の2）に相応する特別規定が設けられていない国では，日本に比べて軽い刑が適用されることになる（**軽い法の原則**）。（後述）

このような法制上の違いに由来する場合以外で，母国における裁判に

あっては，犯罪地国における量刑相場に比べて現実の量刑が軽いように感じられる。本章の「はしがき」で紹介した事例についてもこの印象をぬぐい去ることはできない。ただし，この点については，母国における裁判にあっては，被告人は，一般に自分に都合の良い事情とか理屈を言い張る傾向があることのほか，被害者側が意見を法廷で述べる機会が与えられないなどの事情があることも考慮に入れるべきであろう。

3　軽い法の原則

　軽い法の原則（doctrine of *lex mitior*, Grundsatz der *lex mitior*）とは，内国の裁判所が国外犯を処罰するに当たって，行為地である外国の刑罰法規が内国のそれに比べて軽いときには，その軽い外国法を適用する，という原則である。

　軽い法の原則は，本来，罪刑法定主義の理念と結びついている。罪刑法定主義にあっては，その派生原則の1つとして事後法（*ex post facto* law）の禁止，遡及処罰の禁止（憲法39条参照）がある。それは，人権擁護を図る趣旨にもとづくものである。この理念によれば，行為時の刑罰法規が裁判時の刑罰法規に比べて軽いときには，その軽い法を適用すべきであるとの帰結が導き出される。これは時における刑法の適用に際して軽い法の原則が妥当する場面である。

　ところで，代理処罰については，刑法の場所的適用に際して行為地国（犯罪地国）の刑罰法規と裁判国の刑罰法規を比較して軽い方の刑罰法規を適用することが要請される。それは，「犯罪者の利益のため」（*pro reo*）を図ることを基本理念とする罪刑法定主義から導き出される原則である。立法例の中には，この原則の趣旨を明文をもって規定するものがある。例えば，1937年のスイス刑法5条1項・6条1項，1974年のオーストリア刑法65条2項が，それである。

　(24)　森下「国際刑法における軽い法の原則」同・国際刑法の基本問題（1996年，成文堂）54頁以下。

(25) Gallant, The Principle of Legality in International and Comparative Criminal Law, 2010, Cambridge University Press, p. 273.
(26) 憲法39条は，「何人も，実行の時に適法であった行為……については，刑事上の責任を問はれない。」と規定するが，この規定の趣旨からして，行為時の刑罰法規が裁判時のそれに比べて軽い（利益である）ときは，その軽い法（*lex mitior*）を適用すると解される。このことは，刑罰法規不遡及の原則から導き出される。
(27) 森下・注(24)前掲書55頁，59頁。

第2節　代理処罰主義を補う制度

はしがき

代理処罰主義は，上述したとおりさまざまな不都合を伴う。そのことは，制度上，避けがたい。そこで，代理処罰主義に伴う不都合を回避し，欠点を補う制度として，次の2つが第2次大戦後，登場した。それらの制度のねらいは，一方では，犯罪防止のための国際的連帯であり，他方では，犯罪者の社会復帰の促進である。

その制度としては，刑事訴追の移管と受刑者の移送という2つの制度が挙げられる。

1　刑事訴追の移管

〔Ⅰ〕　制度の趣旨

刑事訴追の移管（transfer of proceedings in criminal matters, transmission des procédures répressives）の意義は，わが国ではほとんど知られていない。[28] この制度は，新しい形態の国際刑事司法共助の1つである。

この共助手続は，請求国（多くの場合，犯罪地国）がその裁判権にもとづいて，被請求国（犯人の所在国。多くの場合，犯人の国籍国又は居住地国）に対し訴追を移管するものであって，被請求国に訴追の権限を委託するものでもなく，訴追の権限を創設するものでもない。

訴追の移管は，これに関する条約（訴追移管条約）が締結されていないときでも可能であるが，その要件，範囲，法的効果などを明確にするため，条約にもとづいて行われる場合が多い。[29]

この制度にあっては，例えば，ブラジル人が日本において罪を犯した後，母国に逃亡した場合には，日本は，その裁判権にもとづいて犯人の訴追をブラジル政府に対して請求することができる。被請求国の権限を有する当局（訴追当局）は，訴追の請求を応諾すべき義務を負うのではないが，訴追の請求を検討すべき義務を負う。一定の事由に該当する場合には[30]，請求を義務的又は任意的に拒絶する。請求が応諾されたときは，請求国は，二重訴追を回避することになる。

(28) 森下「刑法訴追の移送」同・刑事司法の国際化（1990年，成文堂）158頁以下。なお，この本を出版して後，「移送」（transfer）の訳語を「移管」と改めた。
(29) 1972年の「刑事訴追の移管に関するヨーロッパ条約」が，先がけとなっている。森下・国際刑法の新動向（1979年，成文堂）263頁以下をみよ。
(30) 例えば，双方可罰性の要件が欠けるとき，一事不再理の原則に反するとき，公訴の時効が完成しているときが，それである。森下・注(29)前掲書296頁以下をみよ。

〔Ⅱ〕 訴追の移管制度の長所

このように言うと，犯罪地国が犯人の逃亡先の国に対して訴追を要請する場合と大差ないのではないか，という疑問が生じるかもしれない。

だが，訴追の移管にあっては，次の2つの点で事情が異なる。

その1 被請求国が当該事件について裁判権を有しないことがある。例えば，日本で罪を犯したブラジル人がアルゼンチンに逃亡している場合が，それである。アルゼンチンは，他国籍国の者が犯した国外犯については，裁判権をもたない。しかし，仮に日本とアルゼンチンとの間で訴追の移管に関する条約が締結されているとすれば，日本から訴追移管の請求がなされた場合，アルゼンチンの訴追当局は，訴追を検討すべき義務を負う。[31]

その2 例えば，日本で罪を犯したブラジル人がブラジルに逃亡して現

在している場合において，日本からブラジルに対して訴追移管の請求がなされたときは，ブラジルの訴追当局は，絶対的又は任意的な拒絶事由が存在しない限り，積極的属人主義にもとづいて訴追を行うことになる。

このように，訴追の移管の制度には，犯罪者の現在する国（多くの場合，犯人の母国又は常居所国）において訴追を行うことは，その犯罪者の社会復帰に役立つという配慮が根底にある。[32]

(31) 絶対的又は相対的な拒絶事由に当たらない限り，請求は応諾されることになる。
(32) 犯罪者の母国又は常居所国で訴追されたならば，被告人は，言葉，法制度の周知などの点で十分な防御をすることができる。また，刑の執行を受けることとなった場合には，社会復帰のために好都合であることが多いであろう。

2 受刑者の移送

受刑者の移送（transfer of sentenced persons）とは，外国で確定した自由刑に係る判決をその受刑者の母国又は居住地国で執行させるべく裁判国から移送する制度である。これは，外国で確定した刑事判決を内国において執行するものであって，国際刑事司法協力の新しい形態である。[33]

この制度については，1983年の，ローロッパ評議会（Council of Europe, Conseil de l'Europe）主宰の下に締結された受刑者移送条約（Convention on the Transfer of Sentenced Persons）[34]が，重要な意義をもっている。[35] さらに，1985年の国連の「外国人受刑者の移送に関する模範協定」（Model Agreement on the Transfer of Foreign Prisoners）が存在する。[36]

受刑者の移送は，外国刑事判決の国際的効力について執行主義（principe de l'exécution）[37]にもとづいて，受刑者の社会復帰を図ることを目的として，その者の母国又は居住地国に移し，その国（引受国）の法律にもとづいて刑を執行する制度である。例えば，日本で詐欺の罪を犯したイタリア人が，犯行後，母国に逃亡してそこに現在する場合において，日本からイタリアに犯罪人引渡しの請求がなされたとき，（日本＝イタリアの犯罪人引渡条約は

存在しないのであるが）イタリアは,「裁判確定後, 当該受刑者を被請求国であるイタリアに移送する」との条件の下に引渡しの請求を応諾することが考えられる。この場合, 日本で裁判が行われるので, 事案の真相を明らかにするため, 共犯者との共同審理をするとか, 被害者参加の制度を活用することなども可能となる。

このように受刑者移送の制度が活用されるようになれば, 犯罪人引渡しが（引渡条約が締結されている国相互間においても）円滑に運用される可能性がある。

(33) 森下・国際刑事司法共助の研究（1981年, 成文堂）7頁以下をみよ。
(34) 1983年3月21日, フランスのストラスブールで締結された。わが国の公定訳は'sentenced persons'を「刑の言渡しを受けた者」と訳しているが, この訳語は正しくない。ここにいう'sentenced persons'は, 自由刑の言渡しを受けて刑事施設に収容されている者を指す。それゆえ, 刑の執行猶予とか罰金の言渡しを受けた者は, これに含まれない。
(35) 森下「ヨーロッパ理事会の受刑者移送条約」同・刑事司法の国際化（1990年, 成文堂）79頁以下。
(36) 森下・注(35)前掲書112頁以下。
(37) 執行主義は, 外国刑事判決の積極的効力を完全な形で認めて, 外国で確定した刑事判決を執行する方式である。森下・国際刑法の潮流（1985年, 成文堂）24頁, 67頁をみよ。

3　その他検討すべき課題

平成25年（2013年）版の犯罪白書（365頁）によれば, 2013年末日現在における国外逃亡犯罪人は, 総数818人であって, そのうち外国人が654人（約80％）である。そして, 2003年（平成15）から2012年（平成24）までの10年間に外国から引渡しを受けた逃亡犯罪人は22人（うち, 条約締約国との間によるものは, 19人）にすぎない。

そして, 2003年から2012年までの10年間に逃亡先の国で国外犯処罰規定が適用された件数は, 合計41件にとどまる。

このように犯罪人引渡し及び逃亡先の国における代理処罰の件数が少ないことは，基本的には赤手配（red notice）による国際捜査手配がほとんど行われていないこと起因するであろうが（本書第9章をみよ），国際犯罪の捜査及び国際刑事司法共助に関するわが国の法制上及び実務上の態勢が不備であることに大きな原因がある。この立遅れの克服に向けて全力を挙げて取り組むことが強く要請される。

第3節　純代理処罰主義

〔Ⅰ〕　はしがき

歴史的に見ると，代理処罰主義（principle of the vicarious administration of justice, Prinzip der stellvertretenden Strafrechtspflege）の考えは，つとに後期注釈学派によって説かれたようである。この原則を明確な形で説いたのは，「引き渡すか罰するかせよ」（*aut dedere aut punire*）の命題を唱えたグロティウス（Hugo Grotius, 1583-1645）を代表とする自然法学者であるといわれる。[38] 近代になって代理処罰主義は，特にスイスで支持されたようである。[39]

ところで，最近の外国文献によれば，代理処罰主義（principle of representation or vicarious jurisdiction）と呼ばれるものには，次の3つの形態がある。

第1形態（典型的な代理処罰主義）

これは，固有の裁判権〔刑法の適用〕を有する外国（例えば，犯罪地国）が裁判権を行使しない場合に，その外国に代わって，固有の裁判権を有する内国（例えば，犯人の国籍国）が補完的に裁判権を行使する制度である。[40] 従来，能動的属人主義にもとづく裁判権の行使が，この典型的な場合として論ぜられてきた。本章の冒頭で述べた事例，すなわち，日本で罪を犯したブラジル人が母国に逃亡した場合，日本政府の要請にもとづいてブラジルの裁判所が裁判を行ったのが，それにあたる。

第 2 形態（純代理処罰主義）

これは，刑法適用法の伝統的原則から生ずることのある不可避なすき間を埋めるため，犯人の現在する国が自国には固有の裁判権がないにもかかわらず，犯罪人引渡しが実施されないことを条件として，固有の裁判権を有する国に代わって，派生的に創設された内国の裁判権を行使する形態である（後述）。

第 3 形態（代理主義）

これは，犯罪地国が外国にいる犯罪人の引渡しを請求することはできないが，犯人を処罰したいという場合に，その犯人について内国刑法の適用がない国（犯人の国籍国又は居住地国）に請求して，自国に代わって処罰してもらう制度である。ここで対象とされるのは，通例，あまり重要でない犯罪，及び中程度の重要性をもつ犯罪，例えば，道路交通法違反の罪などである（後述）。

(38) Kohler, Internationales Strafrecht, 1917, S. 187.
(39) 森下「刑法適用法における代理処罰」同・注(37)前掲書 41 頁。
(40) 森下・注(11)前掲書 193 頁。

〔Ⅱ〕 純代理処罰主義の立法例

A イタリア刑法 10 条 1 項

1930 年の現行イタリア刑法典（ロッコ法典 Codice Rocco と呼ばれる）は，諸国に先がけて注目すべき規定を設けている。

第 10 条（外国における外国人の普通犯罪）

① 省略（条件付保護主義，受動的属人主義）
② 外国又は外国人の法益を侵害して犯罪（delitto）を犯し，次の各号にあたる場合には，犯人は，司法大臣の請求を待って，イタリアの法律に従って罰する。
　1 犯人がイタリア国内にいるとき。

2　無期又は3年以上の懲役にあたる犯罪に係るとき。
　3　犯罪人引渡しが許諾されず，又は犯罪地若しくは犯人の本国によって請求されなかったとき。

　これは，1889年のいわゆるザナルデリ刑法典（Codice penale Zanardelli）6条（外国人の国外犯）の規定を継受した純代理処罰主義の規定である[41]。
　例を挙げる。日本国内で殺人を犯したX（国籍いかんを問わない）が，イタリアに逃亡した。日本がイタリアにXの引渡しを請求しても，イタリアは，「Xが日本で死刑を科せられず，又は死刑を執行されないことにつき十分な保証が与えられない限り，引き渡さない」として，引渡しを拒絶する。死刑廃止国は，すべてこれと同様の態度をとる。日本政府は，そのことを十分承知しているので，当初からXの犯罪人引渡しの請求をしないこともある。いずれにしても，刑法10条2項3号の要件は充足される。
　そうなれば，Xは，死刑廃止国に逃亡すれば，処罰されないままに置かれることになる。そのようなことは，だれが見ても法の正義に反する。このような不都合を解決するために，イタリア刑法10条2項の規定は設けられた。
　これが，純代理処罰主義の規定である。そこには，一種の世界主義的な理念に相通じるものがある。著者は，1981年，ギリシャで開催された国際会議に出席した後，イタリア司法省を訪問した際，イタリアの法制度について種々の質問や意見交換をしたことがある。その際，著者が「刑法10条2項の規定のねらいはどこにあるか」を尋ねたところ，司法省の高官は，「それは，giudizio universale（最後の審判）だ。」と答えた[42]。

　B　ドイツ刑法7条2項2号
　1969年の第2次刑法改正によって改正された第7条（その他の場合における国外犯に対する適用）は，第2項第2号において，イタリア刑法10条2項と同趣旨の規定を設けている。
　ここで規定されている代理処罰主義（Prinzip der stellvertretenden Strafrechtspflege）は，ナチス時代の1940年ころから導入が試みられていたも

のである。

C その他の国の法制

純代理処罰主義を採用する国は，多くはないが，少しずつ増加する傾向にある。

立法例を挙げれば，1926年のトルコ刑法6条3項，1932年のポーランド刑法10条，1950年のチェコスロヴァキア刑法50条，1974年のオーストリア刑法65条などが，それである。中南米，東ヨーロッパ諸国などの立法例については，拙著『国際刑法の潮流』(1985年，成文堂) 48頁以下を参照していただきたい。

なお，エーラーの『国際刑法』第2版 (1983) には，純代理処罰主義を採用した多くの立法例が紹介されている。

(41) 森下・注(11)前掲書195頁をみよ。
(42) Vaticanのシスティナ礼拝堂の天井画にミケランジェロが描いた『最後の審判』(Giudizio Universale) は，この世の終りに神が下す最後の審判を意味する。それと同じような意味で，司法省の高官は純代理処罰主義の趣旨を説明したのであろう。
(43) Pappas, Stellvertretende Strafrechtspflege. 1996, Freiburg im Bresgau, S. 45.
(44) Oehler, Internationales Strafrecht. 2. Aufl., 1983, SS. 499-500.

〔Ⅲ〕 純代理処罰主義の問題点

最も問題である点は，世界のすべての国が純代理処罰主義を採用している訳ではないことである。日本もまた，この主義を採用していない。1992年制定のフランス刑法典でも，同様である。これは，日本もフランスも，刑法適用法に関する新しい国際的動向に眼を開いていないことを物語る。

エーラーによれば，アフリカ及びアジアでは，イタリア法の影響を受けたソマリアを除いて基本的に英米法とフランス法の影響を受けているために，純代理処罰主義は採用されていない。また，中南米諸国でも，ごく僅かの国を除いては，純代理処罰主義は採用されていない。

こうした立法例の現状に照らせば，例えば，日本で死刑にあたる罪を犯

して純代理処罰主義を採用していない国に逃亡した犯人は，逃亡先の国が死刑廃止国であるときには，結局，引渡しは行われないことが起こりうる。今日，世界の約3分の2の国で死刑が廃止されていて，その中には純代理処罰主義を採用していない国が数多く含まれていると思われる。

そうなると，それらの国は non-extradition-haven（犯罪人引渡しが行われない避難所）となる可能性がある。解決策としては，わが国も純代理処罰主義を採用することが望まれる。

(45) Oehler, supra note 44, S. 500.
(46) Oehler, supra note 44, S. 501.

第4節　代　理　主　義

〔Ⅰ〕　新しい原則の登場

第2次大戦後，代理主義（representation principle, principe de la compétence par représentation）と呼ばれる新しい原則が登場した。この原則がねらいとするところは，ある国（犯罪地国）が外国にいる犯罪人の引渡しを請求することはできないが犯人を処罰したいという場合に，その犯人について内国刑法の適用がない国（犯人の国籍国又は居住地国）に対し，自国に代わって処罰してもらうことである。ここで対象とされる犯罪は，あまり重要でない犯罪及び中程度の重要性をもつ犯罪，例えば，道路交通法違反などの罪である。

例えば，1964年のヨーロッパ道路交通犯罪処罰条約3条〔居住地国の裁判権〕は，「居住地国の当局は，犯罪地国の請求に基づいて，犯罪地国の領域内で犯された道路交通犯罪を訴追する権限を有する。」と規定する。ここに「訴追する権限を有する」（shall be competent to prosecute）とは，「訴追するための裁判権」を意味する。

(47) 犯罪が軽微であるため引渡犯罪に当たらない場合のほか，引渡犯罪には該当す

るが引渡請求するのが妥当でない場合も，これに含まれる。
(48) 森下「道路交通犯罪の処罰に関するヨーロッパ条約」同・国際刑法の新動向（1979年，成文堂）176頁。
(49) 森下・注(48)前掲書176頁。

〔Ⅱ〕 代理主義の法的性質

　上記のように「訴追のための共通裁判権」を設定しなければ，移動の自由が認められているヨーロッパ諸国の間では，外国人は，他国で無免許運転，駐車違反等をくり返しても（引渡犯罪に当たらないので），その犯罪地国を出てしまえば処罰されないことになる。そのことは，外国人については（道路交通法違反に関する限り）治外法権を認めるに等しい。それは，法秩序の維持の見地から許されるべきことではない。

　そこで，犯罪地国からの請求にもとづいて被請求国（犯人の居住地国）に固有の裁判権を設定させることとしたのが，**代理主義**である。この原則によれば，締約国の間に創設された**共通裁判権**（compétence commune）にもとづいて被請求国は裁判権を行使することができる。ドイツの学者は，この原則を裁判権配分主義（Kompetenzverteilungsprinzip）と呼んでいる。

　このように，代理主義は，第1形態の代理処罰主義とは本質的に異なる性質をもっている。代理主義は，犯罪防止に関する諸国家の連帯性に基礎を置いている。その意味で，代理主義は，——世界主義とは明白に差異をもっているものの——世界主義に近い一面をもっている。

　内国における外国人による犯罪がますます増加する事態にかんがみて，「将来は代理主義のものだ」という見解が，ドイツの有力な学者によって表明されている。わが国としても，こうした新しい世界的動向に注目する必要がある。

(50) Oehler, supra note 44, S. 138ff.
(51) Oehler, supra note 44, S. 438.

第8章　国際自由権規約第14条

第1節　序　説
第2節　規約第14条の訳文
第3節　規約第14条の注釈
第4節　弁護人選任権の告知

第1節　序　説

まえがき

〔Ⅰ〕　**自由権規約の成り立ち**

「国際自由権規約」又は単に「自由権規約」とは，「市民的及び政治的権利に関する国際条約」（The Internnational Covenant on Civil and Political Rights＝**ICCPR**）の略称である。正式名称が長いので，一般にはこの略称が用いられていて，国際条約集などには，正式名称に添えて，この略称が記載されている。

国際的には，上記の'ICCPR'（英語）が最もよく通用しているが，'Pacte ONU Ⅱ'[(1)]（仏語）が用いられることもある。

自由権規約（以下「**規約**」という。）は，1966年12月16日，国連第21回総会で採択され，1976年3月23日に効力を発生した。2012年12月現在における批准国の数は，167か国に達している。日本国については，1949年9月21日，効力が発生している。

規約の趣旨は，その前文に示されている。それを要約すれば，1948年の世界人権宣言（国連第3回総会で採択）を受け継いで，人類社会のすべての

構成員は固有の尊厳及び平等の，かつ奪うことのできない権利を享有していることを認める基本的立場に立って，「人権及び自由の普遍的な尊重及び遵守を促進すべき義務を国連憲章に基づき諸国が負っている」ことを考慮して協定されたものである。

この見地から，規約2条〔締約国の実施義務〕によれば，締約国は，「この規約において認められる権利を実現するために必要な立法措置その他の措置をとる」べき義務を負う（2項）。言いかえると，規約には拘束力があることになる。

規約には，2つの選択議定書（optional protocol）が存在する。第1選択議定書（1966年12月16日採択。1976年3月23日発効）は，人権委員会（Human Rights Committee＝HRC）に提訴を受理・検討する権限を付与したものである。なお，2006年3月15日の国連第60回総会において，人権委員会に代えて**人権理事会**を創設することが決議された。第2選択議定書は，「死刑の廃止を目指す」（Aiming at the Abolition of the Death Penalty）という名称が付けられていて，一般には**死刑廃止条約**と呼ばれている[2]。

(1) フランス語では，この規約の正式名称は，Pacte international relatif aux droits civils et politiques であって，略称は，Pacte ONU Ⅱである。
(2) 1989年12月15日の国連第4回総会で採択され，1991年7月11日に効力を発生した。しかし，日本は，まだこの条約に署名していない。

〔Ⅱ〕 刑事に関する人権の保障

A 条文の排列

規約は6部，53か条から成る。そのうち，第2部は，市民的権利及び政治的権利に関する諸規定から成っている。本書では，そのうち，刑事に関する基本的人権を扱った部分，すなわち，第6条から第15条までを概説することとし，その中で，第14条〔公正な裁判を受ける権利〕については，第2節で特別に論ずることとする。ただし，第9条〔身体の自由と逮捕抑留の要件〕は，第14条と密接な関係があるので，その訳文を掲げることとする。

第 6 条〔生命に対する権利,死刑〕
第 7 条〔拷問又は残虐な刑罰の禁止〕
(著者注釈) 本条第 1 文は,「何人も,拷問又は残虐な,非人道的な若しくは品位を傷つける取扱い若しくは刑罰を受けない。」と規定する。わが国には,死刑に代わるものとして文字どおりの終身刑(仮釈放なしの無期刑)を創設せよと論ずる者がある。しかし,終身刑は,本条の「残虐で,非人道的な刑罰」(cruel, imhuman……punishment)に該当すると解される。[3]
第 8 条〔奴隷及び強制労働の禁止〕
第 9 条〔身体の自由と逮捕抑留の要件〕
第 10 条〔被告人の取扱い,行刑制度〕
第 11 条〔契約不履行による拘禁〕
第 12 条〔移動,居住及び出国の自由〕
第 13 条〔外国人の追放〕
第 14 条〔公正な裁判を受ける権利〕
第 15 条〔遡及処罰の禁止〕

(3) 規約 10 条 1 項は,「自由を奪われたすべての者は,人道的に,かつ人間の固有の尊厳を尊重して取り扱われる。」と規定している。上記の規約 7 条は,この 10 条 1 項の規定によって補完されている。これが,HRC の見解である。cf. Joseph, Schultz & Castan, The International Covenant on Civil and Political Rights, 2nd., ed. 2005, Oxford, p. 209.〔9.21〕。この見解から,終身刑は,ICCPR に違反するという説が唱えられている。

B 第 9 条の条文
第 9 条〔身体の自由と逮捕・抑留の要件〕
1 すべての者は,身体の自由及び安全についての権利を有する。何人も,恣意的に逮捕され,又は抑留されることはない。
2 逮捕される者は,逮捕の時にその理由を告げられ,かつ,自己に対する被疑事実(charges)を速やかに告げられる。
3 被疑事実に因り逮捕され又は抑留された者は,裁判官又は司法権行使の

権限を法律により付与されているその他の官憲の前に速やかに連れて行かれるものとし，かつ，合理的期間内に裁判を受け又は釈放される権利を有する。裁判に付される者を抑留することが原則であってはならない。ただし，釈放については，裁判その他の司法上の手続のすべての段階における出頭及び時として裁判の執行のための出頭が保障されることを条件とすることができる。

4　逮捕又は抑留によって自由を奪われた者は，裁判所がその抑留が合法的であるかどうかを遅滞なく決定すること及びその抑留が合法的でない場合にはその釈放を命ずることができるように，裁判所における手続をとる権利を有する。

5　違法に逮捕され又は抑留された者は，賠償を受ける権利を有する。

　本条2項は，逮捕されるすべての者（anyone who is arrested）につき逮捕の時に（at the time of arrest）逮捕の理由を告げられる権利及び自己に対する被疑事実（any charges against him）を告げられる権利を保障している。この規定は，1950年の欧州人権条約5条2項と同趣旨のものであって，世界的に承認された権利を明記したものにほかならない。

　問題は，逮捕されない被疑者についてはどうなるか，である。それについては，規約14条3項に規定されている最小限保障を参照されたい（172頁以下）。

第2節　規約第14条の訳文

　わが国の公定訳は，いくつもの誤訳及び不適切な訳を含んでいる。その原因は，外務省の翻訳担当者が条文の内容を謙虚に検討することなしに，辞書の中の不適当な訳語を条文に当てはめたことにある。完璧な翻訳というものはありえないが，以下，著者なりに作った私訳を掲げる。

第14条〔公正な裁判を受ける権利〕
1　すべての者は，裁判所の前に平等である。すべての者は，その被疑事実

（criminal charge）の決定又は民事上の権利及び義務の争いについての決定のための，法律により設置された権限のある，独立かつ公平な裁判所による公正な公開審理を受ける権利を有する。報道機関及び公衆に対しては，民主的社会における道徳，公の秩序若しくは国の安全を理由として，又はその公開が司法の利益を害することのある特別な状況において裁判所が真に必要と認める限度において，裁判の全部又は一部を公開しないことができる。ただし，刑事事件又はその他の訴訟において言い渡される判決は，少年の利益のために必要がある場合又は夫婦間の争い若しくは児童の後見に関する場合を除くほか，公開する。

2 　犯罪の嫌疑を受けているすべての者（everyone charged with a criminal offence）は，法律に基づいて有罪とされるまでは無罪と推定される。

3 　すべての者は，その被疑事実の決定に当たり（in the determination of any charge against him），十分平等に，次に掲げる最小限の保障を受ける権利を有する。

　(a) その者の理解する言語で被疑事実（charge）の性質及び理由を告げられること。

　(b) 防御の準備のために十分な時間及び便宜を与えられ，かつ，自ら選任する弁護人と連絡すること。

　(c) 不当に遅延することなく裁判を受けること。

　(d) 自ら出席して裁判を受け，かつ，直接に又は自ら選任する弁護人を通じて防御すること。弁護人がいない場合には，弁護人を付される権利を告げられること。司法の利益のために必要な場合において，その者が十分な支払手段を有しないときは，自らその費用を負担することなく弁護人を付されること。

　(e) 自己に不利益な証人を尋問し，又はそれに対して尋問させること，並びに自己に不利益な証人と同じ条件で自己のための証人の出席及びその者についての尋問を求めること。

　(f) 裁判所において使用される言語を理解し又は話すことができない場合には，無償で通訳人の援助を受けること。

　(g) 自己に不利益な供述又は有罪の自白を強要されないこと。

4 　少年の事件においては，手続は，その者の年齢及び更生促進が望ましいことを考慮したものとする。

5 　有罪判決を受けたすべての者は，法律に基づいて有罪判決及び刑の言渡

しを上級の裁判所によって再審理される権利を有する。
6 確定判決により有罪とされた場合において，その後，新たな事実又は新しく発見された事実により誤審であったことが決定的に証明されたことを理由としてその有罪判決が破棄され又は赦免が行われたときは，その有罪判決の結果刑に服した者は，法律に基づいて補償される。ただし，その知られなかった事実が適当な時期に明らかにされなかったことの全部又は一部がその者の責めに帰せられることが証明される場合は，この限りでない。
7 何人も，それぞれの国の法律及び刑事手続に従ってすでに確定的に有罪又は無罪の判決を受けた行為について，再び裁判され又は処罰されることはない。

第3節　規約第14条の注釈

まえがき

第14条は，法の前の平等の権利及び公正な裁判を受ける権利（right to a fair trial）は，人権擁護の基本的要素であり，法の支配（rule of law）を実現する基準として機能するとの見地から，司法の適正を確保するために一連の具体的権利を保障している。

1　第1項〔裁判所の前の平等，公正な裁判，公開〕

〔I〕　第1項第1文〔裁判所の前の平等〕

「すべての者は，裁判所（courts and tribunals）の前に平等である。」[4]

ここにいう「裁判所」には，英語正文では，'courts and tribunals' という用語が充てられている。規約の一般的注釈（General Comment No. 32）[5] para 7 によれば，裁判所の前の平等は，第2項で言及されている（本来の）裁判所に適用されるだけでなく，国内法によって司法的機能が委ねられているいかなる司法的機関の場合であっても尊重されなければならない。

第2文において保障されている「裁判所の前の平等の権利」は，平等な

アクセスの原則（principle of equal access）と武器平等の原則（principle of equality of arms）をも保障しており，当該手続の当事者が一切の差別なく取り扱われることを確保するものである。言いかえると，裁判所にアクセスする権利及び裁判所の前の平等は，締約国の国民に限定されるものではなく，国籍の相違や国籍の有無を問わず，また，地位，人種，宗教等のいかんを問わず，締約国の裁判権に服するすべての者に保障されなければならない。これは当然のことではあるが，規約の注釈は，この点を強調している（para 9）。

(4) 公定訳は，"shall be equal"を「平等とする」と訳しているが，ここは「平等である」と訳すのが，妥当である。ちなみに，日本国憲法14条〔法の下の平等〕は，「すべて国民は，法の下に平等であって，……」と規定している。
(5) この HRC General Comment No. 32 は，2007年7月にジュネーヴで開かれた国連人権委員会 Human Rights Committee の第90回会期で採択されたものであって，第21回会期で採択された General Comment No. 13 に代わるものである。
(6) General Comment 32 para 8.

〔Ⅱ〕 第2文〔公平な裁判所，公正な裁判〕
A 民主社会の基本要素

公平な裁判所（fair trial）の裁判を受ける権利は，基本的人権に属する。'公平な裁判所'原則（'fair trial' principles）は，フランス革命以来，民主社会の本質をなすものとして，受け継がれてきたものである。

公開審理の原則（principle of a public trial）は，真正の民主的原則である。それゆえ，司法の独立は，権力分立の意味において保障されねばならない。公開審理の原則は，「個人及び社会全般の利益のための重要な保障」と見るべきものである。規約14条1項は，この立場から公平な裁判所による公正な公開審理を受ける権利を保障するものである。

B 「criminal charge の決定」の意義

ところで，第2文において問題となるのは，冒頭における"in the determination of any criminal charge"の意味である。公定訳は，これを「刑

事上の罪……の決定」と訳している。公定訳は，第9条〔身体の自由と逮捕抑留の要件〕第2項では 'charge' を「被疑事実」と訳しているのに，第14条2項では，同じ言葉が「刑事上の罪」と訳されている。そして，第3項においても，公定訳は，同じ "in the determination of any criminal charge" を「刑事上の罪の決定について」と訳している。このことは，後述するように（181頁以下），大きな誤解を生む根源となっている。

第1項第2文における**被疑事実の決定**（determination of any criminal charge）というのは，フランス語正文，すなわち，"décidera soit du bien-fondé de toute accusation en matière pénale dirigée contre elle" から明らかであるように，「その者にかけられている犯罪の嫌疑が十分証明されているかどうかを決定する」という意味である。それゆえ，有罪か無罪かの決定という意味ではない。

もともと，'criminal charge'（英），'accusation'（仏）という言葉は，——後述するように——広い意味で用いられているので，これを日本語で統一して訳すことは困難であるので，捜査段階，予審段階及び公判段階を通じて共通して用いられていることを理解することが，大切である。

第2文に規定されている権利は，犯罪の疑いをかけられているすべての者（everyone）に保障されている。それは当然の事理である。しかるに，"determination of any criminal charge" を「刑事上の罪の決定」と訳すと，第2項で保障されている無罪推定の権利も，さらに第3項で規定されている最小限保障を受ける権利さえも，公判段階にのみ認められるかのごとき印象を与える。現に，後述するようにわが国の捜査機関及び裁判所は，そのような限定的解釈を採っている（181頁以下）。そのように誤った限定解釈を生むに至った源は，'charge' の意味を理解していない公定訳にあると思われる。

C 公正な裁判を受ける権利

第2文で保障されている「公正な裁判」を受ける権利（right to a fair trial）は，民主社会の本質をなすものとして，フランス革命以来，歴史的発展をとげて今日では広く世界的承認を受けている。つとに1948年の世界人権

宣言は,「公正な裁判」原則 (principle of a 'fair trial') を掲げている (10 条, 11 条)。自由権規約 (ICCPR) は, それを受け継いだ。

　注釈によれば,「公正な裁判」という概念には,「公正な公開審理の保障」(guarantee of a fair and public hearing) が含まれる。手続の公正とは, いずれの方面からであれ, また, いかなる動機からであれ, 直接又は間接の影響, 圧力又は脅迫・干渉がないことを含意している (para 25)。

　裁判は, 原則として口頭により公開で行われなければならない。審理の公開性 (publicity of hearings) は, 手続の透明性を確保し, それによって個人及び社会全体の利益を守る重要な手段を提供するからである。もっとも, 一定の場合には裁判所が真に必要と認める範囲内で, 裁判を公開しないことがある。

(7)　cf. Safferling, Towards an International Criminal Procedure, 2001, Oxford, p. 22.
(8)　cf. Safferling, op. cit., p. 226.
(9)　HRC〔国連人権委員会〕, General Comment 32 (Article 14), para 3.

2　第 2 項〔無罪の推定〕

　第 2 項は, すべての者 (everyone charged with a criminal offence) は, 法律に基づいて有罪とされるまで無罪と推定される権利 (right to be presumed innocent) を有する旨, 規定する。「無罪の推定」は, 人権擁護の根本をなすものであり, 罪を立証する責任を検察に負わせ, 合理的疑いを容れない程度に罪が立証されるまでは有罪の確定はできないことを保障している。

　この原則は, ラテン語の "*in dubio pro reo*" のスローガンで示されている。ところで, このラテン語は, わが国では一般に「疑わしきは被告人の利益に」と訳されている。この邦訳によれば, 被疑者の段階では無罪推定の原則は適用されないのか, という問題が生ずる。しかし, ラテン語の 'reo' は単に「犯人」を意味する。言いかえると, **無罪推定の原則は, 捜査機関による捜査の第 1 段階から適用される**。この点を明確に論ずるのは, ザファリング教授 (ミュンヘン大学) である。なぜなら, 公判段階になって初めて無罪

の推定がなされるとすれば,時すでに遅し,ということが起こりうるからである。犯罪の容疑をかけられている「すべての者」(everyone) という文言は,この意味に理解されるべきである。わが国の学界と実務界は,このことを銘記しなければならない。

ところで,規約の注釈は,14条2項は「persons accused（被疑者・被告人）がこの原則（無罪推定の原則）に従って取り扱われることを要求している」と述べている (para 30)。無罪の推定は被疑者の段階から保障されてこそ本来の意味をもつことを,HRC（人権委員会）は,認識しているのである。このことからして,英語の'person accused'と'person charged with a criminal offence'とは,フランス語の'personne accusée d'une infraction pénale'と同様に,被疑者と被告人とを含めた意味に用いられているのである。

(10) Safferling, supra note 7, p. 67.

3　第3項　最小限保障を受ける権利

〔I〕　被疑事実の決定に際しての権利

第3項は,被疑事実 (criminal charge) の決定について最小限の保障 (minimum guarantees) を受ける権利として(a)号から(g)までに掲げる7種類の権利をすべての者について明記している。ここにいわゆる「**最小限の保障を受ける権利**」とは,すべての者が少なくともこれだけは保障を受ける権利を意味する。「**すべての者**」とは,被疑者であると被告人であるとを問わず,また,身柄を拘束されていると否とを問わず,犯罪の容疑をかけられているすべての者をいう,と解される。そうでなければ,「最小限保障」の名に反することになるからである。

しかるに,公定訳は,14条3項における"determination of criminal charge"を「刑事上の罪の決定」と訳している。この訳語には,「刑事責任の決定」(determination of criminal responsibility) を意味するかのような誤解を与えるおそれがある。果たせるかな,その危惧が的中する判決が出た。

横浜地裁川崎支部判決（2010.9.2）が，それである（181頁）。

ここでは，'criminal charge' の意味の理解が，重要である。そもそも，'charge' という言葉は，実に多義的に用いられている。この語は，俗ラテン語で「荷を積み込む」の意であって，辞書には，非難，告訴，告発，問責のほか，保護，管理，担任，電荷，充電などの意味が載っている。わが国でも，日常の社会生活において IC カードのチャージ（入金），バッテリーのチャージ（充電）の場合などに用いられている。

規約が —— 世界人権宣言における例にならって —— 'criminal charge' という文言を用いたのは，civil charge から明確に区別するためであったと思われる。公定訳は，9条2項で 'charge' を「被疑事実」と訳しているのであるから，14条についても同様に「被疑事実」と訳せば，上述のような誤解は生じなかったであろう。

私見によれば，'determination of criminal charge' は，「**被疑事実の決定**」と訳すべきであり，また，「決定」は *prima facie* evidence（一応の証拠）の存在の確認を意味すると解するのが，妥当である。[12]

(11) 規約の注釈は，この趣旨のことを各所で述べている。cf. Joseph, Schultz & Castan, The International Covenant on Civil and Political Rights, 2nd. ed., 2005, Oxford, pp. 428, 437.
(12) 森下「弁護人選任権の告知」判例時報 2041 号（2009.7.21）38 頁。

〔Ⅱ〕 **各種の権利**

(a) 被疑事実を告げられる権利

この権利の保障は，身柄を拘束されていない者の事案を含むすべての被疑事実に適用される。[13] 告知は，口頭又は書面ですれば足りるが，その内容は，その罪の根拠となる法律と被疑事実との両者を含んでいなければならない。

(b) 防御の準備をする権利，弁護人と連絡する権利

この規定は，公正な裁判を保障するための重要な要素であり，また，武器平等の原則を適用するものである。防御の準備のためには「十分な時間」

(adequate time) と「十分な便益」(adequate facilities) が与えられねばならない。ここにいう「十分な便益」には，文書その他の証拠へのアクセスが含まれなければならず，このアクセスには，検察側が法廷で被告人の罪を立証するために提出する予定のもののほか，被告人の無罪につながるものなどのすべての資料が含まれていなければならない (para 32, 33)。

弁護人と連絡する権利 (right to communicate with counsel) というのは，わが国でいわれている接見交通権を意味するのであろう。この権利には，(i)弁護人への速やかなアクセスを許可されること，(ii)弁護人は立会人なしに接見すること，及び(iii)連絡の秘密が十分に尊重される状態でなされることが含まれる。

(c) 不当に遅延することなく裁判を受ける権利

なにが合理的な裁判期間であるかは，事実の複雑さ，被告人の行為等，諸般の事情を総合して判断される。c号は，第一審であるか上訴審であるかを問わず，あらゆる審級の裁判が「不当に遅延することなく」行われることを要求している。

(d) 弁護人選任権，その権利を告げられる権利

d号には，**3つの異なる権利の保障**が含まれている。

第1. 被告人が自ら出席して裁判を受ける権利

これは，一般に認められている当然の権利である。ただし，被告人がこの権利の行使を辞退した場合には，例外が認められる。

第2. 防御権及びこの権利を告げられる権利

ここでは，2種類の権利が含まれている。その1は，自身で防御する権利 (right to defend themselves in person) である。ただし，弁護人なしに直接に防御する権利は，絶対的なものではない。一定の裁判の場合には，司法の利益のために被告人の意志に反して弁護人を付することが必要である。

その2は，防御権の告知を受ける権利 (right to be informed the right of defending) である。

第3. 弁護人がいない場合には，自らその費用を負担することなく弁護人を付される権利 (right to have legal assistance assigned)

規約14条3項(d)は，これら3種類の権利があることを告知される権利を被疑者につき最小限の保障を規定しているのである。この点につき，わが国では十分な認識がなされていないので，本章第4節において若干の所見を述べる（178頁以下）。

(e) 証人尋問権

証人尋問権（right to examine or have examined the witness）は，武器対等の原則の適用の1つとして保障されている権利である。しかし，この規定は，無制限な権利を保障するものではなく，防御に関連性を有する証人の出席を求め，手続の一定の段階で自己に不利益な証人を尋問し，弾劾する適切な機会が与えられる権利を保障しているにすぎない（para 39）。

(f) 無償で通訳人の援助を受ける権利

ここでは，裁判所で使用される言語を理解し，又は話すことができない場合に無償で通訳人の援助を受ける権利（right to have the free assistance of an interpreter）が規定されている。この権利は，刑事手続における公正さの原則と武器平等の原則の，他の1つの側面を具現するものである。この権利は，外国人にも自国民にも適用される（para 40）。

(g) 不利益な供述又は有罪の自白を強要されない権利

この規定は，日本国憲法38条1項が「何人も，自己に不利益な供述を強要されない。」と規定しているのと，同趣旨のものである。この権利を実効性のあるものとするため，わが憲法36条は，「公務員による拷問……は，絶対にこれを禁ずる。」と規定するとともに，38条2項は，強制・拷問等によって得られた自白の証拠禁止を規定している。

自由権規約7条は，拷問又は残虐な刑罰の禁止を規定している。それゆえ，拷問等によって取得された証拠は，証拠能力を禁止される。拷問，非人道的取扱いを受けない権利は，絶対的な権利（absolute rights）の1つであるので，その権利を侵害して得られた証拠は，その拷問等が行われた証拠として使用される場合を除いて，証拠能力を禁止される（para 41）。

(13) 規約注釈（para 31）によれば，a号に掲げられている権利は，身柄を拘束され

ていない者の事案を含む,すべての被疑事実の事案に適用される。そのことは,最小限保障の趣旨からも導き出される。このことは,d 号(弁護人選任権の告知)に関しても同様の理が妥当する。後述 180 頁をみよ。
(14) 「絶対的な権利」という記述は,規約 7 条の注釈にも明確に示されている。cf. Josepgh et al., supra note 11, p. 195, [9.01] 拷問等を受けない権利は,「国際的に承認された人権」(internationally recognized human rights) に属するので,その人権を侵害して取得された証拠に証拠能力が認められないのは,当然の帰結である。ローマ規程 67 条 7 項及び森下・国際刑事裁判所の研究 175 頁をみよ。

4 少 年

第 4 項は,少年事件の手続において考慮すべきことを規定している。それによれば,規約 14 条に基づいて成人に与えられるものと同一の保障と保護を受けるのに加えて,少年には特別な保護を必要とする。締約国は,少年がその年齢にふさわしい取扱いを受けることを獲得するために,適切な少年刑事司法制度を確立する措置をとるべきである。

適当と認められる場合には,罪を犯した少年の更生促進のために,加害者と被疑者との間の調停,加害者の家族との話合い,カウンセリング,教育プログラムなど,刑事手続以外の措置が検討されるべきである(注釈 para 42〜44)。

5 上級裁判所による再審理

第 5 項は,有罪判決を受けたすべての者(everyone convicted of a crime)は法律に従って(according to law)上級裁判所によって再審理される権利を有する旨,規定している。「法律に従って」という表現は,上級裁判所による再審理がどのような形で行われるかの決定,及びどの裁判所が再審理を行う責任を有するかに関するものである(para 45)。

注釈によれば,第一審の裁判所による判決が終審とされる場合(if the decision by the court of first instance is final)は,第 5 項違反となる(para 47)。これによれば,陪審裁判又は参審裁判の判決につき上訴を認めないことは,

これに該当するであろう。[15]

　上級審による再審理を受ける権利は，証拠の十分性と法律とに基づいて手続が事案の性質を適切に考慮に入れているかなど，有罪判決と刑の言渡しとを実質的に (substantively) に再審理する法制を整備すべき義務を締約国に課するものである。ここにいわゆる「実質的に」とは，有罪判決の形式的又は法的側面に限定された，事実の検討を全く伴わない再審理では不十分である，という意味である。[16]

　注釈は，上訴の権利は死刑の事案では特に重要であることを指摘している (para 51)。しかし，上訴を義務づけることまで要求されてはいない。

(15)　欧州人権条約第7議定書 (1984年11月22日) 2条 (刑事における上訴の権利) は，裁判所により有罪判決を受けたすべての者につき，上級の裁判所によって再審理される権利を規定している。規約の注釈は，そのことを十分意識していると思われる。

(16)　ただし，完全なやり直し裁判又は "hearing"（審理）までも要求するものではない。cf. para 48.

6　誤審の事案における補償

　有罪の確定判決により刑に服した者は，その後，誤審 (miscarrige of justice) であることが決定的に証明された場合には刑事補償を受ける。ただし，その知られなかった事実の全部又は一部が適時に (in time) 開示されなかったことの責任がその者に帰せられることが立証されたときは，この限りでない。この場合，立証責任は，国側にある (para 53)。

7　一事不再理

　第7項は，一事不再理の原則 (principle of *ne bis in idem*) を具体的に定めている。この規定は，イタリアと日本の提案にもとづいて規約に取り入れられたものである。[17]

　問題は，一事不再理の国際的適用[18] (international application of double

jeopardy) が認められるか，である。これにつき，規約の注釈は，次のように述べている。「これ（14条7項の禁止）は，2つ以上の締約国が裁判権を有する場合に関して一事不再理を保障するものではない。しかしながら，この理解は，国際条約によって同一の犯罪について再度の裁判を防止しようとする締約国の努力を阻害するものであってはならない。」[19]

- (17) Safferling, supra note 7, p. 320.
- (18) Safferling, ibid. は，この問題を取り上げている。それによれば，オランダで麻薬犯罪により，有罪判決を受けた者が刑に服した後，ドイツに帰り，オランダで言い渡された刑よりも重い刑に処せられた事例につき，欧州人権裁判所は，一事不再理の適用を認めなかった。cf. ECommHR s v Germany Decision 13 December 1983 Appl. No. 8945/80, 39 DR, 43.—cf. Safferling, supra note 7, p. 321 subnote 12.
- (19) ローマ規程20条3項は，一事不再理の国際的適用を明記している。

第4節　弁護人選任権の告知

1　日本法の不備

憲法34条は，「何人も，……直ちに弁護人に依頼する権利を与えられなければ，抑留又は拘禁されない。」と規定し，また，刑事訴訟法30条1項は，「被告人又は被疑者は，何時でも弁護人を選任することができる。」と規定している。しかるに，司法警察員が被疑者に「弁護人を選任することができる旨を告げ」るべき義務を課せられているのは，その被疑者が逮捕されているときだけである（刑訴203条1項。なお，76条，204条，211条，216条参照）。

これによれば，身柄を拘束されていない被疑者は，弁護人選任権のあることを告知されないまま，捜査官から被疑事実について取調べを受け，時には不任意の自白を強要され，又はひどいいじめを受けることがある。一般人の多くは，すべての被疑者に弁護人選任権があることを知らない。そ

こに取調官は，つけ込むのである。

　現に，その事例が発生した。それについて，著者は，判例時報2007号(2008.8.21) 記載の拙稿「取調べの可視化」で「ひどい神奈川県警」の事例として，論じた。その事案は，2007年12月末の夜，ある女性（当時，72歳）ががんにかかって入院前の姉の家に自転車に乗って看病に行ったところ，運悪く自転車がパンクしたので，路上に2か月も放置されていた自転車（かぎは掛かっていなかった）に乗り（翌朝，元の場所に戻すつもりであった），帰宅しようとした。このことを知った川崎警察署のK巡査部長が，数日後，彼女を本署に連行し，「お前は，泥棒だ」と言って，18時10分ごろから翌朝2時ごろまで，延々と執拗な取調べをし，指紋・写真をとり，調書を作成した。その挙げ句，「微罪処分だ」と言って，彼女を釈放した。

　K部長は，黙秘権・供述拒否権のあることを彼女に告知せず（刑訴198条2項の違反），また，弁護人選任権のあることも告知しなかった。

　後日，著者は，原告訴訟代理人となって，神奈川県を相手取って国家賠償請求訴訟を，無報酬で横浜地裁川崎支部に提起した。神奈川県警の一貫した人権無視の行動及び無礼千萬な応対は許しがたい，と感じたからである。被告の指定代理人をつとめる神奈川県警察本部の監察官らは，「逮捕されていない被疑者に弁護人選任権があることを告知すべき法的義務はない。」と突っぱねた上，「警察側が原告に対して謝罪することは，一切しない。」と言って，傲慢な態度をとり続けた。[20]

(20) この訴訟では，被告側は，「放置自転車を後日元の場所に返すつもりであったとしても，その自転車に乗った時点で直ちに占有離物横領罪が成立する。落ちていた物を拾得すれば，直ちに本罪が成立するからである」と主張した。この見解の不当であることにつき，森下「占有離脱物横領罪」判例時報2113号(2011.7.21)を参照。

2　自由権規約14条3項d号の法意

　本件訴訟の原告代理人（著者）は，国際自由権規約14条3項d号（167頁

をみよ）を根拠として，同規約は当事国であるわが国についても拘束力があり（規約2条2項参照），しかも，14条3項にいわゆる「すべての者」(everyone) とは，被疑者であると被告人とを問わず，また，拘束されていると否とを問わず，刑事手続の対象とされているすべての者を意味する[21]のであるから，本件被疑者の取調べにあっても，弁護人選任権のあることを告知すべきであった，と主張した。原告の主張は，数次にわたる準備書面とそれに添付した外国文献（日本訳付き）によって，くりかえし明確に展開された。

すでに述べたように，自由権規約14条3項は，犯罪の容疑をかけられているすべての者（身柄を拘束されていると否とを問わない）に与えられる最小限保障を規定しているのであるが，その中の1つとして弁護人選任権のあることを告知される権利が規定されている（3項d）。

HRC（国連人権委員会）の委員らが共同執筆した注釈書（これは，国際的基準書とされている）によれば，14条3項dの規定は，だれかが罪の容疑をかけられた時，直ちに適用される[22]。仮に，逮捕又は抑留された時点で初めて弁護人選任権の告知を受けたとすれば，すべての者に与えられている最小限保障は，事実上，骨抜きにされることになるであろう。

外国の有力な学説は，前記の私見を支持するものとなっている。

ローマ規程（ICC規程）55条（捜査段階における人の権利）2項は，捜査段階にある人（被疑者，参考人ら）が有する権利を列挙するとともに，その旨を尋問に先立って告げるべきことを規定している[23]。これにつき，ホール教授は，次のとおり述べている[24]。

「被疑者の弁護人選任権を意味あるものとするためには，その被疑者は，身柄を拘束されていると否とを問わず，尋問されるときには，弁護人に相談することができなければならない。ローマ規程55条2項c前段は，被疑者が自己の選択する弁護人の弁護を受ける権利を告知される権利を有することを規定している。この規定は，自由権規約14条3項dで認められている権利と全般的に合致する。」

ドイツのザファリング教授も，同様の見解をその著書で表明している[25]。

文明国の立法例によれば，自由権規約14条3項dの規定の趣旨は，すでに刑事訴訟法に取り入れられている。例えば，ドイツ刑訴136条（最初の尋問），フランス刑訴114条（1993年法律2号による改正），イタリア刑訴350条（捜査対象者の簡易陳述）などが，それである。

- (21) Joseph et al., supra note 11, p. 428.
- (22) Joseph et al., supra note 11, p. 437.
- (23) 森下・国際刑法の新しい地平126頁以下。
- (24) Hall, in：Triffterer（ed.）, Commentary on the Rome Statute of the International Criminal Court, 1999, Nomos, p. 732.
- (25) Safferling, supra note 7, p.

3　わが国の裁判所の誤判

A　横浜地裁川崎支部の判決

上記の国家賠償請求訴訟につき，横浜地方裁判所川崎支部（裁判長　酒井正史）は，2010（平成22）年9月2日，被告の主張をほぼ全面的に認めて，原告敗訴の判決をした[26]。いわく，

　　国際自由権規約14条3項は，「すべての者は，その刑事上の罪の決定について，十分平等に，少なくとも次の保障を受ける権利を有する。」と規定するものであり，微罪処分は刑事上の罪を決定するものではないから，国際自由権規約14条3項に基づく保障は及ばないのであって，同条項についての原告の主張は独自の解見であって採用することはできない。

だが，この判決は，規約14条3項の冒頭の文言である"In the determination of any criminal charge"を「刑事上の罪の決定について」と訳した公定訳の文言を金科玉條のごとく受け取り，それを出発点としている点において，根本的な誤りを犯している。上記の英語は，「被疑事実の決定に当たり」という意味であって，外国の有力学者の見解によれば，この文言

箇所は被疑事実について一応の証拠（*prima facie* evidence）が存在するかどうかを決定するにあたり，という意味である（173頁を見よ）。したがって，原告訴訟代理人（森下）が準備書面等においてくり返し主張したところは，「独自の見解」などと言われるべきものではない。

　ちなみに，自由権規約のフランス語正文によれば，14条3項の冒頭箇所（いわゆる帽子　chapeau）は，次のとおりである。

　3　犯罪の容疑を受けているすべての者は，十分平等に，少なくとも次の保障を受ける権利を有する。
　3　Toute porsone accusée d'une infraction pénale a droit, en pleine égalité, au moins aux granties suivantes.

　規約58条〔正文〕によれば，「この規約は，中国語，英語，フランス語，ロシア語及びスペイン語をひとしく正文とし」ている。英語だけが正文とされているのではない。ましてや，条文の解釈に疑義があるときは，──フランス語が言語として正確であるので──フランス語正文によるというのが，国際慣行になっていると伝えられる。規約14条3項には「刑事上の罪の決定において」という文言は，どこにもない。フランス語正文にあっては，14条2項も3項も，「犯罪の容疑を受けているすべての者」という文言で始まっている。フランス語正文における"toute personne accusée"とは，「容疑〔嫌疑〕を受けているすべての者」という意味である。それゆえ，被告人を意味するのではないし，また，「すべての者」というのは，身柄を拘束されていると否とを問わないのである。このことの確認は，重要な意味をもっている。

　上記の横浜地裁川崎支部の判決は，原告代理人が国際的に承認された権威ある解釈に基づいて所論を述べたにもかかわらず，「独自の見解」であるとして，いとも簡単に斥けた。このことは，わが国の裁判官が国際刑事法についていかに不勉強であるかを如実に物語るものである。もともと，民事の裁判官には，国際刑事法の理論を理解する能力と意欲が欠けていたと

思われる。

　自由権規約に規定されている最小限保障を遵守すべきことは，今日，**国際的な 'erga omnes obligation'（すべての人の守るべき義務）**とされている。自由権規約は，すべての締約国について法的拘束力をもっている。しかるに，わが国の刑訴法は，身柄を拘束されていない被疑者について弁護人選任権を告知することを捜査機関に義務づけていない。このことは，わが国が人権後進国であることを物語る。

　横浜地裁川崎支部は，「微罪処分は，刑事上の罪を決定する手続ではないから，弁護人選任を告知するに及ばない。」旨の判決をした。この判決は，①「刑事上の罪の決定」という公定訳の誤訳を信奉する立場から出発した点，②「すべての者」という文言の意味を理解していない点，さらに　③微罪処分の現実の扱いを知らない点において，不勉強かつ不公正な判断をしたものとして批判されている。

　微罪処分は，例えば，漫画の本を 1 冊万引した事件のように，最初から事件の軽微性が明白な場合だけに行われるものではない。逮捕すべきと思われる事件であっても任意捜査によって取調べを続けていたところ，被害者との間で和解が成立したので，微罪処分として事件処理をするなどということもありうる。また，当初から微罪処分相当と思われる事件にあっても，取調べを受ける被疑者（多くの者は，弁護人選任権のあることを知らない）にとっては，"これから，どうなるか"と，ショックを受けているのが，通常である。これらのことを考慮すれば，自由権規約 14 条 3 項で規定されている最小限保障がいかに重要な意義をもつかが理解されるはずである。

　ましてや，刑事手続においても均衡性の原則（principle of proportionality）が適用される。このことは，近時，外国の文献で，指摘されているところである。[27]

　B　東京高裁の誤判

　上記の横浜地裁川崎支部の判決につき，原告は，控訴した。控訴理由書で第一審判決の誤りをするどく指摘した。

　しかるに，東京高裁民事 16 部（裁判長　奥田隆文）は，2010（平成 22）年

12月21日，原判決をほぼ全面的に是認し，次のように控訴棄却の判決を下した。

「国際自由権規約14条3項に基づく保障は本件のような微罪処分手続には及ばないとする捜査実務に基づき，本件取調べに当たっても，控訴人に対して弁護人選任権を告知しなかったことをもって違法と判断することはできない。」

この判決もまた，自由権規約の法意を理解していない。東京高裁は，「捜査実務」が誤っていることを指摘して，*erga omnes* obligation（すべての人の守るべき義務）の実現を図るべきであるのに，不勉強のまま，原審救済の判決をしたのである。こうして'人権後進国日本'と呼ばれる状態は，いつ終止符が打たれるとの目途もなく，なおも続けられることになった。

裁判官は，人権感覚を呼びさまして，国際刑事法の理論と実務を勉強すべきである。

(26) 森下「国際自由権規約14条3項」判例時報第2116号（2011.8.21）をみよ。
(27) Safferling, supra note 7, pp. 314–315.

第 9 章　国際赤手配と仮拘束

はしがき
第 1 節　国外逃亡被疑者等
第 2 節　憲法における令状主義の保障
第 3 節　犯罪人引渡しとの関係
第 4 節　赤手配にもとづく仮拘束
第 5 節　国際刑事協力における相互主義
結　語

はしがき

　犯罪白書（昭和 25 年版）によれば，2012 年末現在，国外逃亡被疑者等（日本国で犯罪を行い，国外に逃亡している者及びそのおそれのある者）は，外国人が 654 人で，日本人が 164 人，合計 818 人であった（305 頁）。そのうち，凶悪犯は 30.9％を占めている。

　2012 年末現在における国外逃亡被疑者（日本人を含む）の人員を，その推定逃亡先の国・地域別に見ると，中国（香港等・台湾以外）210 人，ブラジル 80 人，韓国 53 人，フィリピン 53 人の順であった（犯罪白書 305 頁）。

　上記の国外逃亡者は，日本国内で罪を犯した者であるので，刑法の適用（裁判権）は属地主義にもとづいている。このほか，理論的に言えば，日本国外で罪を犯した者についても，保護主義（刑法 2 条），属人主義（刑法 3 条，その 2）などに基づいてわが国の刑事裁判権の対象とされることのある日本人及び外国人がいる訳である。これらの国外逃亡犯罪人についても，わが国としてはわが国で裁判を行って，その者らの刑事責任を問う必要性の大きいことがある。例えば，国外から人を教唆して日本国内で犯罪を行

わせる首謀者，黒幕のごときが，その最たる者である。それらの犯人についても，国外逃亡者の場合におけると同じく，まず，犯人の所在を確認し，身柄を確保してもらうことが，先決である。身柄が確保されたときは，犯人の所在国に対して日本から犯罪人引渡しの請求がなされ，以後，犯罪人引渡しの手続に進むことになる。

　ここで最も重要なことは，日本のどの国家機関が，どのような手続によって犯人所在国（所在すると推定される国を含む）に対して犯人の身柄確保の要請をするかである。

　以下，この問題を考察するについて，(1)国際刑事警察機構，(2)国際手配，(3)赤手配と仮拘束，および(4)国際刑事裁判所規程における仮拘束について検討する。

第1節　国際刑事警察機構（Interpol）

1　Interpol

　国際刑事警察機構（International Criminal Police Organization＝ICPO）は，1914年以降の沿革を経[1]，1956年にICPO憲章にもとづいて設立された。Interpol[2]（ICPOの通称）は，政府間機関としての性格をもつものとして国際的に認められている。国連の経済社会理事会は，1971年5月20日，Interpolを政府間機関と認める決定をした。

　Interpolの本部は，フランスのリヨンにあり（かつては，パリ郊外にあった），2013年現在，190か国（地域を含む）が，これに加盟している（日本は，1952年に加盟）。

(1)　1914年にモナコ大公の招請にもとづいて開催された第1回国際刑事警察会議に起源をもち，1923年に創設された国際刑事警察委員会（ICPC。本部は，ウィーンに置かれた）を経て，1956年にInterpolが設立された。

(2)　国際刑事警察機構は，英語の略称はICPOであるが，**国際的には 'Interpol' の略称が通用している**。条約の条文でも 'Interpol' の表現が用いられている。例え

ば，ヨーロッパ犯罪人引渡条約 16 条など。

2　国際手配書

〔Ⅰ〕　**国際手配書の種類**

　Interpol は，各加盟国の国内法の範囲内で，(a)すべての刑事警察間における最大限の相互協力を確保・推進するとともに，(b)犯罪の予防と鎮圧のための制度を確立し，発展させることをその目的としている。

　その活動の一環として，**国際手配書**（international notice）の発行がある。国際手配書には，次の 7 種類がある。

1　国際拘束手配書（**赤手配書**　red notice）
　　引渡請求を行うことを前提として加盟国の司法当局又は国際裁判所に逃亡犯罪人の身柄の拘束（arrest）を求めるもの
2　国際情報照会手配書（**青手配書**　blue notice）
　　国際犯罪者の所在・身元・犯罪経歴等に関する情報を求めるもの
3　国際防犯手配書（**緑手配書**　green notice）
　　公共の安全に対する脅威の可能性があるとみなされるとき，その者に関する犯罪活動について警告するもの
4　国際行方不明者捜索手配書（**黄手配書**　yellow notice）
　　行方不明者を捜索し，又は身元不明者の身元を特定するもの
5　国際身元不明死体手配書（**黒手配書**　black notice）
　　自国内で発見された身元不明死体につき通報して，その身元を照会するもの
6　武器等警告手配書（**オレンジ手配書**　orange notice）
　　人又は財産に対する急迫の脅威又は危険を表す催し，人，物体又は過程（process）を警告するもの（注）

　　　（注）　これは，2004 年に新設された手配書である。

7 国際特殊手口手配書（紫手配書 purple notice）
　　特殊な事件・手口につき通報して，各国警察の注意を促し，また，関連情報を照合するもの

これら7種類の手配書について，それぞれ色別の名称（例えば，赤手配書）が付けられているのは，各手配書の右上に，赤，青などの色が印刷されて付いているからである。

なお，これら7種類の手配書のほかに，次のものがある。

　Interpol＝国連安保理特別手配書（Interpol-United Nations Security Council Special Notice）
　　個人又は団体（entity）が国連の制裁を受けることをInterpolの加盟国に通報するもの

以上の手配書のうち，最もよく知られているのは，赤手配書であって，それは今日用いられている国際逮捕状（international arrest warrant）に最も近い文書（the closest instrument）である。

〔Ⅱ〕 国際手配書を発する場合

A　Interpolが国際手配書を発する場合としては，次の2つがある。
　(1)　Interpol自身の判断による場合
　(2)　加盟国の国家中央事務局（National Central Bureau＝NCBからの要請にもとづいてInterpol事務総局が発する場合，又は国連や国際刑事裁判所（ICC）などの特定の国際団体からの要請にもとづいてInterpol事務総局が発する場合

B　このほか，Interpol事務総局を介さない方法がある。それは，各国NCBが，事務総局を介することなく，直接，他国のNCBに宛てて，国際手配書を発するものである。この方法によるかどうかは，各国NCBが各事案ごとに判断した裁量による。手配書を発する方法は，Interpol専用の無線網加入NCB宛て，特定地域NCB宛て，又は特定NCB宛て，のいずれかによって行うことができる。この方法によれば，Interpol事務総局を介する方法によるものに比べて極めて迅速な手配が可能である。特に，電

信による赤手配は，逃亡犯罪人の身柄拘束のための「緊急手続」と呼ばれており，Interpolにおいて頻繁に行われている。

手配書は，Interpolの公用語，すなわち，英語，フランス語，スペイン語及びアラビア語のいずれかによって発せられる。

〔Ⅲ〕 国際手配書の発行件数

赤手配の方法には，次の2つがある。

A　これは，**緊急手続による手配**であって，(i)発信国のNCBがその裁量により必要と認める宛先国のNCBに発する場合と，(ii)Interpol無線局を有するNCBのすべてを宛先とする無線，いわゆる無電斉報(diffusion)とがある。

B　赤手配書による手配

これは，Interpol事務総局が手配国のNCBからの依頼を受けて各事案ごとに審査した後に所定の様式により発し，各NCBあてに送付するものである。

手配書の発行件数は，手ごとに増加する傾向にある。インターネットで検索したところでは，次のとおりである。

手配書の発行件数（第1表）

	2011年	2012年
赤	7,678	8,136
青	705	1,085
緑	1,132	1,477
黄	1,059	1,691
黒	104	141
オレンジ	31	31
紫	8	16
Total	10,717	12,577

Interpolが2011年と2012年において発した手配書の数を手配書の種類ごとに示せば，第1表のとおりである。

ところで，2012年末現在，「有効に通用している手配書」[5]（notices in circulation）は，46,994通である。

2011年に有効に通用していた手配書にもとづいて身柄を拘束された者の数は，7,958人に達した（インターネットによる）。このように身柄拘束の件数が多いことは，赤手配書が実際に高い成果を挙げていることを物語るであろう。

Interpolは，その機能を果たすために専用の通信網をもっている。この通信網は，上記の国際手配制度と切り離せない関係にある。通信は，無線，テレタイプ，テレックス，電報等の方法でなされる。

わが国の警察庁（National Police Agency＝**NPA**）は，専用通信網の関係では，Interpol-Tokyoとして，第7ゾーン（アジア地域網）地域無線局の役割を果たしている。

(3)　北沢二郎・柴田孝「国際刑事警察機構（ICPO）における赤手配制度について」警察学論集39巻2号（1986年2月）76頁以下。
(4)　北沢・柴田（注3）前掲論文78頁以下。
(5)　「有効に適用している」とは，被手配者の身柄引渡し，死亡，逮捕状の失効その他の理由により，その都度，手配書の解除が行われるため，それ以外で「解除されないでなお有効な」ことを意味する。

3　日本が発した赤手配

〔Ⅰ〕　当初，赤手配をしなかった理由

1979年，著者は，パリ郊外にあるInterpol本部（その後，フランスのリヨンに移された）を訪れた。その際，事務総長代理は，次のように強く言った。「日本は，なぜ赤手配をしないで，青手配ばかりするのか。青手配では（どこかの国が）犯人を発見しても身柄を拘束できないではないか。」

彼は，日本連合赤軍の6名について日本から来ている青手配書を示した。なるほど，右上の端に青色のコーナーのある手配書には，「この者の所在及び行動に関する情報を通報されたし」という趣旨の文言が印刷されている

にすぎない。高速度交通の手段が発達している今日，犯人は所在する国から他国へと容易に移動することができる。それゆえ，国外逃亡犯罪人の場合，赤手配でなければ，犯人の身柄を拘束することは至難事に属する。では，なぜ，日本は，これまで赤手配することにつき消極的立場を維持してきたのか。それは，次に掲げる2つの理由にもとづく。

その1は，**憲法33条に規定する令状主義**との関係で，Interpolの赤手配にもとづいて日本国内で逃亡犯罪人の仮拘束をすることはできない，という見解（違憲説）が警察関係者の間で有力であることである[6]。

その2は，国際刑事協力の大原則である**相互主義**（principle of reciprocity）との関係である。つまり，外国から赤手配されても日本では被手配者の仮拘束ができないのに，日本から外国に対して赤手配することは相互主義に反する。それゆえ，日本から赤手配をすることは遠慮せざるをえない，というのである（厳格な相互主義の立場）。

著者は，この2つの理由について疑問をいだいている。そのことは，のちに述べる。

(6) 著者がこの点につき若干の警察関係者から聞いたところによれば，彼らは，この違憲説に疑念をいだいていないように見えた。

〔Ⅱ〕 **1989年以降における赤手配**

1989年1月20日の朝日新聞（夕刊）に次の記事が載っていた。

「警察庁は，（1月）26日までに，レバノンを拠点に活動している重信房子（43歳）ら日本赤軍メンバー12人の国際手配を，所在確認の「情報手配」（青手配）から身柄引渡しを前提にした「逮捕手配」（赤手配）に切り替え，ICPO（国際刑事警察機構）加盟国に再手配した。」

これによれば，警察庁は，国外逃亡犯罪人の身柄確保に結びつく国際手配としては青手配だけであった方針を変更して，赤手配もする複数路線への切替えにふみ切ったのである。この手配方針の切替えを可能にしたのは，「相互主義」の解釈について，"**ゆるやかな相互主義**"の立場への移行である[7]。

ヨーロッパを中心とするかなりの国が国際手配における相互主義を厳格に解釈しない方向へと考えを変えるとともに，犯罪の凶悪性などを重視して赤手配に応じることを承諾した。そして，Interpol も日本が赤手配をすることを承認するに至ったので，日本赤軍メンバーに対する赤手配をすることへの方向転換がなされたのである。

このような方向転換を可能にするに至った背景には日本側において，次の2つの努力をしたことが成果を生むに至ったのであろう。

その1．1983年6月，著者は，イタリアのミラノで開かれたいわゆる4つの大きな（Big Four）国際学会（国際刑法学会，国際社会防衛学会，国際犯罪学会，国際刑法刑務財団）の合同会議において，犯罪防止のための国際連帯性を強化するために相互主義の意義をゆるやかに解釈して運用することを要望する旨のスピーチをした。すなわち，このスピーチにおいて，日本は外国からの赤手配に応じて被手配者の仮拘束をしないのであるが，日本から赤手配をすることを容認していただきたい，と述べた。[8]

その2．警察庁は，1987年以降，国際犯罪対策として係員をヨーロッパ各国に派遣するなどして，国際手配に関してゆるやかな相互主義を採るよう働きかけた。[9]

(7) 森下「国際手配」判例時報1360号（1990年11月21日）30頁をみよ。
(8) このスピーチの趣旨は，国連の犯罪防止及び刑事司法部に伝達された。森下・注(7)前掲論文30頁。
(9) このほか，1986年に警察庁の川田晃氏が Interpol の警察局長に就任し，以後，活躍を続けたことも，諸外国の了承を得るにつき役立ったであろう。森下・注(7)前掲論文30頁。

〔III〕 赤手配がされた主要な犯罪

では，日本から赤手配された事件は，どれだけあるか。公式発表がないので正確な数字は分からないが，インターネットによれば，次の事件関係が挙げられる。

A　日本から赤手配されている主な国内犯

事件発生日	事件名	容疑者	容疑
1970年代～1980年代	北朝鮮による日本人拉致問題	辛光洙・金世鎬・チェ・スンチョル等	略取・誘拐等
1971年12月～1972年2月	山岳ベース事件	坂東國男	殺人・死体遺棄
1970年3月31日	よど号ハイジャック事件	赤木志郎・若林盛亮・魚本公博・岡本武・小西隆裕	強盗致傷等
1972年2月19日	あさま山荘事件	坂東國男	殺人・銃刀法違反等
1974年8月30日等	連続企業爆破事件	大道寺あや子・佐々木規夫	殺人等
1985年3月	西新井事件	チェ・スンチョル	旅券法違反等
1992年5月30日	多摩市パチンコ店強盗殺人事件		強盗殺人
2003年5月～9月	東京・山梨連続リンチ殺人事件		殺人・死体遺棄
2003年9月	中国珠海市・集団買春事件		性犯罪
2006年	近未來通信事件	石井優	詐欺
2009年6月	横浜港バラバラ殺人事件		強盗殺人・死体遺棄等
2012年9月	六本木クラブ襲撃事件	見立真一（関東連合）	殺人・凶器準備集合

これは，日本が国内犯につき赤手配した事件に関するものである。

B 外国によって赤手配された主な国外犯

事件発生日	事件名	容疑者
1972年5月30日	テルアビブ空港乱射事件	岡本公三
1974年9月13日	ハーグ事件	奥平純三
1975年8月4日	クアラルンプール事件	奥平純三
1977年9月18日	ダッカ日航機ハイジャック事件	坂東國男・佐々木規夫
1975年・1977年	日本赤軍事件	坂東國男・佐々木規夫・松田久・奥平純三・大道寺あや子・仁平映
1983年7月	欧州における日本人女性拉致事件	魚本公博
2010年11月28日	アメリカ外交公電 Wikileaks 流出事件	ジュリアン・アサンジ

これは，日本国外で犯された犯罪につき外国から赤手配がなされた主要な事件である。

なお，A（国内犯）の場合及び B（国外犯）の場合につき，「事件発生日」とあるのは，犯罪が行われた日のことであって，赤手配がなされた日とは異なる。日本が赤手配をすることとなったのは，上述のとおり，1989年以降のことである。外国から赤手配がなされた年月日は，不明である。

第2節　憲法における令状主義の保障

〔Ⅰ〕　憲法33条

憲法33条は，次のとおり規定する。

第33条〔逮捕に対する保障〕

　何人も，現行犯として逮捕される場合を除いては，権限を有する司法官憲が発し，且つ理由となつてゐる犯罪を明示する令状によらなければ，逮捕されない。

　Art. 33　No person shall be apprehended except upon warant issued by a competent judicial officer which specifies the offence with which the person is charged, unless he is apprehended, the offence being committed.

この英語条文において注意すべきは,「逮捕される」が "be apprehended" と表現されていて, "be arrested" とはなっていないことである。なお, 憲法 34 条第 1 文における「何人も, ……抑留又は拘禁されない。」は, 英語条文では, "no pertson shall be arrested or detained" と表現されている。英語表現がどれだけ正確で権威のあるものかは分からないが, その点はともあれ, 逮捕＝arrest (逮捕イコール arrest) ではなさそうである。わが国の通説的見解によれば,「逮捕」とは,「被疑者の身体の自由を拘束し, 引き続いて抑留すること」を指す。この行為は, 逮捕の理由とされる犯罪がわが国の裁判権に服する (又は裁判権に服する容疑がある) ことを前提としている。それゆえ, 被疑事実につき証拠があり, かつ理由があるときは, 手続は, 逮捕から勾留→起訴→裁判→裁判の執行 (刑の執行) にまで至ることがある。

　憲法 33 条の規定する「逮捕」は, わが国の裁判権を行使するにつき最初の段階における身柄拘束の強制処分であると解される。それゆえ, 憲法は, 人権擁護を図るために令状主義の保障を基本的人権として掲げているのである。

　このことからすれば, 国際赤配書にもとづいて, わが国の警察官が日本国内にいる被手配者の身柄を拘束することは, 憲法 33 条の「逮捕」には該当しないことになる。なぜなら, 日本国外で罪を犯して日本国に逃亡してきた者については, 特別の場合 (保護主義, 受動的属人主義又は世界主義にもとづく場合) を除いて, 日本に裁判権はないからである。被手配者の身柄拘束について憲法違反かどうかの問題が生じるのは, 憲法 31 条〔法定手続の保障〕についてである。

〔Ⅱ〕　憲法 31 条〔法定手続の保障〕
　　憲法第 31 条　何人も, 法律の定める手続によらなければ, その生命若しくは自由を奪はれ, 又はその他の刑罰を科せられない。

　この規定で示される原則は, 通常, 合法性の原則 (合法原則 principle of

legality）とか**法定主義**と呼ばれている。ところで，わが国には，赤手配にもとづいて被手配者の身柄を拘束する権限を捜査機関に賦与している法規は存在しない。それゆえ，被手配者を拘束することは，憲法31条にいわゆる「自由」の剥奪にあたるので，憲法違反の行為ということになる。わが国の警察当局者は，赤手配にもとづく身柄の拘束は憲法33条に違反すると考えているようであるが，その見解は正しくない。

赤手配にもとづく被手配者の拘束が憲法違反になるというのは，現行法では，「法律の定める手続」が存在しないからである。これを裏返せば，被手配者の拘束を可能とする旨の条項を法律に設ければ，憲法違反の問題は解消することになる。

そうなれば，わが国の警察庁は，しかるべき国際犯罪者（凶悪犯に限定されない）に関して —— 容疑を裏づける証拠がある場合に —— 赤手配を発することができる。

第3節　犯罪人引渡しとの関係

犯罪人引渡し（extradition）は，およそ2000年の歴史を有する古典的な国際刑事司法協力の形態である。犯罪人引渡しには，次の2つの形態がある。すなわち，(a)内国から外国に対して逃亡犯人の身柄の引渡しを請求する場合（**能動的犯罪人引渡し**　active extradition）と，(b)外国からの請求に応じて，内国が自国内に現在する逃亡犯罪人を引き渡す場合（**受動的犯罪人引渡し**　passive extradition）の場合とが，それである。このうち，関係国にとって面倒な手続をとることが要請されているのは，受動的犯罪人引渡しの場合である。

逃亡犯罪人引渡法（昭和28年法律68号）は，逃亡犯罪人の引渡しが本人にとっては重大な結果を生じうる可能性があることにかんがみ，—— 比較法に見られるのと同じく —— 特に，受動的犯罪人引渡しについて詳細な規定を設けている。

それらの規定の中で，本節との関係で重要な意味をもつと考えられるの

は，第5条（逃亡犯罪人の拘禁），第6条（同）及び第7条（同）である。そこには，逃亡犯罪人に関し仮拘禁状による仮拘禁（5条），東京高裁裁判官の発する拘禁許可状による拘禁（5条），拘禁許可状による拘束（6条，7条）という手続が規定されている。ここでは，「拘禁」と「拘束」とはどのように異なるかの詮索は別として，外国からの犯罪人引渡しに応ずるためには，まず，国内にいる逃亡犯罪人の身柄の確保が必要であるので，（その必要がない場合。5条但し書の場合）を除いて，仮拘禁許可状又は拘禁許可状により拘禁又は拘束がなされるべき旨が，規定されている。

しかし，これらの規定は，「外国から犯罪人引渡しの請求があったとき」（3条参照）における国内手続に関するものである。したがって，赤手配の対象者（被手配者）が日本国内にいた場合において，外国から犯罪人引渡しの請求が日本政府に届けられる前に日本国から他国へと移動したときには，犯罪人引渡法による手続が開始されることはない。そこには，隙間がある。つまり，逃亡犯罪人の所在を確認し，その確認がなされたときは直ちに身柄を仮に拘束し，外国から犯罪人引渡しの請求が内国に届けられるまでの期間，国際協力の一環として逃亡犯罪人の身柄を確保する手続（引渡手続に移行するまでの事前段階の手続）に関する法規が欠如しているのである。上記の「隙間」は，立法の不作為によってもたらされたものである。

第4節　赤手配にもとづく仮拘束

〔Ⅰ〕　仮拘束制度の創設

　前節で述べたように，赤手配にもとづく身柄拘束と犯罪人引渡手続による拘束との間には，わが国では立法の不作為による隙間がある。その隙間を埋めるためには，次の制度を創設する必要がある。

　A　仮 拘 束

　仮拘束（provisional arrest, arrestation provisoire）とは，あたかも日本刑訴法210条に規定する緊急逮捕に似た場合を想定したものである。すなわち，赤手配された逃亡犯罪人が速やかに身柄を確保しなければ逃亡又は行方不

明となる高度の疑いがあるとき，捜査機関が令状なしにその者の身柄を拘束する制度である。拘束した捜査官憲は，その旨を告げて，直ちに司法官憲の許に引致しなければならず，司法官憲は，その者が赤手配書に記載された者と同一の人物であることを確認したときは，仮拘束状を発する手続である。仮拘束状が発せられたならば，「法律の定める手続により」自由の拘束は，法定主義の保障（憲法31条）の原則に適合することになる。

なぜ，このような仮拘束の制度が許容されるか。それは，赤手配にもとづく身柄の拘束は**刑事に関する国際協力の一環としての行政的行為**と解されるからである。日本に現在する被手配者は，日本の刑事裁判権の適用を受ける被疑者ではないので，被手配者というだけでは，日本の刑事手続の適用を受ける対象者には当たらない。

B 比較法に現れた仮拘束

現行のスイス国際刑事司法共助法（EIMP）（1981年制定，2011年1月1日現行法）は，第2編「犯罪人引渡し」第2章「手続」の第2節「仮の措置」において，次の規定を設けている。

第44条（仮拘束）
　国際刑事警察機構（Interpol）の国家中央事務局又は他国の司法省の発した請求に基づき，又は捜査制度における国際手配（Internationale Ausschreibung, signalement international）に基づき，犯罪人引渡しのために外国人を仮拘束することができる。第52条第1項及び第2項の規定を準用する[注]。

　　　（訳注）　補佐人を依頼する権利のあることを告知される。事情聴取につき補佐人は，これに立ち会うことができる。

ここにあるように，被手配者は，仮の措置（mesures provisoires）として拘束されることがある。補佐人（弁護人に準ずる）を依頼する権利を有するほか，補佐人の立会を求める権利を有する。

スイスでは，この仮拘束の期間は，3日とされている[10]。

ちなみに，1999年のスイス憲法31条1項は，「何人も，法律の定める場

合及び手続によらなければ,自由を奪われることはない。」と規定している。赤手配の場合の仮拘束は,この法定主義の保障に従ったものであろう。

(10) Zimmermann, La coopération judiciaire internationale en matière pénale, 1991, Staempfli Editions, p. 148. de même, 3ᵉ éd., 2009, p. 324.

〔Ⅱ〕 条約に現れた仮拘束

犯罪人引渡条約の中には,仮拘束（provisional arrest）についての規定を設けているものがある。

A ヨーロッパ犯罪人引渡条約

1957年12月にパリで締約されたヨーロッパ犯罪人引渡条約（European Convention on Extradition）は,第16条で仮拘束（Prtovisional arrest, arrestation provisoire）について重要な規定を設けている。

第16条（仮拘束）
1 　緊急の場合には,請求国の権限のある当局は,探索中の者の仮拘束を請求することができる。被請求国の権限のある当局は,自国の法令に従い,この請求について決定する。
2 　仮拘束の請求には,第12条第2項a号に記載する書類の一の存在すること及び引渡しの請求に送付する意思のあることを述べる。また,この請求には,引渡しの請求に係る犯罪,犯行の日時及び場所並びに可能な限りで探索中の犯人の特徴を述べる。
3 　仮拘束の請求は,外交経路により,直接に郵便若しくは電信の方法により,国際刑事警察機構（Interpol）を介し,又はその他文書の証跡を留めるすべての方法により,若しくは被請求国の承認するすべての方法により,被請求国の権限のある当局に送付される。請求国の当局は,請求の結果について遅滞なく通報を受ける。
4 　被請求国が仮拘束から18日以内に引渡しの請求及び第12条に記載する書類を受領しなかったときは,仮拘束を終止することができる。仮拘束は,いかなる場合にも40日を超えてはならない。保釈は,いつでも可能である。ただし,被請求国は,その者の逃亡を防止するために必要と認めるすべての

措置をとらなければならない。
5 引渡しの請求がその後に受理されたときは，（前項の）釈放は，再拘束及び引渡しの妨げとはならない。

本条は仮拘束に関する規定である。「緊急の場合」にあたるかどうかを判断する権能は，請求国だけにある（説明書）。仮拘束の手続及び決定については，もっぱら被請求国の法令が適用される（条約2条）。

この条約は，ヨーロッパ評議会（Council of Europe, Conseil de l'Europe）の下で，犯罪人引渡しに関する統一的な多国間条約として締結されたものであって，その後，諸外国における2国間引渡条約の締結にあたっても，大きな影響を与えている。この条約の当事国（締約国）は，2013年現在，50か国に達している。

B　国連の犯罪人引渡モデル条約

1990年12月12日，国連総会で決議された国連の犯罪人引渡モデル条約9条（仮拘禁）は参考になる。

第9条（仮拘束）
1 緊急の場合には，請求国は，犯罪人引渡しの請求を提出する以前に引渡しを求める者の仮拘束を求めることができる。当該請求は，国際刑事警察機構の便宜を通じて，郵便，電報その他書面で記録に残る方法で送付される。
2 略
3 被請求国は，国内法に基づいて請求に関する決定を行い，かつ，その決定を遅滞なく請求国に通知する。
4 この請求に基づいて拘束された者は，この条約第5条2〔請求の添付書類〕に定める関係文書により正当化される犯罪人引渡しの請求が受理されない場合には，拘束開始の日から［40］日の経過により釈放される。この項は，［40］日の経過以前にその者を条件付きで釈放する可能性を排除するものではない。
5 この条の4に基づく仮拘束者の釈放は，その後に請求及びそれを正当化する文書が受理された場合に引渡しを求められた者を引き渡す目的で再拘束し，かつ手続を開始することを妨げるものではない。

ここで注意すべきことが，2つある。その1は，国際刑事警察機構の便宜を通じて仮拘束を求める（1項）というのは，赤手配を指しているものと解されることである。その2は，第4項において［40］日とされているのは，条約を締結する関係国の間で，40日以下の間で適当な期間を定めるように，ということを意味するであろう。モデル条約が最高期間の事例として示す［40］日は，余りにも長すぎるように思われる。

この条（第9条）において重要な意味をもつのは，第3項中，「被請求国は，国内法に基づいて請求に関する決定を行い」との文言であろう。モデル条約は，赤手配にもとづいて仮拘束を行うことができるよう締約国に義務づける立場をとっているとは思えないが，少なくとも国内法の基本原則に反しない限りで仮拘束を行うことができるよう立法上の配慮を促す立場を採るものであろう。

(11) 森下・国際刑法の新動向（1979年，成文堂）64頁，71頁。

〔Ⅲ〕 ローマ規程における仮拘束

国際刑事裁判所規程は，ローマ規程（Rome Statute）という名称で国際的に通用している。ローマ規程は，第9章「国際協力及び司法共助」において，次の規定を設けている。

第92条（仮拘束）
① 緊急の場合には，本裁判所は，第91条〔逮捕及び引渡しの請求の内容〕に定める引渡し（surrender, remise）の請求及びこの請求を裏づける文書を提出するまで，探索を受けている者（person sought, personne recherchée）について仮拘束を請求することができる。
② 以下 略

この条文における「緊急の場合」（urgent cases）に該当する場合としては，注釈書によれば，次の場合が最も代表的なものである。被手配者の身柄拘束が引渡しを確実に行うために必要であるとき。言いかえると，被手

配者がその所在又は身元を隠すことを始めたとき，逮捕状が発付されていることがその者に知られていると疑われるとき，その者が逃亡の意図を固めたと推察されるときなどが，それである。⁽¹⁴⁾

ところで，この規定において注目すべきは，「第91条に定める引渡しの請求」という文言であるが，第91条第1項によれば，引渡しの請求は，第87条（協力の要請 一般規定）に定める経路によることとされているのであるが，第87条第1項によれば，その経路としては，外交経路又は締約国が指定した経路（1項a号）のほか，Interpol 又は適切ないずれかの地域機関も含まれている（1項b号）ことである。

これによれば，ローマ規程の締約国は，Interpol 又は地域機関を通して送付された逃亡犯罪人についても，Interpol から要請があれば，その者の仮拘束を行うべきことになる。

(12) ローマ規程では，引渡しを指す言葉として，'surrender'，'remise' が用いられている。それは，ローマ規程に従ってある国から ICC（国際刑事裁判所）に人を移送する場合につき用いられる言葉である。これに対し，extradition は，ある国から他の国へと犯罪人が移送される場合に用いられる。
(13) ローマ規程では，「被疑者」（person charged）という言葉は用いられていない。
(14) Triffterer (ed.), Commentary on the Rome Statute of the International Criminal Court, 1999, p. 1098.

第5節　国際刑事協力における相互主義

ここで「国際刑事協力」というのは，"internatioanal cooperation in criminal matters" の意味である。この言葉は，学術語として定着しているのではないが，国際捜査共助及び国際刑事司法共助の，便宜な総称として一般的に用いられている。

国際刑事協力にあっては，相互主義が基本的原則とされている。それは，国際法の一般原則を国際刑事法に適用したものである。

相互主義の基本的な考えは，ラテン語の "do ut des"（私は，汝が与えるた

めに与える）という表現に示されている。言えかえると，Give and take.（公平な条件でやり取りしよう）ということを意味するであろう。例えて言えば，一方通行ではなくて，交互通行ということである。

　ところで，'相互性には段階がある'（Il y a des degrés dans réciprocité.）。これは，フランスの碩学ドンヌディユー・ド・ヴァーブル（Donnedieu de Vabres）教授（パリ大学）の言葉である。(15)「段階がある」というのは，「完全な相互性」（réciprocité complète）ないし絶対的相互性（réciprocité absolue）から徐々ゆるやかな相互性まで段階がある，という意味である。これは，相互主義の緩和を物語る。(16)なぜなら，国情や法制度に違いのある国家間で完全な相互性を貫こうとすれば，結局，国際協力は実現できないことになるからである。

　従来，日本の警察当局は，赤手配による捜査共助について厳格な相互性の考えをいだいていたため，「外国から被手配者の身柄の拘束を求められても，日本では法定主義の建前上，仮拘束ができない。それゆえ，日本から赤手配をすることは控えざるをえない」との立場を久しきにわたって維持してきた。

　しかし，凶悪犯罪の制圧のために国際的連帯性の強化が国際的に自覚されてきたため，'相互性'の意義をゆるやかに解すべきだとする気運が，世界的に高まってきた。そうでなければ，厳格な相互主義を維持する国は，凶悪な犯罪人にとっては願ってもない loop-hole（抜け穴，隠れ家）となる可能性がある。今日，凶悪犯人の代表は，テロリストである。

　このような次第で，相互主義の緩和が行われるようになった。国際手配の中には上述のように7種類もあるので，赤手配の手配書による要請に応じて協力すれば，それも相互主義に適合したことになる，という考えも容認されることになる。そこで想い出されるのは，「相互性は神話である」（La réciprocité est un mithe.）と言ったドンヌディユー・ド・ヴァーブル教授の言葉である。(17)彼によれば，各国の国際刑事法，訴訟制度，国際刑事法に関する国内法規は多様であるので，もともと相互主義は神話である，というのである。(18)

このように考えると，わが国の警察当局が相互主義の意義を厳格に捉えてそれを維持してきたことは，理論の不勉強とともに国際刑事実務についての不慣れによるものであるので，今やそれから脱却すべきである。

なお，赤手配の場合にも，犯罪人引渡しにおける自国民不引渡しの問題，政治犯人不引渡しの問題のほか，人権条項にもとづく不引渡しの問題などが生じうる。これらの問題をかかえる被手配者についても仮拘束を実施するかどうか，警察当局は，むずかしい判断を迫られることがありうる。その場合には，一つの方法として，仮拘束を行い，その後，手配国（外国）から正式の犯罪人引渡しの請求が届けられたとき，犯罪人引渡法の定める手続に従って，最終的には東京高裁の判断に委ねるべきことになる。

(15) Donnedieu de Vabres, De la réciprocité en matière extradition d'après la loi fraçaise du 10 mars 1927. Revue Générale de Droit international public. 1928. p. 557.
(16) 森下・犯罪人引渡法の研究（1994年，成文堂）5頁。
(17) Donnedieu de Vabres, supra note 15, p. 566.
(18) Donnedieu de Vabres, loc. cit.

結　語

上述したところから理解されるように，日本の警察当局としては，相互主義の意義をゆるやかに考える立場から，国際赤手配書を発することを遠慮するには及ばない。

しかしながら，ローマ規程や国連犯罪人引渡モデル条約に規定されているとおり，日本もまた被請求国として「国内法に基づいて赤手配による仮拘束を行う」べきであり，諸外国の所論もそれを強く要請するであろうことに思い至るならば，この要請に応えて国内法の整備を行うことが望まれる。くり返して言うが，憲法33条に抵触するおそれはない。憲法31条に規定する法定主義の保障を実現する立法が要請されているのである。

最後に，本編における「仮拘束」の意義について著者の見解を述べてお

きたい。

〔Ⅰ〕 仮拘束の意義

まず,「仮拘束」ついてみれば,ローマ規程92条の見出し及び第1項には"provisional arrest"の語が用いられている。ヨーロッパ犯罪人引渡条約16条についても,同様である。ここにいう"arrest"をどう訳すかが,問題である。この語を「逮捕」と訳すならば,"provisional arrest"は,"仮逮捕"と訳されるであろう。それは,わが刑事訴訟法210の「緊急逮捕」を想起させる言葉である。しかし,日本法では「逮捕」は,日本に裁判権のある事件につき,その後における裁判権行使の手続へと進むための最初の身柄確保の手続である。これに対し,外国からその裁判権に基づいて要請された逃亡犯罪人の身柄確保の場合と赤手配の場合とは,法的性質を異にするものがある。

この点に配慮したせいか,わが国の逃亡犯罪人引渡法5条は,「仮拘禁許可状による仮拘禁」(detain under the permit of provisional detention) という文言を用いている。この場合の'拘禁'は,第4条第1項の規定による法務大臣の命令を受けたとき」に係るものであって,外国からわが国に対し「逃亡犯罪人の引渡しの請求があった」(3条参照)ことが,前提とされている。言いかえると,赤手配に基づいただけでは仮拘禁許可状が発せられることはない。

くり返して言うが,本稿で論ずるのは,国際赤手配書にもとづいて「緊急の場合に」被手配者を無令状で拘束することができるか,ということである。憲法31条で保障されている法定主義によれば,あたかも緊急逮捕(刑訴210条)に準じる形で,"緊急仮拘束"ともいうべき行為を可能する法の整備が必要であるということであって,その"緊急仮拘束"を「仮拘束」と表現しているにとどまる。

著者の提案によれば,捜査官憲は,「仮拘束」の後,直ちに裁判官の仮拘束許可状を求める手続をしなければならない。仮拘束許可状が発せられないときは,直ちに被手配者を釈放しなければならない(刑訴210条を参照)。

仮拘束許可状が発せられた場合は，速やかに赤手配国にその旨を通報しなければならない。その後，一定の期間内に赤手配国から正式の犯罪人引渡しの請求があったときは，以後，逃亡犯罪人引渡法の定めるところに従い，手続が進められることになる。

〔Ⅱ〕 赤手配の原則化の必要性

上述のように，現行法の下でも，わが国から赤手配は行われている。しかし，それは，日本赤軍とか企業爆破事件のように特別凶悪な事件（特別凶悪事件）の犯人に関する場合であって，それ以外の国外逃亡犯罪人，例えば，強盗事件，悪質な詐欺事件，麻薬事件などについては，赤手配がなされていないことを物語る。犯罪白書によれば，800人を超える国外逃亡犯罪者がいる（日本人を含む）のであるから，むしろ，これらの逃亡犯罪人については原則として赤手配をするべきであるように思われる。そうでなければ，危険運転致死傷の罪を犯し，ひき逃げをした犯人が事件後，出国してしまえば，結局，わが国で裁判を行うことができないことが起こりうる。

〔Ⅲ〕 いわゆる代理処罰の盲点

これについては，マスコミ等のいわゆる代理処罰を逃亡犯罪人の母国に要請してその国で裁判をしてもらう途がある，とする見解がある。そこにいわゆる代理処罰[19]は，逃亡先の国が積極的属人主義にもとづいて行う訴追・裁判のことである。

この方式による代理処罰については，2つの重大な欠陥がある。

その1　日本と当該外国（逃亡先の国）との間に犯罪人引渡条約が締結されているのでなければ，当該外国は逃亡犯罪人である自国民を訴追する義務を追わない。しかるに，わが国が締結している犯罪人引渡条約は，日米引渡条約（1980年発効）と日韓引渡条約（2002年発効）のみである。

その2　逃亡先の国が日本政府からの要請にもとづき裁量的に訴追することはあるが，その場合にあっては，(1)時効完成を理由とする不起訴，(2)証拠不十分を理由とする不起訴又は起訴猶予，(3)自国民に対する寛大な判

決がなされるなど，実に多くの問題点が存在する。

　これらのことを考えると，わが国から赤手配を積極的に行う必要のあることが理解されるであろう。なお，代理処罰主義に内在する諸問題については，第 7 章『代理処罰主義とその問題点』を読んでいただきたい。

(19)　代理主義の種類，その内容等については，次の文献を参照されたい。森下・刑法適用法の理論（2005 年，成文堂）189 頁以下。

第10章　死刑，終身刑，無期刑

第1節　死刑
第2節　終身刑
第3節　無期刑
第4節　無期刑を認めない国
第5節　終身刑導入の問題点
第6節　結び

第1節　死　刑

1　廃止国と存置国

　世界には，死刑を廃止している国と存置している国がある。アムネスティ・インターナショナル（Amnesty International＝AI）(1)によれば，2014年2月末現在，世界198か国中，廃止国は140か国，存置国は58か国とのことである。
　死刑廃止国の内訳は，次のとおりである。
　　　すべての犯罪について廃止している国……　98か国
　　　通常の犯罪について廃止している国(2)……　7か国
　　　事実上の廃止国(3)……　35か国
　死刑廃止国の中には，1983年4月28日の欧州人権条約第6議定書〔死刑廃止議定書〕第1条のように，条約加盟国につき「死刑は廃止する。」と明記するものもあれば，憲法で死刑を廃止するもの（例えば，イタリア憲法27条4項(4)，ドイツ憲法102条，ポルトガル憲法24条2項など）と並んで，法律

上，死刑を廃止している国がある。

死刑を廃止すべきかは，存置国で議論されているところであるが，それは，憲法で死刑を廃止してはいないが，法律で死刑を廃止するかどうか，の議論である。

これに対し，「死刑は，憲法に違反するか」は，憲法解釈の問題である。わが国では，「死刑は，憲法36条の"残虐な刑罰"に当たるか」が，裁判で争われたことがある。最高裁は，合憲の判決を下した（昭和23年3月12日大法廷判決）。

米国では，いくつかの死刑違憲判決が出ている。1972年6月29日，連邦最高裁は，死刑を憲法違反とする画期的な判決を5対4の多数決で下した（Furman事件ほか2件）。しかし，連邦最高裁は，死刑それ自体を違憲としたのではなく，違憲の理由は，（当時の）現行法では，裁判官や陪審が死刑を言い渡す基準が不明確であって，そのため死刑の適用が恣意的になりがちであり，法の下の平等に反することを主軸としたものであった。この判決以後，37州でこの判決に適合するように法律が改正され，死刑の執行が再開された。

ネブラスカ州最高裁は，2008年2月8日，電気椅子による処刑は，憲法修正8条で禁止されている「残虐で異常な刑罰」（cruel and unusual punishment）にあたるとの理由で，違憲判決を下した。[5]

連邦最高裁は，2005年3月1日，犯行当時に18歳未満の者に対する死刑は，憲法修正8条の「残虐で異常な刑罰にあたる」との判決を下した（http://www1.orn.ne.jp/fpic/familio/familio037-topics1.html.）。

では，ガス室における処刑は，どうか。1991年，国連人権委員会（HRC）〔現在は，人権理事会〕は，カリフォルニア州のガス室処刑方法は，長時間のもだえ苦しみと難儀が続くという理由により，国際自由権規約7条の「残虐な，非人道的な若しくは品位を傷つける取扱い又は刑罰」（cruel, inhuman or degrading treatment or punishment）に反するとの決定をした（Charles Ng v. Canada Case）。なお，現在，米国の死刑存置州においては薬物注射による処刑方法が広まっているが，それは，電気椅子を用いた処刑の失敗が

原因であるといわれている。(インターネットによる)。

(1) 1961年にロンドンで創立されたNGOであって、政治犯の釈放、難民の救済、人権擁護の活動をしている。日本支部は、1970年に創立された。
(2) これは、軍刑法では死刑が存置されていることを意味する。
(3) 10年間、死刑の執行がない国を意味する。
(4) 第27条4「死刑は認められない。ただし、戦時軍法に定める場合は、この限りでない。」
(5) 現在、同州では、薬物投与による安楽死の方法が採用されている。

2 死刑に代わるもの

死刑に代わるもの (alternative to death penalty) とは、普通、死刑を廃止して、それに代わるもの（代替物）として創設される刑を意味する。

現在、死刑の執行件数の多い国は、中国、イラン、イラク、サウジ・アラビアについで米国である、と言われている。中国では、収賄、一定量以上の麻薬の所持・売買等について死刑が科せられている。これに引きかえ、わが国では、死刑確定者の数は合計およそ130人（2012年末では133人）であるが、年間平均の死刑執行数は、数件である。それでも、死刑廃止国から「日本は、早く死刑を廃止せよ」という勧告・要請が寄せられている。

このような状況の下で、死刑廃止に至る途としてまず考えられるのは、死刑の執行を法律上又は行政裁量上、停止することであろう。そうなれば、例えば、韓国で金大中氏が大統領に就任して以来、死刑の執行が停止され、それから10年の経過により「事実上の死刑廃止国」と見られるに至った途を歩むことになる。

もう一つの方法は、死刑に代わるものを創設することである。世間では、「死刑を廃止する代わりに、一生、刑務所から出れないようにすればよい」と言う者が少なくない。これは、いわゆる終身刑の創設をもって死刑に代わるものとせよ、という主張であろう。だが、終身刑の創設については、多くの問題がある。以下、それを考える。

(6) かつてわが国の行刑当局では,「死刑囚監房は,全国を合計しても60監房しかない」と言われていた。最近では,死刑確定者の数が130人を超えているので,拘置所,拘置監の苦労は並大抵のものでないであろう,と推察される。

第2節 終　身　刑

1　終身刑の定義

　終身刑を法律的に定義すれば,「**仮釈放なき無期刑**」(life sentence without parole ; life imprisonment without parole)をいう。米国では,これを'LWOP'という略号で表現している。これによると,普通の無期刑は,life sentence with parole ; life imprisonment with parole と呼ばれていて,'LWP'の略号で表現されている。フランス語では,「仮釈放のない無期刑」は'peine perpétuelle incompressible'といわれる。また,「仮釈放のある無期刑」は,'peine perpétuelle compressible'といわれるが,「普通の無期刑」(peine à perpétuité ordinaire)と呼ばれることもある。

　このように欧米語では,仮釈放の可能性付きかどうかで,無期刑と終身刑とを区別している。しかるに,わが国のマスコミは,外国の裁判についての報道をするに当たり,「終身刑の判決が下った」という表現をしている。マスコミ報道では,終身刑と無期刑との区別がなされないまま,両者をひっくるめて"終身刑"と称している。しかしながら,後述するように,法律的な意味で「終身刑」を採用している国は,文明国では ── 米国を除いて ── ほとんど見当たらない。

　上記のことは,法律的に正確な表現をするとすれば,ということである。外国では,「終身刑」をもっとポピュラーで分かりやすい表現として,さまざまな言葉が用いられている。インターネットでは,例えば,"終身刑"を指すものとして,'whole-life sentence','whole-life prison sentence','lifelong incarceration'が用いられている。'whole-life sentence'は,'生

涯刑'とか，'終身刑'を意味するものとして明確である[7]。他方，単に'life sentence'という言葉は，「無期刑」を指すものとして用いられている。ただし，すべての文献でそのように明確な区別表現が用いられているかどうかは，分からない。

なお，無期刑受刑者を指す俗語として'lifer'という言葉がある。これと対比する意味で，「終身刑受刑者」は'whole-lifer'と呼ばれることになるであろう。ただし，文献上，そのように明確な区別がなされているようには見えない。

(7) このほか，英語では，終身刑を意味する言葉として，'true life sentence'も用いられているようである。

2 終身刑を導入している立法例

〔Ⅰ〕 米国の終身刑

米国（アメリカ合衆国）では，最初に終身刑法案が提出された1999年当時，全米50法域の中で47州とワシントンD.C.及び軍刑法で終身刑が導入されていた[8]。現在，43州が無期刑のほか終身刑の制度を採用しているようであって，そのうち27州では一定の犯罪につき義務的に終身刑の言渡しをなすべき旨が規定されている由である[9]。ここにいう'一定の犯罪'とは，いわゆる三振法（three strikes law）の場合を指すようである。

2008年4月現在，米国では37州において死刑が存置されていた（2013年現在，死刑を存置しているのは，32州）。テキサス州もその1つに含まれるが，テキサス州は，死刑を存置する州でありながら終身刑（LWOP）を導入した最後の州といわれる[10]。

このように見ると，終身刑を導入している州には死刑存置州と死刑廃止州との2種類が存在することになる。それぞれの州の立法経過を丹念に調べないと正確なことは言えないが，これは次のことを意味するように思われる。

（i） 死刑廃止州では，死刑に代わるものとして終身刑が導入された。

(ⅱ) 死刑存置州では，死刑の言渡しを減少させるために終身刑が導入された。

(8) 日弁連死刑廃止検討委員会・テキサス州終身刑調査報告書（2013年8月）20頁。
(9) sentencingproject. org/doc/…/inc-federalsentencingreporter. pdf. (2014. Febrary)
(10) www.thenation.com./…/life-without-parole-different-death-penalty（Feb. 2014).

〔Ⅱ〕 テキサス州の終身刑

　テキサス州（人口は，2,400万人。面積は，日本の1.8倍）は，1836年からメキシコから独立してテキサス共和国となり，1845年に米国の28番目の州として併合された歴史的事情もあってか，郷土に強い愛着心をもつ人びとが多く，ヒスパニック系の人口比率は，他州に比して高い。2000年から2004年までのテキサス州における死刑執行件数は，年平均で27.4件と高い数字を示していた。

　このような事情を背景にして，「少しでも死刑判決の件数を減らすために」終身刑が導入されたようである。2005年9月1日，テキサス州では終身刑法が成立したので，終身刑（LWOP）は，この日以降の犯罪に適用されることとなり，この日以降，死刑の求刑及び判決は減少した[11]。

　これにより，強盗殺人等の被告人に対しては，理論的には，「死刑，終身刑（LWOP），無期刑（LWP）」のうちいずれかが求刑される理屈となったのであるが，実際には，検察官は被告人を説得して，無期刑（LWP）は求刑の選択肢から外した[12]。その結果，終身刑受刑者の数が増えて，刑事施設では保安上の深刻な問題が生じ得るということになった[13]。

(11) 日弁連・注(8)前掲書25-26頁。
(12) 日弁連・注(8)前掲書28-29頁。
(13) 日弁連・注(8)前掲書29頁。

214　第 10 章　死刑，終身刑，無期刑

〔Ⅲ〕　米国における若干の統計

　米国（人口は，3 億 1,500 万人）では，2013 年 11 月現在，約 230 万人が刑事施設（刑務所と拘置所）に収容されている。人口 10 万人当たりで計算すると，被収容者の人口比は，米国が世界最高である。これは，人口比において，米国は日本の 14 倍以上の被収容者（inmates, prisoners）を擁していることになる。

　約 230 万人の被収容者の中で life sentence（終身刑と無期刑を含む）の受刑者は，2012 年現在，15 万 9,000 人いるといわれる[14]。そのうち約 3 分の 1 にあたる約 5 万人が終身刑の受刑者である[15]。そうすると，残りの約 10 万 9,000 人が無期刑受刑者ということになる。この驚くべき数字は，過去 20 年間にわたり麻薬犯罪に因る無期刑の言渡しが増加したことによるようである。米国では無期の受刑者は，'lifer' と呼ばれている。

　無期の受刑者（prisoners serving life sentences）の 3 分の 2 は，ヒスパニック（Hispanic）と呼ばれる中南米系の住民又は黒人である。

　このように米国では，1984 年以来，終身刑の受刑者（prisoners serving life sentence without parole）の数は，20 年間で 3 倍に増えている。2013 年，米国では約 5 万人の終身刑受刑者のうち，3,200 人以上が非暴力犯罪（80％は薬物犯罪。その他，トラックからガソリンを抜き取るとか，脱税）に因るものである[16]。2008 年以降，終身刑の言渡しは増加しており，そのうち，ルイジアナ州，カリフォルニア州及びミシガン州で言い渡される件数が，全米の 57.7％を占めている[17]。

(14)　en.wikipedia.org/wiki/Life-imprisonment-in-the-United-States.
(15)　注(14)前掲のインターネットによる。
(16)　インターネットで，しばしば公表されている。
(17)　www.businessinsider.com/more-prisoners-are-serving-life-sentences-despite-crime-decrease-2013-9.

〔Ⅳ〕　少年に対する終身刑

　米国では，2009 年当時，2,589 人にのぼる少年の終身刑受刑者がいた[18]。

それらの者の大部分は，第1級謀殺罪（first-degree murder）に因り（絶対的法定刑として）自動的に終身刑（automatic sentence of life without parole）の言渡しを受けた者であった。

　2010年，連邦最高裁は，Graham v. Florida 事件の裁判において，少年（juvenile）（18歳未満の者）に対して殺人罪を含まない事件につき終身刑の自動的判決をすることは，「残虐かつ異常な刑罰」を禁止する憲法修正8条に違反する，との判決をした[19]。

　この違憲判決は，その判決理由（ratio decidendi）において問題を残している。Graham 事件判決において違憲とされたのは，(a)殺人が訴因に含まれていない事案につき，(b)（絶対的法定刑として）自動的に，(c)犯行時少年であった被告人に対して終身刑を言い渡したことである。よって，犯行時，少年であった者についても，殺人が訴因に含まれる事件については，裁量的であれば，終身刑を言い渡すことは違憲ではないことになる[20]。

　この最高裁判決のせいか，米国では，少年時に犯した罪に因り終身刑を言い渡される件数は，減少した。2014年2月現在，その件数は，1,200人（以上）となっている[21]。

　こうして，米国は，少年時の犯罪者に対して終身刑を言い渡すことのできる世界中で唯一の国となっている。この非難にもかかわらず，米国では，現在，29州で少年に対する義務的終身刑（mandatory life sentence without parole）の制度が存続している[22]。

(18)　State Distribution of Youth Offenders Serving Juvenile Life Without Parole JLWOP. Human Watch, October 2, 2009.
(19)　Graham v. Florida, 130 S. Ct. 2011（2010）
(20)　このことは，インターネットでも指摘されている。cf. thinkprogress.org/…prisoners-serving-life-sentences/
(21)　america.aljazeera.com/…sentenced-yong-thestorylifewithoutparole offenders.html.
(22)　https://wwww.aclu.org/human…/end-juvenilr-life-without-parole. ただし，28州及び連邦が義務的終身刑の制度を採用している，と報じているインターネット情報もある。

〔Ⅴ〕 欧州人権裁判所の判決

欧州人権裁判所（European Court of Human Rights＝ECtHR）は，つとに2001年，終身刑（life imprisonment without parole）は，欧州人権条約第3条で禁止されている「非人道的な若しくは品位を傷つける取扱い又は刑罰」（inhuman or degrading treatment or punishment）に該当する，との判決をした。[23]

この判決の結果，欧州評議会の加盟国（47か国），EU（欧州連合）の加盟国（現在28か国）及び今後，EUに加盟を申し込む国は，終身刑を存置又は導入することはできないことになった。

(23) CEDH, Einhorn c. France, 16 octobre 2001, req. n° 71555/o1 ; CEDH, Kafkaris c. Chypre, 12 fév, 2008, n° 21906/04.-cité par Lecutyer, La perpétuité perpétuelle, 2012, Rennes, p. 51.
www.theguardian.com./...whole-life-sentences-without-review-breach-human-rights.

〔Ⅵ〕 国際自由権規約（ICCPR）

1966年12月16日，国連第21回総会で採択された国際自由権規約（1976年発効）第7条も，欧州人権条約第3条と同様に，"拷問又は残虐な，非人道的な若しくは品位を傷つける取扱い又は刑罰"（torture or cruel, inhuman or degrading treatment or punishment）を禁止している。

わが国は，1979年6月，批准書を寄託して，この規約の当事国となった。それゆえ，わが国は，「この規約において認められる権利を実現するために必要な措置その他の措置をとるため，……必要な行動をとる」べき義務を負っている（第2条参照）。

国際自由権規約によって保障されている権利は，「絶対の権利」（absolute rights）であって，「違反することを許されない権利」（non-derogable right）とされている。[24]

上記の規約（ICCPR）第10条は，次のとおり，重要な関連規定を設けている。

第10条〔被告人の取扱い,行刑制度〕
1　自由を奪われたすべての者は,人道的にかつ人間の固有の尊厳を尊重して,取り扱われる。
2　(略)
3　行刑の制度は,被拘禁者の矯正及び社会復帰を基本的な目的とする処遇を含む。少年の犯罪者は,成人とは分離されるものとし,その年齢及び法的地位に相応する取扱いを受ける。

　欧州人権条約3条で禁止されている「非人道的な若しくは品位を傷つける取扱い又は刑罰」の意義・内容は,そのまま国際自由権規約にも妥当するはずであるので,同規約の当事国であるわが国にとっても終身刑の導入は許されないことになる。このことの認識は,重要である。

(24)　Joseph, Schultz & Castan, The International Covenant on Civil and Political Rights, 2nd. ed., 2005, Oxford, p. 195.

第3節　無　期　刑

1　無期刑とは

　無期刑とは,言葉どおりに解釈すれば,"期間の定めのない拘禁刑"を指すであろう。イタリアのベッカリア(Cesare Beccaria, 1738-1794)は,『犯罪と刑罰』(Dei Delitti e delle Pene)(初版1764年刊)において終身隷役刑(pena de schiavitú perpetua)の方が死刑よりも苦痛で残虐な刑罰であって威嚇力(犯罪抑止力)が大きいとの理由で,死刑廃止を説えた。当時,その刑は,文字どおりの終身刑であって,多くの場合,石造りの地下牢に入れるものであって,一般人から恐れられていた。
　しかし,イタリアでは,1870年の統一後,新しい刑法典が制定され,終身隷役刑は,'ergastolo'という名に改められ,以後の刑法典に承け継がれ

た。1930年制定の現行刑法（いわゆるロッコ刑法典）22条は、「ergastoloの刑は，perpetua（終りがない。終身）である。」と規定している。

しかし，第2次大戦後，1947年の新憲法27条で死刑が廃止されたことに伴い，その後の刑法改正によって，'ergastolo'（刑法22条）は，「無期懲役」にあたるものとされ，服役26年後には仮釈放が許されうるものとなった（刑176条3項）。

無期刑と言っても，それは一応，期間の定めのない自由刑を意味するにすぎず，法律で定める一定の期間が経過すれば，仮釈放を許されることがある。このようにして，欧米語では，――「終身」と「無期」との使い分けができないので――'期間の定めのない刑'は，次のとおり2種類に分けられるに至った。⁽²⁵⁾

無期刑（仮釈放のある無期刑）……life imprisonment with parole, indeterminate life sentence（不確定無期刑），lifetime sentence, normal life sentence（通常の無期刑）

終身刑（仮釈放のない無期刑）……life imprisonment without parole, determinate life sentence（確定無期刑），whole-life (prison) sentence, absolute life sentence（絶対的無期刑），peine à perpétuité vrai（真の無期刑）

(25) 法律用語として定まった表現がある訳ではない。ここに掲げるのは，文献に登場するさまざまな表現である。

2　仮釈放の要件期間

仮釈放が許されるために法律で定められている期間は，フランス刑法では，「保安期間」（période de sûreté）（刑132-23条）と呼ばれ，刑事訴訟法では，「試験期間」（temps d'épreuve）と呼ばれている（刑訴729条）が，その他の国では適当な表現が見当らない。そこで'法律で必要と定められている期間'という意味で，以下，「**要件期間**」（"仮釈放要件期間"の略称）ということにする。

10年……日本（刑28条）。ただし，少年については，7年（少58条1項

15年……ドイツ（刑57条a），スイス（刑38条1項），オーストリア（刑46条4項）

18年……フランス（刑133-23条。ただし，特別の決定により22年までとすることができる）

25年……ポーランド（刑78条3項），ロシア（刑79条5項）

26年……イタリア（刑176条3項）

認めず……中国（刑81条2項）

ここで注目されるのは，フランス刑法の規定である。裁判所は特別の決定によって（par décision spéciale）22年まで保安期間を延長することができるとされているのが（刑133-23条），それである。これは，特別凶悪な犯罪について仮釈放の要件期間の延長を認めたものであって，いわゆる**重無期刑**の場合を規定したものということができる。

なお，無期刑の要件期間について考えるべきは，有期刑の場合の仮釈放の要件期間との均り合いである。例えば，ドイツ刑法では，有期刑の要件期間は，科せられた刑（die verhängte Strafe）の3分の2を経過したことを要する（刑57条）。日本刑法は，その制定（1907年）当時の，いわば流行の新派刑法学の潮流によって大きく影響されているのであって，次の項で述べるように，現実の刑の執行期間は，法律上の要件期間との間にかなりの開きがある。

3　無期刑の執行期間

〔Ⅰ〕　**わが国の実情**

無期刑仮釈放者は，実際に何年くらい服役したか。言いかえると，刑の執行期間（在所期間，服役期間）は，どれくらいであったか。

2013年版（平成25）の犯罪白書によれば，2003年（平成15）から2012年（平成24）までの10年間に仮釈放された者は，計55人であって，刑の執行期間の平均は，およそ26年であった。[26]執行期間が20年以内の者は，10年間に1人もいなかった。

上記の（概略の）執行期間を40年前，30年前，20年前のそれと比べる

と，最近は，長期化の傾向が見受けられる[27]。それは，必ずしも厳罰化の傾向の反映だと言うことはできないであろう。長期化の理由としては，次のものが考えられる。

(1) 凶悪犯罪の増加。当然のことながら，一般世人の応報情が高まった。
(2) 2004年（平成16）の刑法一部改正により，有期刑の長期（上限）が引き上げられたのに伴って懲役30年の言渡しが可能となり，それとの均り合い上，「無期は，30年より長いはず」という考えが生まれた。無期刑の言渡しが，減少している。
(3) 出所しても身寄りのない者が多くなり，再犯の危険性のある者につき，仮釈放の許可がためらわれる事例が増加した。

(26) この数字は，犯罪白書では刑の執行期間が「○○年以内」とあるのを「○○年」として計算したものであるので，実際の平均期間は本文記載のものより短いはずである。
(27) 犯罪白書によれば，1974年（昭49）から1983年までの10年間に仮釈放された無期刑受刑者622人中，67％強の者の在所期間は，16年以内となっている。

〔Ⅱ〕 フランスにおける在所期間

2012年，フランスのレンヌ（Rennes）大学出版部から『無期の無期　無期懲役についての考察』という学術書[28]が出版された。この書には，「無期刑の概念をめぐる確認と考察」，「比較法における無期刑」など，11編のすぐれた論文が収められている。

この書で紹介されているフランスの統計によれば，1955年から2004年までの10年間に仮釈放された無期懲役受刑者146人[29]について見るに，平均の服役期間は，19.5年であった[30]。これらの者のうち，11人は30年～35年服役し，1人は41年，2人は45年，服役していた。

なお，2005年5月1日現在の無期懲役受刑者466人について保安期間（仮釈放の要件期間）を見ると，15年[31]が36％，18年が33％，22年が20％であって，25年が6人，28年が1人，30年が16人いた[32]。

なお，参考までに，無期刑に係る保安期間は，22年まで延長することが

できるのであるが（刑132-23条2項），刑法は，保安期間の延長をすることができる場合を規定している。例えば，重罪又は軽罪に伴う故殺（meurtre）（221-2条），加重故殺（221-4条），拷問・野蛮行為（221-1条等），強姦致死（222-25条），麻薬取引（222-34条以下），逮捕監禁等（224-1条以下），加重テロ行為（421-4条）等である。

これについて注目すべきは，加重故殺（221-4条）については，「被害者が15歳未満である場合，及び故殺の実行行為の前又は実行中に強姦，拷問又は野蛮行為をした場合」には，重罪法院は特別の決定によって保安期間を30年まで延長することができることである（221-4条2項）。前に述べた無期懲役受刑者466人中に保安期間30年の者が16人いた，というのは，この特別規定が適用されたものであろう。フランス刑法では有期の懲役（réclusion criminelle）又は禁錮（détention criminelle）は，「30年以下」とされている（刑131-1条）ので，無期刑の保安期間を最高30年としたのは，有期刑の長期との均衡を考慮したものであろう。

(28)　Lécuyer, La perpétuité perpétuelle. Reflexions sur la réclusion criminelle à perpétuité. 2012, Press Universitaires de Rennes.
(29)　この中には，かつて死刑判決の言渡しを受けたが，1971年の死刑廃止後，無期懲役に減刑された者3名が含まれている。なお，調査にかかる10年間に死亡した者5名は，調査から除かれている。
(30)　Lécuyer, supra note 28, pp. 80-81.
(31)　刑法132-23条2項によれば，仮釈放の要件期間は原則として18年であるが，裁判所の特別の決定によりこの期間を短縮することも，22年まで延長することもできる。なお，特別な場合には，30年まで延長可能。
(32)　cf. Lécuyer, supra note 28, p. 82.

第4節　無期刑を認めない国

1　はしがき

　欧州評議会の 47 の構成国のうち,無期刑をもたない国は,スペイン,ポルトガル,ノルウェイ,クロアチア及びセルビアの 5 か国とのことである。[33]
そのほか,前記『無期の無期』に収録されたプラーデル（Jean Pradel）名誉教授（ポワティエ大学）の論文「比較法における無期刑」によれば,このほか,世界にはスロヴェニア及びドミニカ共和国も,無期刑を認めない国に属する。[34]
　以上の国のうち,スペインとポルトガルについては,次の項で説明することとし,プラーデル論文からスロヴェニア,ドミニカ及びノルウェイについて略述する。[35]
　a．スロヴェニア　1994 年制定の刑法では,自由刑の長期は,原則として 15 年であるが（刑 37 条）,残虐性,営利目的を伴う場合等には,20 年にまで至ることができる。
　b．ドミニカ共和国　刑法は,1810 年のフランス刑法の大きな影響を受けたものである。自由刑の長期は,原則 10 年であるが,謀殺,親属殺,幼児殺の場合には 30 年にまで至ることができ（刑 302 条）,また,拷問・残虐行為を伴う場合には 15 年にまで至ることができる（刑 303-1 条）。
　c．ノルウェイ　自由刑には,長期 15 年とする懲役（fengsel）と長期 20 年とする拘禁刑（hefte）とがある。殺人の法定刑の上限は 5 年の懲役であるが（刑 228 条）,特別凶悪な殺人又は毒殺の場合は,懲役 21 年以下に処することができる（刑 232 条）。

(33)　www.insidetime.org/articleview.asp?a=864.
(34)　Pradel, La peine perpétuelle en droit comparé. dans：Lécuyer, supra note 28, p. 48.
(35)　Pradel, loc. cit.

2 無期刑を廃止した国

〔Ⅰ〕 ポルトガル

ポルトガルは，1867 年世界に先駆けて，憲法で死刑を廃止した。これは，国民の大部分がカトリック信者であって，人の生命を奪うことにつき非常に嫌悪感が強いことによる，といわれる。1976 年公布の現行憲法は，それを承継している（24 条 2 項）。そればかりではない。1995 年制定の現行刑法は，無期刑までも廃止した。自由刑（pena de prisão）は，原則として 1 月以上 20 年以下とされ（刑 41 条 1 項），法律で特別に定める場合には 25 年以下とされている（同条 2 項）。

普通の殺人（homicídio）は，8 年以上 16 年以下の自由刑に処せられるが（刑 131 条），加重殺人は，12 年以上 25 年以下の自由刑に処せられる（刑 132 条）。

〔Ⅱ〕 ブラジル

ポルトガル法の影響を受けたブラジルは，1988 年の憲法 5 条 47 項で，戦時の軍刑法の場合を除いて死刑（pena de morte）を廃止するとともに（a 号），無期刑（pena de caráter perpétuo）をも廃止した（b 号）。

ここに記載した"pena de caráter perpétuo"は，直訳すれば，"無期的性格の刑"ということになるので，終身刑か無期刑かという疑問がない訳ではない。しかし，（終身刑は，もちろん），無期刑を廃止する，という意味であろうと解される。刑法は，有期自由刑（penas privativas de liberdade）のみを規定して，その最高限を 30 年としている（刑 75 条）[36]。

[36] 森下「ブラジルの憲法，刑法，犯罪人引渡し」（下）判例時報 1983 号 54 頁。森下『国際刑法の新しい地平』（2011 年，成文堂）123 頁。

〔Ⅲ〕 スペイン

スペインは，1978 年の憲法（1992 年改正）で，戦時軍法に定める場合を除

いて，死刑を廃止した（15条）。

1995年制定の刑法は，自由刑（penas privativas de libertad）として有期の懲役（pena de prisión）のみを認め，その長期を20年と定めているが（刑36条），例外的に加重事情に応じて25年，30年，40年にまで至ることを認めている（76条）。

(37) 例えば，40年以下の懲役に処することができるのは，組織犯罪，テロ犯罪などの場合である。

3　無期刑廃止国との刑事司法共助

上記の国のほかにも無期刑を廃止した国があると推測される。それらの廃止国との間で，国際刑事司法共助を行うに当たり，無期刑存置国であるわが国にとって妨げとなることが生じうる。2つの場合について考えてみよう。

〔Ⅰ〕　**犯罪人引渡し**

犯罪人引渡しに際し，被請求国が無期刑廃止国である場合において日本から引渡しの請求をしたとき，被請求国から，「無期刑の言渡し又は執行をしないことにつき十分な保証がなされない限り，請求を拒絶する」旨の条件を付せられることが起こりうる。

これは，「犯罪人引渡しと死刑」の問題として，かねてから死刑存置国が苦慮してきた問題である。それと類似の問題が，無期刑についても生じうることとなった。特に，憲法で無期刑を廃止している国との間で，無期刑存置国は，新たな悩みに直面することになった。死刑犯罪ではないが無期刑にあたる罪（例えば，強盗致傷，強盗強姦）が存在するからである。

(38) 森下「犯罪人引渡法における死刑の問題」同・犯罪人引渡法の理論（1993年，成文堂）191頁以下。

〔Ⅱ〕 狭義の刑事司法共助

　グローバル化が進むにつれて，国際犯罪の捜査共助及び司法共助に関して，外国にある証拠を取得するための刑事司法共助が必要とされる場合が増加している。

　かつて著者は，「国際刑事司法共助と死刑・無期刑」と題する論稿において，この問題を考察した。そこでは，「死刑にあたる罪については，国内にある証拠（人証及び物証を含む）には応じられない」とする理由で死刑廃止国が共助の要請（嘱託）を拒むことがありうるという問題と，それに対する解決策の一端とを述べた。ところで，同じ問題が無期刑廃止国から提起される可能性がある。この問題については，解決策の一端としては，上記の論稿で述べたところが参考になるであろう。

　仮に，わが国において死刑に代わるものとしてであれ，終身刑を導入することがあるとすれば，国際刑事司法共助に関する限り，死刑の場合と同様に，終身刑の存置国は困難な問題に直面することになるであろう。終身刑は国際自由権規約7条〔拷問又は残虐な刑罰の禁止〕に抵触するとされているので，無期刑の場合とは異なって，存置国につき困難な問題を生じさせるであろう。

(39)　森下『国際刑法の新しい地平』（2011年）第12章（255頁以下）。

第5節　終身刑導入の問題点

1　終身刑創設法案

　2008年5月，わが国では，超党派の「死刑廃止を推進する議員連盟」（以下，「議員連盟」という。）による「死刑判決全員一致制及び終身刑創設法案」（以下，「法案」という。）が作成された。この法案は，2008年7月，東京弁護士会の夏期研究会の，「死刑制度」をテーマとする第八分科会に提出された。著者は，この分科会にパネリストとして招かれて，意見を述べた。

この法案のタイトルには，英訳が付されているが，そこでは，「終身刑」は 'life imprisonment' と訳されている。この英語表記は，正しくない。すでに本稿で述べたように，「終身刑」を指すためには，"仮釈放の（可能性の）ない無期の刑"（life imprisonment without parole 又は life sentence without parole＝LWOP）と表現すべきである。それは，"仮釈放のある無期刑"（life imprisonment with parole＝LWP），すなわち，通常の無期刑（normal life imprisonment）から区別するためである。

ところで，この法案の正式名称は，「重無期刑の創設及び第一審における死刑に処する裁判の評決の特例に係る刑法等の一部を改正する法律案要綱」（以下，「要綱」という。）となっている。分科会で配布された資料の表紙には，「終身刑」と書かれているのに，要綱では**重無期刑**となっている。これは，ごまかしに見える(41)。

要綱中，刑法の一部改正の目玉というべきものは，次の２点である。
1　懲役及び禁錮は，重無期，無期及び有期とすること（刑法12条１項，13条１項関係）
2　重無期刑については，仮釈放に係る規定を設けないこと（刑法28条関係）

これによると，死刑は存置されるが，新たに「重無期」の懲役及び禁錮が創設され，従来どおり「無期」の懲役及び禁錮は存続されることになる。この論法は，ごまかしではないか。重無期刑については仮釈放が認められないというのであるから，それは，まさに「終身刑」にほかならない。これが「死刑廃止を推進する議員連盟」の法律案要綱であるとは，あきれるばかりである。

「死刑廃止」を推進しようというのであれば，「死刑を廃止し，死刑に代わるものとして終身刑を創設する」という，明確な旗印を掲げるべきではないか。事実，世間には，「死刑に代わるもの（代替物）として終身刑を設けよ」という意見を唱える者がいる。特に，裁判員裁判の制度が始まって以来，「死刑判決に賛成するのは，つらい」と言う者は多い。かつて，『死刑廃止論』（第６版，2000年）を著わした団藤重光博士（元最高裁判事）は，

「裁判員裁判を始めるのであれば，その前に死刑を廃止すべきだ」との意見を語られたことがある。

　このように言うと，「米国では，死刑存置州で終身刑が無期刑と並んで存在するではないか」と論ずる者が出て来そうである。だが，米国を範にすべきではない。米国は，中国，イラン，イラク，サウジ・アラビアに次いで，世界における5大死刑執行国の1つとしてランク付けされているのであり，「死刑を廃止することはできないが，死刑判決を少しでも減少させるために」終身刑を導入している州が少なくない。テキサス州も，その1つである。[42]

(40) 森下「死刑，終身刑，無期刑」判例時報2013号（2008年10月21日）25頁。
(41) 「**重無期刑**」といわれるものは，わが国で戦後，刑法改正が議論された折，仮釈放の要件期間を（例えば，20年）長くした無期刑を指すものとして用いられた表現である。1972年（昭47）3月，法制審議会刑事法特別部会が発表した「改正刑法準備草案」に付された説明書122頁を見よ。
(42) 米国では，1976年以降，1099件の死刑が執行されているが，テキサス州は，そのうち，約37％を占めている。米国では，2011年に43件の死刑執行があった。cf. teachenweb.com/NY/PrestonHigh School/....Death-Penalty.ppt.

2　終身刑の導入に反対する

〔I〕　**終身刑を導入しただけの場合**

　超党派の議員連盟の要綱のように終身刑を導入しただけの場合は，どうなるか。日弁連の死刑廃止検討委員会の「テキサス州終身刑調査報告書」が参考になる。テキサス州の実例によれば，死刑の言渡しが少し減少したものの，これまで無期刑の言渡しをされてきたような事件の一部につき，終身刑が言い渡されている。これは，予想された結果である。

　このように，死刑，終身刑及び無期刑の3者が存続する場合，裁判官及び裁判員は，これら3者のうち，どれにするかにつきアタマをひねることになる。その際，死刑判決に抵抗感のある者は，終身刑を選ぶであろう。そして，従来，「死刑か無期刑か」について苦慮してきたような事件につい

ては，終身刑を選択することになるであろう。

　だが，終身刑には，後に述べるように行刑の現場で非常な困難が生ずることのほか，終身受刑者その者が生きる望みを失って自殺を図ったり，拘禁性精神病にかかって「生ける屍」となる蓋然性が高い[43]。裁判官と裁判員がそのことを知ったならば，「終身刑には賛成できません」と言うことが考えられる。

　このようなことに思いを致すならば，終身刑を創設するだけの場合は，なんら法「改正」に値いしないことが理解されるであろう。

(43)　このほか，終身刑については多くのマイナス点がある。そのことは，普通，法律家にさえ知られていない。

〔II〕　**終身刑は死刑に代わりえない**

　世間には，「死刑を廃止して，犯人を死ぬまで刑務所に入れておけばよい」と言う者が，少なくない。それらの人の中には，「死刑は残虐だから廃止せよ」という人道的見地に立つ者が，少なくない。たしかに，人道的死刑廃止論には十分な根拠がある[44]。

　別の論者は，「今，世界の文明国の中で死刑を存置しているのは，米国と日本だけだ。この汚名をそそぐためにも死刑を廃止すべきだ」と論ずる。この主張には一理がある。だが，米国では 2013 年 4 月現在，全国で計 3,108 人の死刑囚がいる，とのことである。それに比べれば，130 人ほどの死刑確定者がいる日本とでは，同列に論ずることができない。

　死刑廃止論者の中には，死刑には威嚇力（犯罪抑止力）がない，と論ずる者がある。しかし，死刑に威嚇力があるかないかは，実証することができない。では，終身刑には威嚇力があるか。ベッカリーアは，終身奴隷刑（pena de schiavitú perpetua）の方が死刑よりも残酷であって，一般世人に対する威嚇力が大きいことを理由にして，死刑廃止を唱えた（『犯罪と刑罰』第 16 章）（前述）。だが，これについては次の 2 つのことを考えるべきである。

　(1)　『犯罪と刑罰』(1764 年) が匿名で出版されたことからも推測される

ように、「死刑は残虐だから廃止すべきだ」との意見を公表すれば、当時はそれだけで投獄され、（場合によっては）処刑されるおそれが大きかった。それゆえ、終身奴隷刑の方が威嚇力が大きい、という論法を用いたのである。

(2) 当時の終身奴隷刑に処せられた者は、石造りの暗い地下牢に入れられるか、鉱山の地下で鎖につながれて苛酷な労働に従事させられるなどしたようである。彼らは、刑の苛酷さの故に生き長らえることはなかった。

現今において、法律論の立場から死刑廃止の決定的論拠とされるのは、**誤判防止**ということである。死刑執行数の多い米国では、処刑後、誤判であったことが実証された事例が、いくつも公表されている。およそ、人が人を裁く以上、誤判は避けがたい。法律的見地から死刑廃止に真の理由を付するものがあるとすれば、誤判防止を理由とするものだけである。[45]

別の観点から終身刑に賛成する意見として、「再犯防止のために、犯人を死ぬまで刑務所に入れておくべきだ」という、被害者側の主張がある。

しかしながら、20年、30年服役した後に無期刑の仮釈放者が出所後、元の被害者らに報復を企てるということは、稀有の事例である。出所者の再犯を防止する最善の途は、服役中に職業補導をすること、出所後の保護観察を充実させることであろう。これに対して、終身刑受刑者の場合には、刑務所内で凶悪犯罪をするおそれが普通の受刑者に比べて大きい。

このようにして、終身刑が死刑に代わる良い方策だという理由は、とうてい見いだしがたい。

(44) フランスは、1971年に死刑を廃止した。著者は、1965年ごろ、パリで、フランスの死刑廃止連盟会長（女性）に会ったことがある。彼女は、「"死刑は残虐だから"という理由だけで廃止の理由としては十分です。」と言った。
(45) 森下・刑事政策大綱（新版・第2版）（1996年、成文堂）40頁。

〔Ⅲ〕 終身刑の導入に反対する理由
A　法律的見地からの反対論
　すでに述べたように，1966年の国際自由権規約第7条は，「残虐な，非人道的な若しくは品位を傷つける……刑罰」を禁止している。終身刑は，この規定に違反する。違反の理由は，すでに欧州人権条約第3条につき欧州人権裁判所が下した判決と同じである（本書216頁をみよ）。
　さらに，自由権規約10条は，「行刑の制度は，被拘禁者の矯正及び社会復帰（reformation and social rehabilitation）を基本的な目的とする処遇を含む。」と規定する（3項）。この第3項の規定は，規約7条で禁止されている処遇形態に僅かでも適合しないものをも禁止することを含んでいる[46]。それゆえ，終身刑は，社会復帰の可能性を奪う制度であるので，この規定に違反する。
　わが国は，1979年，国際自由権規約を批准して当事国となっているので，国際自由権規約に法的に拘束される。国際自由権規約が「自由を奪われたすべての者」（all persons deprived of liberty）に保障している権利は，"絶対の権利"（absolute rights）であるので（216頁参照），そのことを銘記すべきである。

B　処遇上の見地からの反対論
（ⅰ）刑事施設の特別監房
　終身受刑者は，英語では俗に 'lifer' 呼ばれる。彼らを収容する監房は，'lifers row' とでも呼ばれるであろう[47]。
　終身刑受刑者監房は，おそらく死刑囚監房にならった構造のものとする必要があるであろう。すなわち，片側舎房（廊下に面して片側にだけ舎房がある）とし，特別に厳重な構造のものとする必要がある。監房の内部も頑丈なものとし，自殺防止のための装置を設ける必要がある。
　特別監房の設置には多額の費用を要するであろうが，そのほか，受刑者1人につき年間およそ300万円の収容費がかかると推計される。
　外国の憲法には，「自由刑……は，再教育及び社会復帰を目的とする。」（スペイン憲法25）という趣旨の規定を設けたものがある（同趣旨のものとし

て，イタリア憲法 27 条）。

　わが国の刑事収容施設及び被収容者等の処遇に関する法律（平成 17 年法 50 号）は，次の規定を設けている。

第 30 条（受刑者の処遇の原則）
　　受刑者の処遇は，その者の資質及び環境に応じ，その自覚に訴え，改善更生の意欲の喚起及び社会生活に適応する能力の育成を図ることを旨として行うものとする。

　終身刑受刑者については，上記の処遇原則は，およそ適用されえないものである。
　仮に，終身刑を導入したとすれば，上記法律（略称，刑事施設法）には，第 33 条（死刑確定者の処遇の原則）第 1 項にならって，次の条項を設けるべきことになる。

　　「終身刑受刑者の処遇に当たっては，その者が心情の安定を得られるようにすることに留意するものとする。」

　仮に，これに似た条項を設けるとすれば，それは受刑者処遇の原則に大きな例外を認めることになる。刑務官は，受刑者の改善更生を図る意欲も働き甲斐も失って，ただひたすら「終身刑受刑者が自殺しないように，また，終身刑受刑者によって危害を加えられないことに留意すべき」ことになる。これは，刑務官にとっては堪えがたいことであろう。
　(ii)　拘禁性精神病に罹る者が多い
　死ぬまで刑務所に収容され，死ぬまでそこで無為の生活をすることを余儀なくされている者は，恐らく拘禁性精神病に罹るであろう。そのような者が刑事訴訟法 482 条 1 号「刑の執行によって，著しく健康を害するとき」に当たるとして刑の執行停止の対象とされるかは，疑問である。
　(iii)　最も警戒すべきは，刑務所内において殺人等の凶悪犯罪を計画的に

行うおそれがあることである。例えば，刑務官に向かって，「オレは，どうせ死ぬまでここから出られない。お前を殺せば，その裁判のため塀の外に出ることができる。しかし，殺人を犯しても，死刑に処せられることはない」として暴言をはき，時として刑務官を襲撃することが起こりうる。

(46) Joseph, Schultz & Castan, supra note 24, p. 209., p. 277〔9.139〕, p. 292〔9.172〕.
(47) これは，死刑囚監房が"death row"と呼ばれていることにならった呼称である。

第6節 結 び

上に述べたところから，死刑に代わるものとして，又は死刑言渡しの減少を図るものとして終身刑を創設しようとする提案は，法律学の見地からも実務的見地からも合理的根拠がないことが理解されるであろう。

では，どうするか。考えられる途は，死刑の執行停止を別とすれば，次の2つである。

第1の考え　現行制度の下で，死刑の量刑基準をより厳しくする。

現行の刑罰制度の下で，死刑を存置するが死刑言渡し基準をより厳しくし，無期刑受刑者に係る仮釈放の適正化を図る。問題は，ここにいう「適正化」の内容いかん，であろう。わが国では，かつて無期刑の仮釈放の平均在所期間が15～16年の時代があった。その当時は，刑期20年の受刑者で仮釈放された者の執行率（在所期間を刑期で割った比率）がおおむね75％～80％であったので，無期刑は有期刑20年に相応するとの考えが，実務界の一部で見られた。

しかし，最近では，事情が変わった。1つの考えは，刑法28条に規定する仮釈放の要件期間が，有期刑では刑期の3分の1とされ，無期刑については10年とされていることから単純に計算して，「無期刑は有期30年の刑に相応する」というものである。

第2の考えは，有期刑の上限が30年にまで引き上げられたことに伴い，

「無期刑は，有期 30 年の刑よりも重いはずだ」というものである。

　法の運用は，犯罪事情及び国民観念の推移につれて変わるものである。それらの諸情勢を考慮に入れながら，死刑廃止の政治的決断をするのは，政治家の役割に属するであろう。ただし，政治家といえども，国民世論の大多数が死刑存置を支持するときには，その世論を考慮すべきであろう。

　米国は，死刑執行件数の多い国として世界の非難を浴びている。しかし，'銃社会' といわれる米国では，学校で銃を乱射し，多数の子どもがぎせいになるなど悲劇的事件が跡を絶たない。わが国でも，「だれでもよいから，多数人を殺したかった」などとうそぶく無差別大量殺人事件が発生している事実にかんがみれば，死刑を廃止するかどうかについては，慎重な判断を必要とする。

　わが国の国会議員も一般有識者も，死刑執行の実情，終身刑導入について本書で述べた諸論点を冷静に考えるべきである。

第11章　共謀罪新設の批判的検討

第1節　はしがき
第2節　国越組織犯罪防止条約
第3節　組織的犯罪集団への参加の犯罪化
第4節　TOC条約の国内法化
第5節　立法例における共謀罪
第6節　立法例における参加罪
第7節　日本刑法の基本構造
第8節　一般的共謀罪を新設すべきか
第9節　共謀罪法案をめぐる諸問題
第10節　補論

第1節　はしがき

1　問題考察の出発点

〔Ⅰ〕　**陰謀と共謀**

いま，わが国では，一般的共謀罪を新設しようとの企てが保守党政権によって進められている。

ここで「**一般的共謀罪**」とは，ある程度以上の法定刑にあたる罪につき，すべての共謀（conspiracy）それ自体を罰する犯罪のことである。

従来，わが国の刑法体系にあっては，特別重大な犯罪についてのみ個別に「共謀」を**犯罪化**すること（これまで犯罪とされていなかった行為を新たに犯罪とすること），すなわち，**個別的共謀罪**の建前が採用されてきた。例えば，刑法（明治40年法律45号）について見れば，内乱陰謀（78条），外患誘致等

の陰謀（88条）及び私戦陰謀（93条）だけが，それである。しかも，注意すべきは，これらの条文にあっては，構成要件は「予備又は陰謀をした」という表現になっており，「陰謀」は「予備」と択一的に規定されていることである。

では，「陰謀」と「共謀」とは，どのように異なるか。日本刑法の英語訳では，'共謀した' には 'conspired' が用いられているところから見れば，2人以上の者が合意した（agreed）ことを要するという限りでは，共謀（conspiracy）も陰謀も共通する点をもっている。しかし，陰謀（complot）は，単に目的とする犯罪につき謀議・合意（agreement）をするにとどまらず，犯罪実行の準備段階のうち，物的準備以外の合意を指すという見解が妥当であろう。このことは，犯罪学的考察からも理解される。[1]

犯罪学的に見れば，内乱，つまりクーデター（coup d'état）を成功させるためには，ある程度の数の者が事前に詳細な計画を立て，その計画を実施するために必要な打合せをすることを要する。例えば，反乱（内乱）実行部隊の連絡，移動，必要な実力行使の具体策，武器，弾薬，兵糧の確保，その資金の確保をどうするか，反乱行為に突入したとき，その襲撃の相手をだれにするか，放送局，新聞社，通信社を襲撃して傘下に収めるにはどの方策によるか等々，打合せをすることは，実に多岐にわたっている。陰謀が目的とする犯罪は，多衆犯であって，しかも既遂にまで至るには多大の困難を乗り越える必要がある。そのため，共謀の内容は，単に2人が合意すれば足りるようなものではない。これに対し，殺人，強盗，窃盗などの街頭犯罪（street crime）については，2人の合意が成立することは，容易である。

これらの点を考慮すれば，陰謀と共謀とは，共に2人以上の者の合意が必要であるとはいえ，陰謀にあっては，合意の内容は，多方面にわたって組織的なものであることを要するであろう。

[1] 木村亀二編・体系刑法事典（1966年，青林書院新社）247頁。

〔Ⅱ〕 法定刑では対等の扱い

法定刑を見ると，内乱の「予備又は陰謀」は，1年以上10年以下の禁錮であるのに対し，外患の「予備又は陰謀」は，1年以上10年以下の懲役とされ，私戦の「予備又は陰謀」は，3月以上5年以下の禁錮とされている。ここでは，「予備」と「陰謀」につき同一の法定刑が規定されていることに注目すべきである。一般的に言えば，陰謀は予備の前段階の行為であって，予備に比して法益侵害性の程度が低いと考えられるのに，これらの罪にあっては，予備と陰謀は同等の法益侵害性がある行為とみなされていることになる。

以上の考察からすれば，現行刑法は，特別重大な国家的法益に対する罪についてのみ，「陰謀」を罰しており，しかも「陰謀」は「予備」と同等に高い法益侵害性をもつものと捉えられていることになる。

2　一般的共謀罪の新設問題

先に述べたように，ある程度以上の重大な犯罪については共謀それ自体を犯罪化（criminalization）されたものが，**一般的共謀罪**である。これは，特定の重大犯罪につき共謀を罰する場合を「各本条で定める」もの[2]，すなわち，**個別的共謀罪**とは，犯罪化の方針が根本的に異なっていることを意味する。

犯罪化とは，これまで犯罪とされていなかった行為を「犯罪」として罰するようにすることをいう。犯罪化には，それを必要とする理由，犯罪化によって達成されると見込まれる犯罪抑止効果，犯罪化に伴う人権侵害の危険性についての歯止めを十分に考慮する必要性がある[3]。これが，犯罪化を正当化する基準である。それについて若干考察する。

(1) 犯罪化を必要とする理由　　犯罪の増加，社会構造の変化，技術革新，法意識の変化などによって犯罪化が必要とされることが，それである（第1基準）。例えば，車時代の到来による交通事故の多発化に伴い，無免許運転，飲酒運転，スピード違反の処罰の必要性が高まり，道路交通法の改正によって犯罪化が進められたことが，典型的なものである。

(2) 犯罪抑止効果　　例えば，姦通を犯罪化しても，その規定は，事実上空文化することが見込まれる。罰則の空文化は，法の軽視を招くおそれさえある。道徳的規律とか，社会的倫理規範の確立にゆだねることが望ましい場合には，刑法の謙抑主義の観点からも，犯罪化は差し控えるべきである。

(3) 人権擁護への配慮　　刑罰は，それを適用される者にとっては，自由の制限（逮捕，勾留，刑事施設への収容など），資格制限に因る生活基盤の喪失，場合によっては家庭崩壊など重大な人権侵害を伴う。

このような見地からすれば，共謀罪法案がめざす一般的共謀の犯罪化については，**犯罪化を正当化する基準に適合する**かどうかを慎重かつ厳正に判断することが要請される。

(2)　「各本条で定める」という立法方式は，現行刑法では，未遂について第44条で採用されている。
(3)　森下・犯罪者処遇論の課題（1988年，成文堂）219-220頁を見よ。

3　共謀罪法案

〔Ｉ〕　法案の条文

2003年以降，国会に上程された共謀罪法案は，後述するように3度廃案になっているのではあるが，保守党政権は機を見て法案を国会に上程する意向のようである。

政府案として国会に上程された共謀罪法案は，国越組織犯罪防止条約（後述）を批准するため国内法の整備をめざす法案の中で最も争いの多い部分である。以下，その部分を便宜上，**共謀罪法案**と呼ぶことにする。

共謀罪法案の正式名称は，「犯罪の国際化及び組織化並びに情報処理の高度化に対処するための刑法等の一部を改正する法律案」である。

この法案は，いわゆる組織的犯罪処罰法の第6条（組織的な殺人等の予備）の次に，第6条の2として次の規定を追加することを目ざすものである。

(組織的な犯罪の共謀)
第6条の2 次の各号に掲げる罪に当たる行為が，団体の活動として，当該行為を実行するための組織により行われるものの遂行を共謀した者は，当該各号に定める刑に処する。ただし，実行に着手する前に自首した者は，その刑を減軽し，又は免除する。
　　1　死刑又は無期若しくは長期10年を超える懲役又は禁錮の刑が定められている罪　　5年以下の懲役又は禁錮
　　2　長期4年以上10年以下の懲役又は禁錮の刑が定められている罪
　　　　2年以下の懲役又は禁錮
　2　前項各号に掲げる罪に当たる行為で，第3条第2項に規定する目的で行われるものの遂行を共謀した者も，前項と同様とする。[5]

(4) 「組織的な犯罪の処罰及び犯罪収益の規制等に関する法律」(平成11年法律136号)を指す。
(5) 「団体に不正権益を得させ，又は団体の不正収益を維持し若しくは拡大させる目的」を指す。

〔Ⅱ〕 法案に向けられる主要な批判

　上記第6条の2（組織的な犯罪の共謀）について注意すべきは，その法定刑が第6条（組織的な殺人等の予備）と同じであることである。これは，次の2点において「共謀」の厳罰化を図ろうとするものであって，**刑法の基本原則に反する**という批判が向けられる。

A　対象犯罪の範囲

　第6条（組織的な殺人等の予備）にあっては，遂行を目的とする犯罪は，殺人及び営利目的の略取・誘拐の罪に限定されている。つまり，予備については，個別的な犯罪化がなされている。

　これに対し，**第6条の2（組織的な犯罪の共謀）**にあっては，共謀の対象とする犯罪（対象犯罪）の限定はなく，単に法定刑によって枠がはめられているだけである。すなわち，**一般的共謀罪**の新設がめざされている。

　これによれば，共謀よりも法益侵害性（違法性）が大きい予備については**個別的犯罪化**がなされるのに対し，予備よりも法益侵害性が小さい共謀に

ついては**一般的犯罪化**がなされるという，**堪えがたい不合理**が生ずることになる。これについては，およそ犯罪化に当たっては当該犯罪化を真に必要とされることを要するという，第1基準に適合しないのではないか，という根本的批判が向けられる。

B　法定刑の重さ

第6条の規定及び第6条の2の規定にあっては，法定刑が同一であることに注目すべきである。このことは，**法益侵害性の程度に応じて法定刑を定めるという刑法の基本原則に反する**。

現行刑法にあっては，予備と陰謀が同一の法定刑で罰せられているのは，前記のとおり第77条，第88条及び第93条の場合に限られている。そして，「予備」については，殺人予備（201条），放火予備（113条）及び強盗予備（237条）(6)だけが罰せられているにすぎず，共謀は罰せられていない。このことは，殺人，放火及び強盗については，単に共謀の段階では犯罪化が容認される基準に適合しないと判断されたからであろう。

しかるに，共謀罪法案にあっては，犯罪の種類を限定することなく，一定基準の法定刑にあたる罪については，共謀と予備は同等の法益侵害性を有するものとして同一の刑に処することとしている。これは，刑法の基本原則に明白に違反する。

(6)　実は，強盗が殺人及び放火と同程の法益侵害性をもつ凶悪犯罪であるかについては，疑問がある。持凶器の集団強盗のごとき場合を別とすれば，強盗が一般的に殺人，放火と同等の法益侵害性をもつとは考えられない。現行刑法の制定に当たっては，保守の牙城ともいうべき貴族院の議員が強盗を特に重大視した結果，強盗についても予備を罰することとした。森下「強盗罪と強盗傷害罪」判例時報1995号（2008年4月21日号）を見よ。

4　共謀罪法案をめぐる経緯

共謀罪法案は，2002年に法制審議会で検討された後，次のとおり3度廃案になっている。

1．2003年3月の通常国会に提案され，廃案
2．2004年の通常国会に再提出され，継続審議となり，翌年（2005年），衆議院解散で，廃案
3．2005年10月の特別国会に提出され，継続審議となり，2009月7月，衆議院解散で，廃案

このように3度も廃案になりながら，政府は，またも機会をねらって国会上程をして法案成立を図る意向のようである。とりわけ，2013年12月に**特定秘密保護法**（平成25年法律108号）が成立したのに続いて，2014年7月1日，安倍内閣が集団的自衛権の行使を容認する閣議決定を行った。これに勢づいたのか，保守党政権は，共謀罪法案を国会に上程する機会をうかがっているようである。

第2節　国越組織犯罪防止条約

1　条約の沿革と主な内容

〔I〕　条約の沿革

A　パレルモ条約の成立

国越的な組織犯罪が増大したため，1994年11月，イタリアのナポリで開催された国越組織犯罪世界会議において，「ナポリ政治宣言及び世界実行計画」が採択され，国越的な組織犯罪に対処するための法的枠組みを定める国越組織犯罪防止条約の検討が提唱された。

1998年12月，国連総会において国越組織犯罪防止条約の本体条約，並びに「人身取引」，「密入国」及び「銃器」に関する3つの議定書を起草するためのアド・ホック委員会（Ad Hoc Committee　政府間特別委員会）の設置が決定された。この委員会で条約案が起草され，本体条約並びに「人身」及び「密入国」に関する2つの議定書については2000年11月5日に，また，「銃器」に関する議定書は，2001年5月30日に，それぞれ国連総会で採択された。

2000年12月，イタリアのパレルモ (Palermo) において，条約及び関連議定書の署名会議が開催され，本体条約には124か国，「人身取引議定書」は81か国，「密入国議定書」については，78か国が署名した。

 このように条約本体は，2002年12月にパレルモで署名会議が開かれたことにかんがみ，この条約は，**パレルモ条約**と呼ばれている。2003年9月25日，発効した。

B 日本の対応

 日本は，条約本体についてはパレルモで行われた署名会議で署名し，ついで2003年5月14日，国会でこれを承認した。しかし，その後も批准していない。2014年10月末日現在，批准などをしている締約国（当事国）の数は182か国に及んでいる。しかるに，G7の国の1つである日本が未批准であることについて諸外国から批准を求めるなんらかの圧力が加えられているようであって，こうした国際情勢に即応するべく，保守党政権は，共謀罪法案を可決することにより締約国として義務を果たすことを意図しているようである。

 なお，本体条約に付属する3つの議定書について，わが国は，2002年12月9日，国連本部で署名した。この3議定書のうち，「密入国」及び「人身売買」の両者については，国会で承認された。「銃器」議定書については，未承認である。

〔II〕 条約の名称

 条約の正式名称は，次のとおりである。

 英　United Nations Convention against Transnational Organized Crime
 仏　Convention des Nations Unies contre Criminalité Transnationale Organisée

 この条約は，わが国では，なぜか「国連越境組織犯罪防止条約」と呼ばれている。この名称は，政府筋が用いているものであって，その影響を受けて日弁連なども，追随して用いている。

 この名称では，'transnational'を「越境的」と訳している点で，誤って

いる。この言葉は,「**国越的**」と訳すべきである。

'transnational' の意義は，本条約3条（適用範囲）2項に掲げられている（後出）。

ここでは，次の3つの言葉について比較検討することが，有益である。

    international 国際的
    transnational 国越的
    transfrontier 越境的

これにつき，若干の説明を試みる。

international crime（国際犯罪）は，広狭さまざまに用いられている。狭義では，戦争犯罪，人道に対する罪など，世界的裁判権（universal jurisdiction）の対象とされる犯罪を指す。これに対し，広義では，犯罪捜査，証拠の収集，司法共助，犯罪人引渡しなどにおいてなんらかの国際的関係性を有する犯罪を指すものとして用いられる。一般には，国際的規模において行われることが多い犯罪を指すことが多い。

transnational crime（国越犯罪）という言葉は，第2次大戦後に登場した言葉であって，1970年ころには，広く世界の学者や実務家によって用いられるようになった言葉である。一般的には，「いくつかの国にまたがって行われることの多い犯罪」というニュアンスで用いられている。本条約3条2項に定義されている 'transnational' は，3条1項の適用に当たり，性質上（又は本来的に）（in nature, de nature）'国越的' としたのであって，それは処罰範囲を明確にする意図にもとづくであろう。

それはともあれ，'transnational' という言葉から **'国越性'**（transnationality）という言葉が派生していることに注目したい。

transfrontier crime（越境犯罪） 普通，この言葉は，文字どおり国境を越えて，又は国境をはさんで行われる犯罪というニュアンスで用いられている。そのほか，国境を越えた麻薬の密輸入，例えば，中南米の国から小包便で麻薬をヨーロッパに密輸出する場合が含まれることもある。

このように，「国越的」と「越境的」とは，異なる意義で用いられている。本条約にあっては，適用範囲につき，特に 'transnational' の定義がなされ

ているのであるから，条約名としては**国越組織犯罪防止条約**と訳すべきである。

2　TOC条約の主な内容

以下の叙述では，国越組織犯罪防止条約（Convention against Transnational Organized Crime）を便宜上，**TOC条約**と呼ぶことにする。

TOC条約は，41か条から成るが，そのうち，主要な内容をもつ条項は，次のとおりである。

1. 用語（2条），適用範囲（3条）
2. 組織的な犯罪集団への参加の犯罪化（5条）
3. 犯罪収益の洗浄（laundering）の犯罪化（6条）
4. 汚職行為（corruption）の犯罪化（8条）
5. 没収及び押収（12条）
6. 裁判権（jurisdiction, compétence）（15条）
7. 犯罪人引渡し（16条）
8. 司法共助(7)（mutual legal assistance）（18条）
9. 特別捜査手法（special investigative techniques）（20条）
10. 司法妨害（obstruction of justice）の犯罪化（23条）
11. 証人の保護（24条）
12. 被害者に対する援助及び保護の提供（25条）
13. 条約の実施（implementation, application）（34条）
14. 廃棄（条約からの脱退）（40条）

これらの条文を内容について見れば，次の3つに分類される。

(a) 犯罪化に関するもの（3条，5条，6条，8条，23条）
(b) 司法共助に関するもの（12条，18条）
(c) 国際協力に関するもの（20条，24条，25条）

これらの規定のうち，共謀罪の新設問題に関係があるのは，主として第5条である。以下，共謀に焦点をあてて考察する。

(7) わが国では，**司法共助**（mutual legal assistance）のことを，英語の表現を直訳して「法律上の相互援助」と訳しているが，この訳語は正しくない。フランス語正文に用いられている"entraide judiciaire"のとおり「司法共助」という定着した法律用語を用いるべきである。ここでは，いわゆる狭義の司法共助（minor judicial assistance, entraide judiciaire mineure, kleine Rechtshilfe）を指す。森下・国際刑事司法共助の理論（1983年，成文堂）11頁以下，同「国際刑事法関係の訳語」判例時報 2017号（2008年11月）。

第3節　組織的犯罪集団への参加の犯罪化

関係条文の邦訳

共謀罪に関係する条文のうち，必要と思われる部分につき，英語正文とフランス語正文とを対照しながら，仮訳（森下訳）を掲げる。

第2条（用語）
　　この条約の適用上，
　(a)　「組織的犯罪集団」（organized criminal group）とは，3人以上の者で構成された集団であって，直接又は間接に金銭的利益その他の物質的利益を得るため(注)，一定の期間継続して存続し，かつ1又は2以上の重大な犯罪又はこの条約に従って定められる犯罪を行うことを目的として協力して行動するものをいう。
　　（訳注）「金銭的利益その他の物質的利益を得るため」（in order to obtain a financial or other material benefit）行動する団体であることを要するので，上記の利益獲得をめざさない集団，例えば，テロリスト集団は，含まれない。立法ガイド（LG）・パラ26参照。
　(b)　「重大な犯罪」（serious crime；infraction grave）とは，長期4年以上の自由刑又はそれより重い刑に当たる罪を構成する行為をいう。
　(c)　「構成された集団」（structured group）(注)とは，犯罪を即時に実行するために偶然に形成されたものではない集団をいい，その構成員につき正式に定められた役割があること，その構成員が継続性を有すること又は

整った構造を有することを要しない。
（訳注）「構成された集団」という用語は，広義に用いられているので，その団体内部において役割などにつき上下関係のあることを要しない。立法ガイド・パラ28参照。
（以下，dからjまでの規定を省略する。）

第3条（適用範囲）
1 この条約は，別段の定めがある場合を除くほか，次に掲げる犯罪の防止，捜査及び訴追について適用する。
 (a) この条約第5条，第6条，第8条及び第23条の規定に従って定められる犯罪
 (b) この条約第2条に定義する重大な犯罪であって，性質上国越的（transnational in nature）であって組織的犯罪集団が関与するもの
2 第1項の適用上，犯罪は，次の場合には性質上国越的である。
 (a) 2以上の国において行われるとき。
 (b) 1か国において行われるのであるが，その準備，計画，指示又は統制の実質的部分が他国において行われるとき。
 (c) 1か国において行われるのであるが，2か国以上において犯罪活動を行う組織的犯罪集団が含まれるとき。
 (d) 1か国において行われるのであるが，他国に実質的影響を及ぼすとき。

第5条（組織的犯罪集団への参加の犯罪化）
1 締約国は，故意に行われた次の行為を犯罪とするため（to establish as criminal offences），必要な立法その他の措置をとる。
 (a) 次に掲げる犯罪の1方又は双方。ただし，犯罪活動の未遂又は既遂を含むものを除く。
  （訳注） フランス語正文では，「一方又は他方」となっている。
 (i) 金銭的利益その他の物質的利益を得ることに直接又は間接に関係する目的で重大な犯罪を行うことを1人又は2人以上の者と合意すること（agreeing；s'entendre）。ただし，国内法により必要とされるときは，その合意が参加者の1人による合意促進のための行為を伴い，又は組織的犯罪集団が関与するもの
 (ii) 組織的犯罪集団の目的及び一般的な犯罪活動又は当該犯罪を行う意図を知りながら，次の活動に積極的に参加する行為
  a 組織的犯罪集団の犯罪活動

b　組織的犯罪集団のその他の活動であって、当該個人が自己の参加が上記の犯罪目的の達成に寄与することを知っているもの
　(b)　組織的犯罪集団が関与する重大な犯罪を組織し、指揮し、幇助し、鼓舞し、又は援助若しくは相談（counselling, conseils）によって犯行を助長すること^(注)。
　　　（訳注）　英語正文と仏語正文とでは、表現に差があるので、この号については、仏語正文によって訳した。
2　第1項に規定する認識、意図、目的又は合意は、客観的な事実の状況によって推認することができる。
3　第1項(a)(i)の規定に従って定められる犯罪に関しては組織的犯罪集団の関与を必要とする締約国は、その国内法が組織的犯罪集団の関与するすべての重大な犯罪を適用の対象とするよう努める。第1項(a)(i)の規定に従って定められる犯罪に関して、自国の国内法により合意を促進する行為（an act in furtherance of the agreement）を必要とする締約国は、この条約の署名の際又は批准書、受諾書、承認書若しくは加入書の寄託の際に、国際連合事務総長にその旨を通報する。

第4節　TOC条約の国内法化

1　はしがき

　TOC条約は、**条約刑事国際法**（droit international pénal conventionnel）、言いかえると、刑事に関する国際法であって、条約をその法源とするものである。刑事国際法（droit international pénal, Völkerstrafrecht）は、第2次大戦後に誕生した新しい法領域であるが、そのうち、刑事に関する条約が相次いで締結されるに及んで、「条約刑事国際法」という法分野が生まれた⁽⁸⁾。
　条約刑事国際法のねらいとするところは、罪刑法定主義ないし法定主義（principle of legality）の理念に照らして刑事国際法の内容を条約で明記することにある。

条約は，国家間の合意であるから，「合意は守られねばならない」「合意は拘束する」(Pacta sunt servanda.) は，国際法の根本原則である。この見地から，1969年の条約法条約（条約法に関するウィーン条約）（1980年発効）26条は，「効力を有するすべての条約は，当事国を拘束し，当事国は，これらの条約を誠実に履行しなければならない。」と規定している。誠実の原則は，国際関係の全体に通じるものであるが，条約法に関しては特に重要であって，条約法条約31条は，「条約は，……誠実に解釈するものとする。」と規定している。

(8)　ベルギーのグラーゼル（Stéfan Glaser）教授は，1954年刊行の『刑事国際法入門』（Introduction à l'Etude du Droit International Pénal）において，新しい法領域として「刑事国際法」の誕生を提唱した。その後，条約を法源とする刑事国際法を「条約刑事国際法」と呼び，その名称を付した2冊の大著を公刊した。cf. Glaser, Droit International Conventionnel, Vol. Ⅰ, 1970, Ⅱ, 1978.
(9)　横田喜三郎・国際法Ⅲ〔新版〕・法律学全集（1972年，有斐閣）432頁。

2　TOC条約の国内法化

〔Ⅰ〕　国内法化の2つの主義

　一般原則として，国際法は，国際的義務を当該国に適合する方法で履行する自由を容認している。これが，履行の自由（freedom of implementation）といわれるものであるが，Pacta sunt servanda.（合意は守られねばならない）（合意は拘束する）の原則に照らして，履行の自由には限度がある。

　条約が締約国において効力を有するためには，条約の規定が国内法化（すなわち，国内法への取入れ）がなされる必要がある。その取入れ（incorporation, implementation；application）の方式には，次の2つが存在する。

　a．一元主義（monism, monism system）　　これは，国内法と国際法は，一つの同一法秩序（one and same legal order）を構成するものであるという制度である。これによれば，条約の当事国にあっては，条約がそのまま国内法として効力を有することになる。

b．二元主義（dualism, dualism system）　これは，国内法と国際法とは別個の法秩序を構成するという制度である。この制度によれば，条約が国内法において効力を有するためには，当該国において立法措置を必要とすることになる。現今，ほとんどすべての国が，この制度を採用している。

現今，二元主義が世界の大勢であることは，次の2つの事柄から容易に理解される。

(1)　条約は，異なる法体系，法制度の国を含んでできる限り多くの国に当事国となってもらうという見地から，妥協的で融通のきく文言で書かれている。それゆえ，国内立法をするに当たっては，自国の法制度や法観念に適合した文言にする必要がある。

(2)　罪刑法定主義，法定主義の見地から，実体法と手続法にあっては，明確な規定で立法する必要がある。1例を挙げれば，1970年の航空機不法奪取条約（ハーグ条約）2条〔厳重な処罰〕は，「各締約国は，犯罪行為〔航空機不法奪取〕について厳重な刑罰を科することができるようにすることを約束する。」と規定するが，ここでは「厳重な刑罰」(severe penalties) とは何かが不明確である。ハーグ条約は，締約国における刑の体系がさまざまであることにかんがみ，締約国の立法裁量に委ねたのである。なお，同じことは，1971年の民間航空不法行為防止条約（モントリオール条約）3条〔厳重な刑罰〕についても，妥当する。

1948年のジェノサイド条約5条は，締約国に対し集団殺害行為（3条）につき「効果的な刑罰」(effective penalties) を科すべき旨を規定している。1997年のOECDの外国公務員汚職防止条約3条（制裁）は，「外国公務員への贈賄には，効果的で均衡のとれた，かつ抑止力のある (effective, proportionate and dissuasive) 刑事制裁を科する。」と規定している。

このように見るならば，裁判権を設定する締約国にとっては，犯罪構成要件の定立におけるよりも刑罰ないし刑事制裁の定め方につき裁量の幅が広いことになるであろう。

(10)　Ferdinandusse, Direct Application of International Criminal Law in National

Courts, 2006, Asser (Hague), p. 132.
(11) Ferdinandussee, supra note 10, p. 140.

〔Ⅱ〕 国内法への取入れの程度

条約の国内法への取入れ（incorporation, inclusion）については，どの程度に取り入れるか，言いかえると，条約で裁判権の設定が義務づけられている範囲・程度を超えて取り入れるか，その範囲・程度を下回って取り入るかの問題がある。これについては，文献では，次の表現が用いられている。

　　over-inclusion（過大取入れ）　　これは，行き過ぎ処罰型ともいうべき方式である。
　　under-inclusion（過小取入れ）　これは，控え目処罰型，謙抑型ともいうことのできる方式である。

ここでは，何をもってoverというか，何をもってunderというかが，問題になる。これにつき文献で論及したものが見当たらないので，著書の考えたところを述べる。

締約国が立法措置をとる義務については，3つのレベルがある。[12]

A　立法すべき義務（obligation to legislate）

これは，正確に言えば，立法その他の措置（legislative or/and other measures）をとるべき義務のことである。例えば，TOC条約5条1項を見よ。ここで義務づけの対象とされる事柄は，義務的要件（mandatory requirement）と呼ばれる。

これには，(i)絶対的に義務づけられている場合と(ii)特定の要件が備わることを条件として義務づけられる場合がある。例えば，TOC条約5条3項では，1項(a)(i)の罪〔共謀罪など〕に関しては国内法で組織的犯罪集団の関係が要求されている締約国は，組織的犯罪集団が関与するすべての犯罪をカバーするように努めることが義務づけられている。

B　考慮すべき義務（obligation to consider）

これは，必要な立法その他の措置をとることを考慮すべき義務を意味する。例えば，本条約8条（汚職の犯罪化）2項の規定が，それである。言い

かえると，この考慮義務が規定するのは，選択的要件（optional requirement）である。

 C とることが任意的である措置（optional measure）

条文では，「締約国は，……を考慮することができる」（States Parties may consider）などの文言が用いられている。例えば，本条約 12 条（没収及び捜索）7 項が，それである。

(12) 本条約の立法ガイド（LG）パラ 55 以下を参照。なお，森下・諸外国の汚職防止法制（2013 年，成文堂）11 頁以下には，国連汚職防止条約の立法ガイドに従って「立法措置の義務のレベル」について説明がなされている。

〔Ⅲ〕 **安全ガード条項**

本条約には，いわゆる**安全ガード条項**（safeguard clause）として次の文言が条文中に織り込まれている。[13]

 A 国内法の基本原則に従い

  例えば，6 条（資金洗浄の犯罪化）1 項，26 条（法執行当局との協力を促進する措置）3 項

 B 国内法制の基本観念に従って

  例えば，6 条（資金洗浄の犯罪化）1 項(a)(ii)

 C 国内法制の基本原則によって許されるときは

  例えば，20 条（特別捜査手法）1 項

(13) 国連汚職防止条約における安全ガード条項につき，森下・(注 12)前掲書 12 頁以下を見よ。

〔Ⅳ〕 **本条約取入れの一般要件**

本条約は，条約の実施（国内法への取入れ）（Implementation of the Convention；Application de la Convention）につき，次の一般規定を設けている。

第3条（条約の実施）

1　各締約国は，この条約における義務の履行（implementation of its obligations ; l'execution de ses obligations）を確保するため，自国法の基本原則に従い，立法措置及び行政措置を含む必要な措置をとる。
2　この条約第5条，第6条，第8条及び第23条に従って定められた犯罪は，この条約第3条第1項に規定する国越的性質又は組織的犯罪集団の関与とは独立に各締約国の国内法において定められる。ただし，この条約第5条が組織的犯罪集団の関与を要求している範囲内では，この限りでない。
3　各締約国は，国越的組織犯罪を防止し，かつ制圧するためにこの条約で規定されているよりも厳格な又は厳しい措置をとることができる。

この規定においてまず注目すべきは，国内法への取入れの最小限基準（minimum standards of implementation）として，「**自国法の基本原則に従い**」（in accordance with fundamental principles of its domestic law）必要な措置をとるべき旨が明記されていることである。この条約の**立法ガイド**（Legislative Guide = **LG**）パラグラフ（以下「パラ」という。）によれば，立法者らは，新しく制定される法令が自国の法的伝統，原則及び基本法（fundamental laws）と両立するよう努めなければならない。このことは，裁判所又は裁判官による新法令の解釈についての衝突及び不確実性の危険を回避することになる（LGパラ43）。それゆえ，新しい犯罪が現行の国内法と両立することを確保するため，努力がなされなければならない（LGパラ44）。

ところで，LGパラ45には，次の重要な記述がある。それによれば，条約が締約国に対して義務づけている犯罪化の対象犯罪にあっては，性質上国越的であること（国越性　transnationality）及び組織的犯罪集団の関与は原則的要件とされているにすぎず，**国越性は国内法次元では必要条件とされてはならない**（transnationality must not be an element at the domestic level）。なぜなら，国越性を国内立法の必須要件としたならば，法執行を不必要に複雑なものにし，妨げることになるであろうからである（LGパラ45）。

3　組織的犯罪集団への参加の犯罪化（第5条）

TOC条約第5条の規定を分析して，若干の考察を試みる。

〔Ⅰ〕　第5条1項(a)
A　共謀罪

ここでは，(i)共謀罪と(ii)参加罪との2つの類型が掲げられており，締約国は，故意で行われた共謀罪と参加罪のうち，いずれか一方又は双方を犯罪化すべきことを義務づけられている。^(注)

　　（訳注）　フランス語正文では，「一方又は他方」となっている。

共謀罪の義務的要件，すなわち，必要的構成要件要素は，次のとおりである。

　a．営利目的に直接又は間接に結びつく
　b．重大な犯罪を行うことを
　c．2人以上の者の間で合意したこと。

これは，コモン・ローの 'conspiracy'（共謀罪）に近いものである（LGパラ56）。上記3つの要件が備れば，犯罪は成立するので，いわゆる単純合意（mere agreement）による共謀罪（**単純共謀罪**）と呼ぶことができるであろう。これによれば，例えば，（団体の活動として）通行人からハンド・バッグのひったくりをすることの合意が2人の間で成立したとき，窃盗の共謀罪が成立することになる。

立法ガイドによれば，「財政的又はその他物質的利益の獲得に直接又は間接に結びつく目的」という文言は，広義に解釈すべきである。例えば，性的満足を得る目的とか，幼女を性的にもて遊ぶ目的とかも，これに含まれる。しかし，主義・主張を達成しようとするなどの，純粋に非物質的な目的は，共謀の構成要件には該当しない（LGパラ59）。

これに対し，締約国は，加重共謀罪とでも呼ぶことのできる類型に限り処罰する旨の，選択的要件（optional requirement）を付加することができる。すなわち，(i)いわゆる 'overt act'（外部行為）──条文では，合意促進行為

(an act in furtherance of the agreement) と表現されている —— を必要とすること，又は(ii)組織的犯罪集団の関与を要件とすることもできる (5条3項)。

言うまでもなく，単純共謀でもって犯罪の成立を認めるとすれば，その適用範囲は甚しく広いものになる。これでは，国越組織犯罪防止条約という看板はどこへやら，という非難を免れることはできないであろう。

しかも，注意すべきことがある。それは，**共謀 (agreement) は，客観的な事実状況 (objective factual circumstances) から推認されるものであれば足りる**とされていることである (5条2項)。認識 (knowlege)，意図 (intent)，目的 (aim, purpose) は，内心の状態であるから，外部的な客観的状況から推認せざるを得ないことは理解できるが，合意についても同様でよいであろうか。疑問を提出しておきたい。立法ガイドによれば，締約国の証拠法上，そのような情況証拠 (circumstantial evidence) が認められないのであれば，5条2項の要件に適合するよう法改正をなすべきである (LG パラ 67)。これは，締約国は国内法の基本原則に従って立法上・行政上の措置をとるべき旨を規定している 34 条 1 項と適合するであろうか。

B　参加罪 (5条1項(a)(ii))

(1)　参加罪の沿革

大陸法 (civil law) は，伝統的に単純合意 (単純共謀) を犯罪化することに反対してきた。その代わりに，犯罪組織の結成及びにそれに参加する行為を罰する立法が承け継がれてきた。その先駆けをしたものは，1810 年制定のフランス刑法 (いわゆるナポレオン刑法典) であった。この刑法は，各則に「凶徒結社罪」(association de malfaiteurs) (265 条～268 条) を設けた。それは，重罪又は一定の軽罪を準備する目的で結成された団体 (association) (暴力集団) に加入し又は共謀に参加する行為並びにその幇助行為を罰するものであった。フランス革命後に革命政府が行った失政のゆえに治安が乱れ，国内にはびこった暴力集団をきびしく取り締まる必要が生じた。そうした時代背景の下に制定されたナポレオン刑法典では，治安の確立を望む国民の声に応える形で凶徒結社罪が新設されたのである[14]。このナポレオン刑法典は，近代的刑法典のモデルとして，その後に制定された大陸法系の国の

立法に大きな影響を及ぼした。

(14) フランス刑法典は，その後の政治的変遷につれていくたびも修正を余儀なくされた。第1期は，自由思想の発達と刑の緩和の時代（1810-1875）である。その後の変遷については，森下「フランス刑法沿革略史」法務資料448号・フランス刑法典（法務省，1990年）などを参照されたい。

(2) 参加罪の立法例

20世紀以降における代表的立法例として，イタリア，ドイツ及びフランスの犯罪的結社罪を紹介する。

A　イタリア刑法（1930年制定）
第416条（犯罪を犯すための結社）[15]
1　数個の犯罪を犯す目的で3人以上が結社したときは，結社を発起し又は組織した者は，そのこと自体（per ciò solo）で3年以上7年以下の懲役に処する。

2　結社に加入した行為のみについては，1年以上5年以下の懲役に処する。

3　首謀者は，発起人について定める刑に処する。

4　結社員が武装して地方又は公道を歩き回ったときは，5年以上15年以下の懲役に処する。

5　結社構成員（associati）の数が10人以上であったときは，刑を加重する。

6　（2003年法228号により追加）（省略）

第416条の2（外国のものを含むマフィア型結社）[16]
1　3人以上で構成されるマフィア型結社（associazione di tipo mafioso）に加入した者は，7年以上12年以下の懲役に処する。

2　マフィア型結社を発起し，指揮し，又は組織した者は，そのこと自体で，9年以上14年以下の懲役に処する。

3　（省略——マフィア型結社の定義規定）

4　結社が武装していたときは，刑は，第1項の場合には9年以上15年以下の懲役とし，第2項の場合には12年以上24年以下の懲役とする。

5から8まで（省略）
第416条の3（政治家とマフィアとの間の選挙買収）……7年以上12年以下の懲役
第417条（保安処分）[17]
前2条の罪による刑の言渡しの場合には，つねに保安処分を命ずる。
第418条（構成員の援助）……2年以上4年以下の懲役

(15) 第2次大戦後，一部改正がなされている。ここに訳出したのは，2011年現在の規定による。
(16) 1982年法律646号により追加された。
(17) ここにいう保安処分は，非拘禁的保安処分，すなわち，監視付自由（刑228条以下），居住制限（刑233）及び一定の場所への出入禁止（刑234条）であると思われる。監視付自由は，公安官憲の監視下に置く処分である。

B ドイツ刑法
第129条（犯罪的団体の結成）
1 その目的若しくは活動が犯罪行為を行うことに向けられた団体を設立した者，又はこのような団体に構成員として参加し，このために勧誘し，若しくはこれを支援した者は，5年以下の自由刑又は罰金に処する。
2 （略）
3 （略）
4 行為者が首謀者若しくは黒幕（Hintermänner）であるとき，又はその他特に重い状況が存在するときは，6月以上5年以下の自由刑に処する。（以下，省略）

第129条a（テロリスト団体の結成）[18]
1 その目的又は活動が，
  1．謀殺（211条），故殺（212条）又は集団殺害（Völkermord）（国際刑法6条），人道に対する罪（国際刑法7条）[19] 若しくは戦争犯罪（国際刑法8条，9条，10条，11条又は12条）
  2．第239条a（恐喝的略取）又は第239条b（人質罪）の場合における個人の自由に対する罪
を行うことに向けられた団体を設立した者又はその構成員として参加

した (sich beteilight) 者は，2年以上10年以下の自由刑に処する。

2　（2項から8項まで省略）

(18)　ドイツは，テロ犯罪をきびしく制圧する方針を採っているので，テロ関係犯罪につき，刑法典にこの規定が追加された。
(19)　国際刑法典（Völkerstrafgesetzbuch＝VStGB）は，国際刑事裁判所規程（ローマ規程）を批准するため，2002年6月28日連邦法として制定された。

C　フランス刑法

1992年に制定され，1994年に施行されたフランス刑法典（Code Pénal）は，1810年の刑法典（ナポレオン刑法典）を全面的に改正したものであって，新しい時代にふさわしい理念にもとづき，人権を中心とする社会の基本的価値を明示することがめざされている。法人の刑事責任を認めるのも，その表れである。

新刑法は，各則の第4部「国民，国家及び公共の平和に対する重罪」の第5編「凶徒の結社への参加」（De la Participation à une Association de Malfaiteurs）の名称の下に第450-1条から第450-5条までの規定を設けている。そのうち，基本をなすのは，次の規定である。

第450-1条（凶徒の結社）
1　1箇又は数箇の重罪（crimes）又は5年以上の拘禁刑に当たる軽罪（délits）を準備する目的で結成された団体（groupements）又はなされた共謀（entente）は，すべてそのことが1箇又は数箇の客観的行為（faits matériels）によって特徴づけられる（caractérisée）場合には，凶徒の結社とする。
2　準備される犯罪が重罪又は10年以上の拘禁刑に当たるときは，凶徒結社への参加（participation）[20]は，10年以下の拘禁刑及び15万ユーロ以下の罰金に処する。
3　準備される犯罪が5年以上の拘禁刑に当たる軽罪であるときは，凶徒結社への参加は，5年以下の拘禁刑及び7万5千ユーロ以下の罰金に処する。

第450-2条（自首による刑の免除）
第450-3条（自然人に対する補充刑[21]）
第450-4条（自然人に対する職業禁止[22]）

第 450-5 条 （法人と自然人に対する没収）[23]

上記の凶徒結社罪については，刑法典に総則第3編「刑罰」に第2章「刑の執行制度」の中に，第3節「刑を加重する一定の事情の定義」として，次の規定が設けられていることに注目したい。

第 132-71 条 （組織集団）
1箇又は数箇の客観的事実によって特徴づけられる1箇又は数箇の犯罪の準備のために形成された集団（groupement formé）又はなされた共謀（entent）は，法律上，すべて組織集団（bande organisée）とする。

第 132-72 （予謀）
重罪又は一定の軽罪を犯す前に形成された意図（dessein formé）は，予謀（préméditation）とする。

これらの規定は，刑の加重事情として掲げられたものであるが，第450-1条（凶徒の結社）は，さらに刑を加重する特別規定の役割を果たすものとなっている。ここでは，共謀（entente）は，その語源である 's'entendre'（意見を一致させる，互いに了解する）に由来することからして '合意' のあることを要し，また，予謀（préméditation）は，共謀以前の謀議を意味すると解される。注目すべきは，共謀の成立要件として「客観的事実によって特徴づけられる」ことが必要とされていることである。

問題は，参加（participation）の意義をどのように捉えるかであるが，結社の発議，設立，運営，加入，さらにそれらの行為の共犯行為（教唆，幇助）を含む広義のものであると解される。

(20) ここにいわゆる参加（participation）の内容をうかがわせる文言は，刑法には規定されていない。条文の趣旨からして結社への加入のみならず，結社を組織し，指揮し，運用などする行為もこれに含まれるであろう。
(21) 補充刑（peines complémentaires）には，職業禁止，没収などがある。刑 131-10条を見よ。
(22) 2009 年法律 526 号により追加

(23) 2004年法律204号，2006年法律64号により追加

〔Ⅱ〕 共謀の犯罪化の要件
A 義務的要件

第5条1項(a)に規定する共謀について義務的要件 (mandatory requirements) は，(i)営利目的で，(ii)重大な犯罪を犯すことを(iii)2人以上の者が，(iv)故意で合意すること (agreeing) である。合意があれば，それ自体で共謀罪は成立する。「故意で」 (intentionnaly) というのは，冗談で，騙されて，又は脅迫されて合意した場合を除く趣旨と解されるから，当然の要件である。問題の核心は，単純合意 (mere agreement) がありさえすれば，そのこと自体で (for that alone) 犯罪が成立することである。外部行為 (overt act) は，選択的要件 (optional requirement) にとどまる。

犯罪の国越性は，義務的要件ではない (LGパラ45)。

組織的犯罪集団が関与していること (involving an organized criminal group) も，義務的要件には含まれていない。

しかも，「重大な犯罪」(第2条「用語」参照) を犯すことを共謀した者については，立法ガイドによれば，「刑罰は十分に重いものであるべきこと」(Penalties should be sufficiently severe) が，一般的要件 (general requirements) として規定されており，立法化に当たっては，立法者はこの一般的義務に留意すべきである (should bear in mind) (LGパラ68)。これを読むと，共謀罪は治安立法の旗手ともいうべき存在であるように思われる。

〔Ⅲ〕 共謀罪の選択的要件
A 外部行為

条約5条3項では，「合意の促進行為」(an act in furtherance of the agreement)，すなわち，**いわゆる外部行為 (overt act) は，共謀罪の選択的要件**とされている。フランス刑法450-1条1項は，一定の重大な犯罪を準備する目的でなされた共謀 (entente) ありとするためには，1箇又は数箇の客観的行為によって特徴づけられる (carcterisée par un ou plusieurs faits matériels）ことを要件としている。しかし，共謀それ自体を犯罪化しているのではなく，**共謀は犯罪的結社（association des malfaiteurs）を認めるための１つの要件にすぎず**，その犯罪的結社への加入（participation）によって加入罪（450-1条2項）が成立することとされている。ここでは，'特徴づけられたかどうか'の認定が問題となるが，権威のある文献は，「共謀が成立したことは，1箇又は数箇の準備行為（acts préparatoires）によって特徴づけられれば十分である。」と記述されている[(24)]。

この記述によれば，「特徴づけられた」というためには，少なくとも準備行為に準じる程度の明確な行為があることが必要とされるであろう。

(24) Dalloz, Code Pénal, 112ᵉ édition, Edition 2015, p. 1451. これに対し，桐山孝信「国際組織犯罪防止条約の批准と国際法の課題」法律時報78巻10号17頁は，「フランスは……共謀罪のみを規定する。」と論ずる。これは，誤解である。

B　国越性及び組織的犯罪集団の関与

条約34条2項によれば，犯罪の国越的性質（transnational nature），すなわち，国越性（transnationality）は，第5条，第6条，第8条及び第23条の罪の犯罪化については，組織的犯罪集団の関与と共に絶対的要件とはされていない。ただし，犯罪人引渡し及び刑事司法共助については，国越性も組織犯罪集団の関与性も立法に当たっては，これら２つの要件を取り入れることが要請される（LG パラ 19）。

注目すべきは，**国越性及び組織的犯罪集団の関与は，国内犯罪の定義（すなわち，犯罪化の要件）に含めてはならない**，とされていることである（LG パラ 45）。その理由は，これらのうち，いずれかを構成要件に取り入れるとすれば，必然的に法執行を複雑にし，妨害することになるであろうからである（LG パラ 45）。ただし，5条1項(a)(ii)に規定する参加罪にあっては，この限りではない。しかし，参加罪の場合にも国越性は，要件とはされていない（LG パラ 45）。

〔Ⅳ〕 参加の犯罪化の要件

5条1項(a)(ii)は，犯罪的結社（criminal association）（LG パラ 63 参照）の構成要件を規定している。それは，次の2つに分けられる。

(1) 主観的要件（mental element）　当該集団の犯罪的性質（すなわち，犯罪集団であること）又はその集団の活動の1つ以上の犯罪的性質について一般的認識があること，又は当該行為を犯す意図があること[25]。例えば，誘拐又は司法妨害への積極的参加には，その罪についての認識を必要とする（LG パラ 63）。

(2) 客観的行為　次のいずれかの行為をすること。
 a．組織犯罪集団の犯罪活動へ参加すること。
 b．自己の行為が組織的犯罪集団の目的達成に役立つことを知りながらその集団の活動に参加すること。

これが，条約が規定する参加罪の立法要件である。そこには，国越性は含まれていない。故意犯に限られることは，共謀罪におけると同様である。

[25] この主観的要件，すなわち，認識，意図，目的は，客観的な事実状況から推認されるもので足りる（5条2項）。

〔Ⅴ〕 共犯行為等の犯罪化

A　組織的犯罪集団への参加

5条1項(b)は，犯罪組織の指導者（リーダー）の責任を問うことを目ざす規定である。英語正文とフランス語正文との間には不一致があるので，参考のため両者の訳文を掲げる。

（英）(b) 組織的な犯罪集団が関与する重大な犯罪の実行を組織し，指示し，ほう助し，教唆し若しくは援助し，又はこれについて相談すること。

（仏）(b) 組織的な犯罪集団が関与する重大な犯罪の実行を組織し，指揮し，幇助し，教唆し，又は援助（aide）若しくは相談（conseil）の方法で助長すること（favoriser）。

上記の訳で「幇助し」(facilitating（英），faciliter（仏））の原語は，英仏語ともに「容易にする」という意味である。ところで，英語正文では，"Organizing……or counselling the commission of serious crime"となっているので，「相談」を独立に犯罪化すべきことが義務づけられることになる。「相談」を犯罪化すれば，犯行の相談にあずかっただけで，──合意しなくても──犯罪が成立しうることになる。**相談罪（counselling offence）**を認めることは，処罰範囲を余りにも拡大することになる。そこで，筆者としては，仏語正文に従って上記の訳（森下訳）のとおり，「援助若しくは相談（の方法）によって助長すること」の方がベターであるように思われる。[26]「助長」というのも，日本刑法学の考えによれば，「幇助」の1形態であると解される。これによれば，相談によって犯行を助長したときに幇助罪が成立することになる。

(26) 国連条約は，いずれもアラビア語，中国語，英語，フランス語，スペイン語及びロシア語の各正文をいずれも平等の効力を有するものとされているので，フランス語正文に照らして解釈・適用することは，正当と認められる。

B 資金洗浄の共犯行為等の犯罪化

ついでながら，条約6条（犯罪収益の洗浄の犯罪化）についても，「相談」に関して同様の問題があるので，取り上げることにする。

6条1項(b)は，締約国の法制度の基本観念に従って次に掲げる行為を犯罪化することを義務づけている。

(i) その財産が犯罪収益であることを受け取った時に知りながら，その財産を取得し，所持し，又は使用すること。

(ii)（英訳）この条の規定に従って定められる犯罪に参加し，これを共謀し，これに係る未遂の罪を犯し，これをほう助し，教唆し若しくは援助し，又はこれについて相談すること。

問題は，この英訳によれば相談（counselling）の犯罪化が義務づけられることになる。そこで，フランス語正文に従って筆者の仮訳（森下訳）を次に掲げる。

(ii) この条の規定に従って定められるいずれかの犯罪に参加すること，又はその犯罪を行うために援助，助力若しくは相談を提供することによってその他結社，共謀，未遂若しくは共犯に参加すること。

これによれば，相談それ自体で独立の犯罪とされるのではなくて，相談にあずかることによって未遂，共犯等に参加（加担）したときに未遂罪，共犯等になると解される。

第5節　立法例における共謀罪

まえがき

現今の世界の法制度において長い伝統をもち，かつ大きな文化的影響力をもっているのは，コモン・ロー（common law　英米法）とシヴィル・ロー（civil law　大陸法）(27)である。これら2つの法体系において共謀罪と結社参加罪とがどのように規定されているかを，それぞれを代表する若干の国について紹介する。

なお，米国については，1962年にアメリカ法律協会（American Law Institute）が発表した模範刑法典（Model Penal Code＝MPC）が存在しており，各州における刑法の改正を刺激し，立法者によって文字どおり「模範」（モデル）として考慮されるであろうと推測される。それゆえ，重要な参考資料として，本書の巻末に掲げる。ついでに，共謀罪について詳細な規定を設けているオーストラリア連邦刑法の規定も資料として掲げる。

(27) シヴィル・ローは，ローマ法を淵源とし，その影響を強く受けた，ヨーロッパ大陸諸国において行われている法及びそれを継受したのことである。大陸法（continental law）とほぼ同義である。

1　英国法における共謀罪

英国では，久しい間，共謀（conspiracy）は未遂と密接に結び付いたものとされており，しばしば未遂の1形態とみなされてきた。しかし，近代では，共謀は，独立の犯罪（a separate crime）とされてきており，2人以上の者がなんらかの不法な目的（any unlawful purpose）を遂げるためにする合意（agreement）であるとされている。ただし，その合意が究極の目的（ultimate aim）としてであるか，犯行の手段としてであるかを問わない，と解されている[28]。

しかしながら，共謀は，その行為者間における純粋に精神的な犯罪（a purely mental crime）と捉えられてはならない。なぜなら，英法にあっては，単なる意図（mere intention），すなわち，意図だけ（bare intention）では犯罪とはされないからである。'合意'とは，各人が心の中にいだいた意図を推進する行為（an act in advancement of the intention）とされている。そして，共謀と共謀の証拠として要求されることのある外部行為（overt act）との間には，一線が画される。共謀がなされたならば，直ちに共謀罪は成立するのであって，その共謀を実現するための外部行為がなされることは要しない[29]。ただし，これは理論上のことであって，司法実務にあっては，共謀があったことの裏づけをするなんらかの証拠が必要とされるようである。

Criminal Law Act 1977 第1条では，共謀は，次のように定義されている[30]。

第1条〔共謀の定義〕
　　ある者が他の者と犯罪行動をすることにつき，合意した場合において，その合意が合意者の意図に従って行われたときは，その行動が必然的に遂行されるか，又は合意者のだれかによって行われるかを問わず，共謀罪が成立する。

Criminal law Act 1977 第1条Aによれば，犯罪行為が国外で行われ，又はその結果が国外で発生することを共謀者が合意したときには，その共謀

罪につき英国法が適用される(31)。

共謀罪は，共謀行為がなされた時に成立する。その共謀に従ってなんらかの行動がなされることを要しない（cf. Mulcahy v R (1868) LR 3HL 306.）。共謀が成立したならば，その後，共謀の対象とされた犯罪行為（対象犯罪）が行われなかったとしても，それは抗弁（defence）とはならない。また，共謀の撤回は，刑の減軽事情として考慮されるにすぎない(32)。

共謀の参加者（co-conspirators）がその共謀に加わった他の者（共謀者）が何者であるか（identity）を知っていることは必要でない。その共謀に自分以外の者がいるということを知っておれば，足りる。

共謀の参加者については，次のことが論ぜられている。

(a) 企業（company）も，共謀の主体として罪を問われることがある。企業は，その役員や企業のために行動する従業員とは同一の人物（same person）として扱われるので，いわば企業内部で犯行について共謀したとしても，罪に問われることはない。ここにいわゆる同一の人物とは，同一体の理論（identification doctrine）にもとづき，役員等が部外のだれか（例えば，agent）と贈賄の共謀をしたときは，企業は，2010年贈収賄罪法（Bribery Act 2010）により「関連する商業団体」（a relevant commercial organisation）として共謀罪により有罪とされうる(33)。法人等に対する刑罰は，罰金である。

贈賄に因り有罪とされた法人等は，無制限の罰金（unlimited fine）に処せられるほか，没収命令等の制裁を受ける(35)。

(b) 夫婦

夫婦が2人だけで犯行の共謀をしたときは，共謀罪の主体とはなりえない。夫婦は，同一体とみなされるからである。

(c) 子ども

刑事責任年齢に達しない子どもは，1人だけで他の者と共謀に加わった場合には，刑事責任を問われない。これは，当然のことである。1977年の刑事裁判法2条2(b)参照。

(d) 被害者

共謀の相手方となる者が当該犯行の被害者だけである場合には，その被

害者については共謀罪は成立しない（1977年刑事裁判法2条2(c)参照）。

(28) Kenny's Outlines of Criminal Law, 18th ed, by Turner, 1962, Cambridge, p. 412.
(29) Kenny's Outlines, op. cit, p. 412.
(30) Cohen & Mariott, International Corruption, 2010, Sweet & Maxwell, p. 11.
(31) Cohen & Mariott, op. cit, p. 11. この第1条Aの規定は，Criminal Justice (Terrorism and Conspiracy) Act 1998 s. 5(1)によって追加された。
(32) R v Gortat and Pirog (1973) Crim LR 648.
(33) see R v ICR Haulage & Co Ltd (1944) KB 551.
(34) 森下・国際汚職の防止（2012年，成文堂）229頁。
(35) 森下・注(34)前掲書238頁以下。

2　米国法における共謀

米国は，現在，刑事司法において共謀（conspiracy）を最もよく活用している国である，と言われている。その根拠となる法律の規定は，一般規定がU.S. Code（合衆国法典）に見いだされるが，そのほか特別法に数多く見いだされる。

〔Ⅰ〕　U.S.C.（合衆国法典）

第18編「犯罪及び刑事手続」（Crimes and Criminal Procedure）の第1部第19章「共謀」（Conspiracy）は，次のとおり，共謀についての一般規定を設けている。

第371条（合衆国に対する罪を犯し，又は合衆国を騙すことの共謀）

2人以上の者が合衆国に対する罪を犯し，又は合衆国若しくは合衆国の官吏をなんらかの方法又は目的で騙す（defraud the United States）ことの共謀をした場合において，それらの者のうち1人以上がその共謀の目的を遂げるなんらかの行為（any act to effect the object of the conspiracy）をしたときは，各人をこの編に定める罰金若しくは5年以下の拘禁刑に処し，又はその両者を併科する。

ただし，共謀の目的である犯行が軽罪（misdemeanor）だけであるときは，

その共謀に対する刑は，当該軽罪について定める刑の上限を超えてはならない。

この条文では，次のとおり2種類の犯罪類型についての共謀が規定されている。

a 合衆国に対してなんらかの犯罪を犯すことを共謀すること（conspire to commit any offense against the United States）

b 合衆国を騙すことを共謀すること（conspire to defraud the United States）

ここでは，**a類型の共謀**は，殺人，傷害，窃盗などの一般犯罪を**対象犯罪**（substantive offense）とするものである。「合衆国に対する犯罪」(any offense against the United States) という文言が用いられているのは，連邦法で規定するなんらかの犯罪という意味と解される。対象犯罪はその種類いかんを問わないので，この文言は**「犯罪条項」**（offense clause）と呼ばれている。これは，'一般犯罪条項'という意味と解される。

これに対し，**b類型**を規定する文言は，**「欺罔条項」**（defraud clause）と呼ばれている。

ところで，この条項における「騙す」「欺罔する」（defraud）という文言は，非常に広い意味で用いられているので，裁判例に照らして解釈することが求められている。「騙す」という文言は，欺罔的工作ないし手段を用いることによって財政的又は財産的損害（financial or property loss）を生じさせる場合のみならず，合衆国及びその公務員の健全性（生命・身体の安全），計画及び政策を保護することをめざし，かつ意図したことを意味する。それゆえ，犯人その他の者が政府公務員が立案したプログラムに関連して不誠実な業務を行った場合にも第371条の'欺罔'（defraud）の罪を犯したことになる。このようにして，政府のいずれかの部署の合法的な機能を害し，妨げ又は挫折させる目的でするすべての共謀が，これに含まれることになる。それゆえ法令に従った方法で，かつ時宜にかなって公的に収集した情報を公表し又は伝達する権利及び義務を合衆国の公務員から奪うことの共

謀も，これに含まれる。

これによれば，b 類型の 'defraud clause' は，いわば広義における公務執行妨害に当たるような罪を犯すことの共謀を罰するものと解することができるであろう。

(36) 学説の中には，'substance offense' を「実質犯罪」と訳しているものがある。しかし，「実質犯罪」という表現は，形式犯罪（例えば，免許証を不携帯のまま運転するとか，スピード違反とか）に対して，人身事故，対物事故などの実質的損害を生じさせた場合の犯罪を指すものとしてしばしば用いられている。それゆえ，本稿では，共謀の対象（目的）とする犯罪という意味で，「**対象犯罪**」と訳しておく。
(37) see Criminal Resource Manual 923 18 U.S.C. 371 —— Conspiracy to Defraud the U.S., p. 1.
(38) Criminal Resource Manual, op. cit, p. 2.

〔Ⅱ〕 **特別法上の共謀罪**

米国では，一般規定として上記の 18 U.S.C. 第 371 条のほか，多くの特別法が定める共謀罪が存在する。特別法とは，例えば，U.S.C. 第 18 編の 1970 年 **RICO 法**（Racketeer Influenced and Corrupt Oraganization Act）〔組織犯罪規制法〕，独占禁止法，証券取引法，**FCPA**（外国汚職防止法）などであって，特別法の性格上，一般規定である U.S.C. 18 編 371 条に定める刑よりも重い刑が規定されている。

(39) 日弁連民暴委員会編・注解　暴力団対策法（1997 年，民事法研究会）305 頁以下の森下訳を見よ。
(40) 森下「米国の外国汚職防止法」同・国際汚職の防止（2012 年，成文堂）75 頁以下。

〔Ⅲ〕 **外部行為**（overt act）

合意（agreement）それ自体は，2 人以上の者における意思の合致を意味するのであるが，共謀罪の成立を認めるためには，'合理的疑いの余地なき

までの証拠' (an evidence beyond a reasonable doubt) がなければ有罪とすることはできないとの証拠法の原則に照らして，合意を推進するなんらかの外部行為の存在が立証されることを要する，との立場が存在する。この立場には，2つの例外がある。その1は，特別法で定める共謀罪（例えば，21 U.S.C. 846）については外部行為は必要でないとするものである。その2は，麻薬取締法が規定する麻薬取引の共謀（drug conspiracy）については外部行為は必要でないとする連邦最高裁の1994年シャバーニ事件（US v. Shabani）判決の立場である。

共謀の成立を認定するための外部行為の立証は，簡単であるとされており，些細な又は初期的な行為であっても，共謀者の中の誰かが共謀を推し進めるための行為に及んだことの立証がなされれば足りるとされている。

(41) **overt act**（open act ともいわれている）は，顕示行為，表現行為，外見行為などと訳されている。顕示行為や表現行為とかの訳語ではその言葉から受ける印象が強く感じられるので，本稿では「外部行為」という無難な訳語を用いることにする。

(42) 米国の1890年シャーマン法（Sherman Act）——反トラスト法の中心的な連邦法の1つ——違反の共謀が問題となった1913年のNash事件では，外部行為の立証は不要であるとされた。その後，この解釈は，他の法領域でも踏襲されている。荒井喜美「米国法令の域外適用の広がりと司法取引」（下），法と経済のジャーナル2014年5月, p.1.

　しかし，この判決に対しては，学者の反対意見が表明されている。My JSTOR: Stanford Law Review, vol. 49, No. 1 (Nov. 1996), pp. 111-142.

(43) 例えば，2007年のBertling事件では，共謀に関する合意にもとづき，その目的を達成するためにさらなる議論をすることは外部行為として十分であるとされた。荒井・注(42)前掲論文 p.3.

〔Ⅳ〕 ピンカートン理論による処罰範囲の拡大

A　ピンカートン理論

ピンカートン理論（Pinkerton doctrine）というのは，1946年，米国最高裁が内国歳入法違反等の被告人 Daniel Pinkerton に係る事件について下した

判決 Pinkerton v. United States, 328 U.S. 640 (1946) にちなんで名づけられた理論である。

ピンカートン事件（Pinkerton cases）は，酒類の密売をしていた Walter と Daniel の兄弟が内国歳入法違反等の罪を犯すことを共謀した事案である。Walter が対象犯罪に関与した証拠は存在したものの，Daniel が対象犯罪に関与した証拠は存在しなかった。そこで，Daniel について内国歳入法違反等の 10 箇の訴因についても犯罪が成立するかが，論点となった。

連邦最高裁は，次の判断を下した。すなわち，(1)共謀者の間で対象犯罪に向けた協力関係が続いている限り，それぞれのために違法行為に及んでいるのであるから，特定の行為に向けた新しい合意が存在しなければ，1人の共謀者による外部行為は，他の共謀者全員の外部行為であるということができる。(2)外部行為の範囲は，共謀の成立によって認定することができる。それゆえ，1人の共謀者が犯した対象犯罪が違法な合意の必然的又は自然的な結果として（as a necessary or natural consequences of the conspiracy）合理的に予見可能な（reasonably foreseeable）な場合には，他の共謀者についても対象犯罪の正犯が成立する[44]。

この判決を読むと，ピンカートン理論がわが国の判例法で確立した共謀共同正犯と似ていることが理解される。周知のように，わが国では共謀共同正犯論に対して学者の側からきびしい批判がなされている。米国でも，その批判に類似した反対意見が表明されている。個人責任の原則と相容れないとか，デュー・プロセス（due process）に違反するという反対意見が，それである。

B　司法取引の濫用傾向

米国の司法実務においては，ピンカートン理論が検察官による司法取引（plea bargaining）の有力な根拠として用いられているようである。すなわち，共謀に参加しただけの者につき，検察官は他の共謀者が実行に及んだより重い罪（例えば，強盗，誘拐）の犯人の割り出し，証拠の収集等につき情報提供などを得る見返りとして，ピンカートン理論の適用による重い罪の責任を問うことなく，起訴猶予処分にするとか，軽い求刑をするとかの

取引をすることが，しばしばである。(45)

その典型的な事例を紹介する。

1997年の米国FCPA（外国汚職防止法 Foreign Corrupt Practices Act）が，それである。(46) この法律は，「世界中で最も苛酷な（the most draconian）汚職防止法である」といわれている。FCPAについて注目すべきは，罰則がきびしいことである。罰金について見れば，会社等については200万ドル，個人については10万ドルとされているかが，代替罰金法（Alternative Fines Act）にもとづいて2,500ドル以下とされることがある。のみならず，贈賄をすることにより獲得することが見込まれた利益の相当額の2倍までの罰金が科せられることがある。自然人は，5年以下の拘禁刑を選択的又は併科的に科せられることがある。

米国には，DPA（deffered prosecution agreement. 起訴猶予）及びNPA（non-prosecution agreement. 不起訴）の制度があり，検察官は，これを司法取引の有力な手段として活用している。(47) 新聞報道によれば，米国司法省はFCPAを積極的解釈することにより，外国公務員への贈賄に対し過重な罰金を科する方針を展開している。例えば，2011年には，日本の開発業者であるN社は，南アフリカのナイジェリアの開発事業に関し，同国の高官に贈賄する件で米国の人のagent（仲介者，代理人）と贈賄の共謀をした件で告発され，結局，司法取引により約180億円の罰金を払うことで決着した。(48) この件で注目すべきは，(1)ナイジェリアの高官が契約締結につき賄賂を（明示的又は黙示的に）要求していること，(2)贈賄先が米国ではない外国であること，(3)米国人のagentとの贈賄に関する合意が米国内で行われた場合に限らず，日本からの通信手段によって行われた場合にも，米国法による裁判権の行使が可能とされていることである。

これに影響を受けて，英国は，2010年に贈収賄罪法（Bribery Act 2010）を「世界中で最も苛酷な贈収賄防止法の1つ」として制定した。そして，英国は米国にならって司法取引を活用することにより，検察官が犯人に課徴金，和解金などを課し，又は時として法令順守のモニター（compliance monitor）を付ける条件付きで事件を起訴猶予にすることが行われている。(49)

(44) http://www.duhaime.org/Legal Dictionary/P/Pinklerton Doctrine, aspx p. 1. 荒井・注⑩前掲論文 4 頁。
(45) 森下「米国の外国汚職防止法」同・国際汚職の防止（2012 年，成文堂）75 頁以下。
(46) 森下・注⑩前掲書 90 頁以下，98 頁以下。
(47) 森下・注⑩前掲書 92 頁以下。Gilbert（ed.）Corporate Crime and the Use of Deffered and Non-prosecution Agreement, 2010, Nova, p. 10.
(48) 2014 年 5 月 12 日の日経新聞による。
(49) 森下・注⑩前掲書 236 頁以下。

第 6 節　立法例における参加罪（結社罪）

まえがき

　第 4 節「TOC 条約の国内法化」において，参加罪の立法例として，イタリア刑法，ドイツ刑法及びフランス刑法における規定を紹介した。ここでいわゆる「**参加罪**」は，TOC 条約に用いられている"participation"（参加）に由来する表現である。そこでは，組織的犯罪集団の結成，指揮，教唆，幫助などのほか，その集団に加入すること及び集団の行為の共同実行を含む広い意味で用いられている。これに対し，大陸法系の法律にあっては，ナポレオン刑法典以来，犯罪集団の結成，指揮，運営に係る行為を犯罪的結社罪の主要形態として捉えており，いわば首領株の者を厳罰に処するという方針が採られていて，犯罪集団への加入は，一段軽い刑に処するものとされているように見える。

　ともあれ，本稿では，TOC 条約の方針に従い，「**参加罪**」という表現を用いることにする。

　以下，刑法典の制定された年代順に若干の立法例を紹介する。

〔Ⅰ〕 **スイス刑法**（1937年制定，1942年施行）
第260条の3（犯罪的結社）(*)
1 組織構造及びその人的構成を秘匿し，かつ暴力的重罪を犯し，又は重罪を手段として利益を得る目的を追及する組織に参加した者並びに重罪に当たる行為によってその組織を援助した者は，5年以下の重懲役（Zuchthaus）又は軽懲役（Gefängnis）に処する。
2 裁判官は，行為者がその組織の犯罪活動の続行を妨げる努力をしたときは，自由裁量によって刑を減軽することができる（第66条）(**)。
3 外国でその行為を犯した者も，組織がその犯罪活動の全部又は一部をスイスで行い，又は行うことを意図したときには，可罰的である。第3条第1項第2文(***)を適用する。
（訳注）（*） 1994年連邦法1号により追加され，同年8月1日施行。
　　　（**） 裁判官による自由裁量が法律で認められている場合には，重罪又は軽罪につき定められている刑種及び刑の重さには拘束されない（66条1項）。ただし，裁判官は，その刑種の下限に拘束される（2項）。
　　　（***） 行為者が外国でその行為につき科せられた刑の全部又は一部に服したときは，スイスの裁判官は，その服役した刑の部分を通算する（3条1項第2文）。

第275条の3（違法な結社）
　　第265条（内乱），第266条（スイス連邦の独立に対する侵害），第266条の2（スイス国の安全に対して向けられた外国の企図又は運動），第271条（外国のためにする行為の禁止）から第274条まで（軍事上の謀報活動）[50]，第275条（憲法上の秩序に対する攻撃）及び第275条の2（国家に危害を及ぼす宣伝）により処罰される行為をすることを目的とする団体（Vereiningung, groupement）又はその活動がこれらの行為をすることに向けられた団体を設立した者，
　　このような結社に加入し，又はその運動に関与した者，及び
　　このような結社の結成を勧誘し，又はその指令に従った者
は，軽懲役（Gefängnis, emprisonnemnt）[51]に処する。
　　（訳注） 本条は，1950年10月5日の連邦法による規定

注釈書によれば，第275条の3の規定は，純粋の危険犯である共謀（conspiracy）の領域にまで国家の保護をほとんど無制限に（nahezu uferlos）に拡大したものである。とはいえ，結社の共謀それ自体を犯罪化した規定ではなくて，結社の設立，結成への加入等の行為を罰するものである。それゆえ，イタリア刑法などにおけると同様，犯罪的結社罪のカテゴリーに属する。

(50) 刑法272条は政治上の諜報活動を，また，第273条は経済上の諜報活動をそれぞれ罰する規定である。
(51) 軽懲役の短期は3日であって，長期は，法律に特別の規定のない限り3年である（刑35条）。
(52) Trechsel, Schweizerisches Strafgesetzbuch, Kurzkommentar, 1989, Shulthess, S. 730.

〔Ⅱ〕 オーストリア刑法（1974年制定）
第277条（重罪の陰謀）
1 謀殺（第75条），恐喝的誘拐（第102条），外国勢力への引渡し（第103条），奴隷売買（第104条），強盗（第142条），第169条，第171条，第173条，第176条，第185条若しくは第186条による公共に危険な可罰的行為，国境を越える人身売買（第217条），又は伝染病予防法第28条a若しくは第31条aによる可罰的行為を共謀した（verabredet）者は，6月以上5年以下の自由刑に処する。
2 官庁（第151条第3項）又は被脅迫者に通報して又はその他の方法で，意図した可罰的行為を阻止した者は，第1項によっては罰しない。行為者の関与なしに可罰的行為が中止された場合でも，その者がそれと知らずに可罰的行為を阻止するため任意に，かつ真剣に努力したときは，これを罰しない。

本条にあっては，「共謀」の意義が問題になる。注釈書によれば，犯罪の共謀（Verabredungen）は，それ自体，予備行為（Vorbereitungshandlungen）であって，第277条は，一定の重大な犯罪の共謀それ自体を処罰するものである。なお，注釈書は，これに関連して刑法244条（内乱予備）の参照を

指摘している。ちなみに，第244条は，日本刑法78条と同じく，内乱の予備及び陰謀を罰する規定である。すなわち，第1項は陰謀（Verabredung）を，第2項は予備（Vorbereitung）を罰している。注釈書では，このVerabredungをKomplott（謀議）と同意義に用いている（Bachner-Foregger, S. 257.）。これによれば，共謀も陰謀も，行為としては内容的に同じであると解される。

(53) Vgl. Bachner-Foregger, StGB. 21. Auflage, Stand 1.1. 2008, M Manz, 2008, S. 277.
(54) Bachner-Foregger, a.a.O.

〔Ⅲ〕 スペイン刑法（1995年制定）
1995年制定のスペイン新刑法は，各則第2篇「公共の秩序に対する罪」の第6章として，「犯罪的組織及び集団」（De las organizaciónes y grupos criminales）（第570条の2から第570条の4まで）の規定を2010年法律5号により追加した。その規定はかなり尨大であるので，さし当たり基本となる第570条の2の規定を紹介する。

第570条の2〔犯罪組織結社罪〕
1 犯罪組織（organización criminal）を提唱し，設立し，組織し，整序し，又は指揮した者は，その目的が重大な犯罪（delitos graves）を行う目的であったときは，4年以上8年以下の拘禁刑（prisión）に処し，その他の場合には，3年以上6年以下の拘禁刑に処する。その組織に積極的に参加し，加入し，又は経済的その他の方法で協力した者は，その目的が重大な犯罪を行う目的であった場合には，2年以上5年以下の拘禁刑に処し，その他の場合には1年以上3年以下の拘禁刑に処する。
　この条において犯罪組織とは，3人以上の者が継続的性格又は不定期の期間の性格を有するものとして，犯罪を行う目的で一致協力した方法で各種の役割を分担するべく結成した集合体（agrupación）をいう。違警罪（faltas）を反復して行う目的であった場合も，同様である。
2 前項に定める刑は，その組織が次に掲げる場合にあたるときは，2分の1

加重する。
　　a）　多数の者によって構成されるとき。
　　b）　武器又は危険な道具を所持するとき。
　　c）　その特徴からして犯罪の遂行又は犯人の不可罰を容易にすることに特に適している通信又は輸送に役立つ技術的器具を所持しているとき。
　　前記の事情が2つ以上備わるときは，より重い段階の刑に処する。
3　犯罪が人の生命，身体，自由，性的な自由及び健全性又は人身売買に対するものであったときは，この条にそれぞれ定める刑を2分の1加重したものに処する。

第570条の3〔犯罪集団結社罪〕
（訳注）　この条は，犯罪集団（grupo criminal）を設立し，融資し，又は統合した者などを前条よりも軽い刑に処する規定である。条文の規定は，細部にわたっているので，訳出を省略する。

第570条の4〔組織・集団に対する解散命令等〕
（訳注）　この条は，有罪とされた犯罪組織又は集団に対し，裁判官又は裁判所が解散を命じうることとしたほか，経済活動の禁止，罰金等を言い渡すことができる旨，詳細な規定を設けている。条文の規定は，かなり詳細であるので，訳出は省略する。

スペインは，かねてからフランスと国境を接するバスク地方及び地中海を臨むカタルーニャ地方の各独立運動が盛んな国である上，そのほか中南米からの麻薬密輸のルートともなっているので，それらに関係する違法組織の制圧に努力を傾注してきた。上に掲げる刑法の条項は，その対策の一端を反映したものである。これについては，拙稿「スペイン刑事政策の直面する課題」判例時報1763号（2001年12月）が参考になるであろう。

(55)　1995年法律10号で制定された新刑法典。これにつき，森下『スペインの1995年新刑法典』（上）（下），判例時報1584号，1587号（1997年1月，2月）を参照。

第7節　日本刑法の基本構造

1　日本刑法の特色

　1907年（明治40年）制定の日本刑法は，大陸法の伝統を承継したものであるとはいえ，19世紀末葉ごろ台頭したイタリア実証学派（Scuola positiva）の主張を積極的に採り入れたものであって，いわゆる主観主義刑法学の主張に強く影響されたものであった。そのため，日本刑法は，(1)犯罪構成要件が整理統合されて，抽象化・一般化されたものとなっている。条文の数は，ヨーロッパ諸国の刑法典に比べると，ほぼ半分になっている。(2)その結果，同一罪名の構成要件に対応する法定刑の範囲がいちじるしく広いという特色をもっている。
　例えば，殺人について見よう。外国刑法では，殺人は，謀殺，故殺，新生児殺など，3つないし4つの犯罪類型に細分化されているのが，一般的である。これに対し，日本刑法では，199条（殺人）が設けられているにすぎず，その法定刑は，「死刑又は無期若しくは5年以上の懲役」とされており，その上限と下限との隔りがいちじるしく大きい。
　窃盗について見よう。日本刑法は，第235条（窃盗）のみを規定して，その法定刑は，「10年以下の懲役又は50万円以下の罰金」となっていて，その範囲は，いちじるしく広い。これに対し，外国の刑法典にあっては，窃盗については，単純窃盗と加重窃盗とを規定するのが，通常であり，加重窃盗としては，侵入窃盗，集団窃盗，持凶器窃盗などの加重情状が規定されている。そのほか，立法例では，軽微窃盗とか困窮窃盗とかの減軽類型を設けているものがある。
　これに対し，わが国では，主観主義刑法学ないし新派刑法学の旗手であった牧野英一博士（東大名誉教授）は，「古靴1足盗んでも，累犯者であれば，再犯加重（刑57条）して20年以下の懲役で処断することができる。これが，新刑法（明治40年制定の現行刑法）の精神である。」と主張した。だが，

古靴1足を盗んでも，それを食べることもできず，カネに替えることもできない。ナンセンスな設例である。

現在，わが国の裁判実務ではいわゆる量刑相場によって刑の量定がなされている。そのため，困窮した累犯者が無銭飲食をしたとしても，懲役1年程度の刑が言い渡されている。このような累犯者は，'prison bird'（刑務所を古巣のようにしている鳥）と呼ばれているが，必ずしも危険性が高い訳ではない。高齢の累犯者は，出所後，職も住まいもない場合には，再び刑務所に舞い戻るしか途はないのである。

上述したことは，「重大な犯罪」すべてについて共謀を犯罪化すべきことを義務づけている TOC 条約の国内法化を考えるに当たり，重要な意味をもっている。詳細は，後述する。

2　外国刑法との比較

〔I〕　日本刑法の法定刑

前項で述べたところを若干の外国法と比較して説明する。多数の犯罪類型のうちで，とりあえず傷害罪と窃盗罪について，その構成要件とそれに対する法定刑を第1表と第2表にして掲げる。

傷害罪は，他人の身体の健全性を害する罪であって，その傷害の程度はピンからキリまでさまざまである。つまり，重大な傷害の事例としては，手足を損傷（ひどい場合には，切断）し，長期間の労働不能を惹き起こすとか，片眼又は両眼を失明させるとかが挙げられる。これに対し，軽い傷害の事例としては，素手でけんかして相手に治療5日ほどのかすり傷を負わせるなどの場合が挙げられる。

日本刑法は，これらの場合を1つの犯罪類型に統合して，次のとおり規定している。

> **第 204 条（傷害）**　人の身体を傷害した者は，15年以下の懲役又は50万円以下の罰金に処する。

次に、**窃盗**は、他人の財物を窃取する行為ではあるが、これにもピンからキリの犯行形態が考えられる。例えば、重い事例としては、集団で、凶器を携帯し、他人の家に侵入して多額の物品を盗む場合があり、軽い事例としては、本屋の店先から漫画の本を1冊万引するとか、スーパー・マーケットから弁当1箇を盗むとかの場合がある。

日本刑法は、これらの場合を1つの犯罪類型に統合して、次のとおり規定している。

第235条（窃盗）　他人の財物を窃取した者は、窃盗の罪とし、10年以下の懲役又は50万円以下の罰金に処する。

これらの規定によれば、けんかして相手にかすり傷を負わせた場合も、万引きの場合も、後述するように、TOC条約では、「重大な犯罪」に該当することになる。同条約2条（用語）(b)が「4年以上の自由刑又はこれより重い刑にあたる行為」を「**重大な犯罪**」（serious crime, infraction grave）と定義しているからである。そして、万引きの共謀をした者は、共謀罪で罰せられることになる。

わが国の司法実務では、量刑相場が存在するので、検察官は、軽微犯罪であって情状が軽いときは、不起訴又は起訴猶予にするであろうし、事案によっては略式手続（刑訴461条以下）により罰金又は科料の請求をするであろう。また、正式裁判にあっても、裁判官は、情状の軽い事案について罰金刑を選択するとか、執行猶予の言渡しをするであろう。ところが、TOC条約では、そうした事情を考慮することなく、もっぱら法定刑の上限を基準にして「重大な犯罪」にあたるかどうかを決めることとしている。

〔Ⅱ〕　法定刑の国際比較

以下、大陸法系の国のうち、イタリア、スイス、オーストリア、ドイツ及びフランス（現行刑法典の制定年代順による）について**第1表（傷害罪）**と**第2表（窃盗罪）**とを掲げる。ここで注意すべきは、各国の犯罪構成要件が

第7節　日本刑法の基本構造　279

第1表　傷害罪の国際比較

	軽い傷害	重い傷害	特別重い傷害
イタリア刑法	（582条） 3月～3年の懲役	（583条1項） 3年～7年の懲役	（583条2項） 6年～12年の懲役
スイス刑法	（123条） 313以上 3年以下の軽懲役	（122条） 10年以下の重懲役 又は6月～5年の 軽懲役	
オーストリア刑法	（83条） 6月以下の自由刑 又は罰金	（84条） 3年以下の自由刑	（85条） 6月～5年の自由刑
ドイツ刑法	（223条） 3年以下の自由刑 又は罰金	（224条） 1年～5年の自由刑	（229条） 1年～10年の自由刑
フランス刑法	（222-11条） 3年以下の拘禁刑 及び罰金	222-9条 10年以下の拘禁刑 及び罰金	222-10条 15年以下の拘禁刑

必ずしも同じではないので、第1表と第2表に掲げるものは、おおよその国際動向を知る手がかりにとどまることである。

諸国における傷害罪の構成要件はさまざまであって比較困難であるが、「重い傷害」の1例を挙げる。

　イタリア刑法583条　　　40日を超える疾病又は労働不能等
　スイス刑法123条　　　　身体の一部の切断、又は機能不全等
　オーストリア刑法84条　　24日を超える病疾又は労働不能等
　ドイツ刑法224条　　　　身体の重要な部分の損傷、機能不全等
　フランス刑法222-9条　　身体の一部喪失、永続的障害等

以上のいわば反対解釈として、「重い傷害」に該当しない場合が「軽い傷害」の場合ということになるようである。フランス刑法222-11は、8日を超える労働不能を生じさせた場合を「軽い傷害」の扱いにしている。完全労働不能を惹き起こすことのない故意の暴行は、少年・弱者等に対する場合を除き、第4級違警罪として罰金に処せられる（刑R 624-1条）。

第1表の中で法定刑が15年以下の自由刑とされているのは、フランス

第 2 表　窃盗罪の国際比較

	単純窃盗	重い窃盗	侵入窃盗 持凶器窃盗
イタリア刑法	（624条） 6月～3年の懲役 及び罰金	（625条） 1年～6年の懲役 又は罰金	
スイス刑法	（137条1項） 5年以下の重懲役 又は5年以下の 軽懲役	（137条2項） 10年以下の重懲役 又は3月以上の 軽懲役	
オーストリア刑法	（127条） 6月以下の自由刑 又は罰金	（128条） 3年以下の自由刑	（129条） 6月～5年の自由刑
ドイツ刑法	（242条） 5年以下の自由刑 又は罰金	（243条） 3月～10年の 自由刑	（244条） 6月～10年の自由刑
フランス刑法	（311-3条） 3年以下の拘禁刑 又は罰金	311-4条 5年以下の拘禁刑 又は罰金	311-8条 20年以下の拘禁刑 及び15万ユーロ以 下の罰金

　刑法222-10条であるが，これは，凶器を用いて身体の一部切断又は永続的障害を生じさせた場合等に関するものである。日本刑法204条（傷害）は，傷害の程度いかんを問わず一律に15年以下の懲役又は罰金に処しているが，外国人にとっては理解しがたいことであろう。法定刑を基準として「重大な犯罪」を定義するTOC条約の立場からすれば，けんか相手を殴りつけて軽いけがをさせることを共謀した者は，――それが利得目的で行ったときには――傷害共謀罪の責を問われることになる。それは，余りにも行き過ぎた犯罪化ではないか。そのことは，比較法的考察を通じて，すべての人が納得するところであろう。

　この**第2表**によれば，イタリア，オーストリア及びフランスの各刑法では，単純窃盗は3年以下（又は6月以下）の自由刑に処せられていること，及びスイス刑法とドイツ刑法では5年以下の自由刑に処せられている。では，「普通窃盗」とは，なにか。条文には規定されていないが，「重い窃盗」

（加重窃盗）に当たらないものをいう，と解される。

　加重窃盗とは，なにか。それは，立法例でさまざまに規定されているが，集団窃盗，常習窃盗，侵入窃盗，持凶器窃盗などを指すようである。フランス刑法 311-8 条は，持凶器窃盗を 20 年以下の拘禁刑及び罰金に処しているが，これは，かつてナポレオン刑法 381 条が，絶対的法定刑として死刑を科していた伝統を引き継いだものの名残りと考えられる。それらを例外とすれば，その他の立法例にあっては，重い窃盗にあっても，法定刑の上限は，5年，6年ないし 10 年と定められていることが分かる。これに対し，日本刑法 235 条（窃盗）が一律に窃盗を 10 年以下の懲役又は罰金に処していることは，重罰化の立法の先頭を行くものである。

　イタリアは，「刑法の祖国」(patria del diritto penale) と呼ばれて，8世紀以降，大陸法系諸国におけるパイオニアの役割を果たしてきた。19 世紀末葉にイタリアで「実証学派」が台頭したが，イタリアの刑事立法は，実証学派の長所を採り入れつつも古典学派の基本的立場を守ろうとする第三学派（Terza Scuola）ないし折衷学派（Scuola Eclettica）の立場を維持してきた。しかるに，1907 年制定の日本の現行刑法は，イタリア実証学派の主張に飛びついて，いわゆる新派刑法学の旗振り（牧野英一博士ら）の主張を大幅に採り入れたものとなった。その欠陥と弊害が，いみじくも TOC 条約の批准問題にからんで浮きぼりになってきた。

　共謀罪法案は，組織的犯罪処罰法に追加する**第6条の2（組織的な犯罪の共謀）**に，「団体の活動として」対象犯罪を行うことの共謀にしぼり（限定）をかけようとするものである。しかし，そもそも対象犯罪（重大な犯罪）の範囲が日本刑法では立法例に見られないほど広すぎるところに致命的欠点がある。第2表は，そのことを物語っている。

　上に概観したところから，諸国の刑法典における構成要件の定め方には差異があるものの，傷害罪と窃盗罪にあっては，軽微な類型，加重類型，さらに（時には）特別加重類型に分類されており，それぞれの類型に適当な重さの刑が科せられていることが理解される。言いかえると，TOC 条約の立案者が4年以上の自由刑又はそれより重い刑にあたる罪を「重大な犯罪」

と定義したのは，上記のような重い犯罪類型を指す意図にもとづくものであったのではないか，と推測される。つまり，少額窃盗の場合をも含めて窃盗の法定刑の上限を10年の懲役と定める立法（例，日本刑法235条）は念頭になかったのではないか，と考えられる。

3 法益侵害性の程度に対応する犯罪構造

　刑法は，構成要件を実現した行為，すなわち，既遂を罰することを原則としていて，それ以前の段階，すなわち，**未完成犯罪**と呼ばれるものについては，法益侵害性の程度ないし法益侵害の実現可能性の程度に応じて未遂，予備，陰謀の各段階を設けている。

　未遂（43条）は，建前としては既遂と同じ刑で処断されるのであるが，任意的に刑の減軽が認められており，かつ，未遂を罰する場合は，各本条で定めることされている（44条）。その「各本条」の規定を見ると，挙動犯の場合を別として，ある程度以上の重い罪の故意犯に限られていることが理解される。

　これに対し，**予備**は，いまだ犯罪の実行に着手していない，それ以前の段階であるゆえに，特別重い罪に限り罰することとされている。刑法では，殺人予備（201条），放火予備（113条）及び強盗予備（237条）のみが規定されており，特別法では，覚せい剤取締法41条の6（覚せい剤輸出製造予備），サリン等による人身被害の防止に関する法律5条・6条，航空機強取等処罰法3条（航空機強取予備）などを含めて31種類の犯罪について規定されている。このほか，予備罪の1種である**準備罪**は，刑法153条（通貨偽造準備），出入国管理難民認定法74条の3（集団密航用船舶等の準備）など6種類の犯罪について規定されている。

　刑法で**陰謀**が罰せられるのは，内乱の陰謀（78条），外患罪の陰謀（88条）及び私戦陰謀（93条）の3つだけである。これを見ると，陰謀（共謀）が罰せられるのは，国の存立に関する最も重大な犯罪の場合に限られている。

　しかるに，特別刑法では，13種類の犯罪につき共謀を罰する規定が置かれている。例えば，国家公務員法110条1項1号（ストライキ共謀），爆発物

取締罰則（明治17年大政官布告32号）4条（爆発物使用共謀），自衛隊法120条2項（治安出動命令違反の共謀）などが，それである。国家公務員法等は，共謀のみならず，そそのかし，あおりまでも犯罪化している点で，過剰犯罪化であるとのきびしい批判を受けている。

　これに対し，サリン等防止法（平成7年法律78号）は，サリン等を発散させて公共の危険を生じさせる罪の未遂と予備を罰してはいるが，共謀を罰してはいない。東京地下鉄サリン事件（1995年3月20日）は，世界を震撼させた大事件であったが，今後，同様の事件を共謀する者があっても，共謀だけでは罰することはできず，予備の段階に進むまで待って逮捕する，ということになる。

　上述したところを図示すれば，**日本刑法の基本構造**は，次のようにピラミッド型なるであろう。

日本刑法の構造図

　この図を見れば，**陰謀（共謀）**が罰せられるのは，重大な国家的法益の侵害に係る場合に限られており，**予備（準備）**が罰せられるのはそれに次ぐ場合に限られていることが理解される。刑法で未遂罪を罰するのは，ある程度以上重い罪につき各本条で定めることとされている（44条）。

　ところで，TOC条約に従って4年以上の自由刑又はそれより重い刑にあたる罪について一律に共謀を罰することとすれば，現行法では未遂を罰していない罪，例えば，121条の罪（水防妨害），143条の罪（水道汚染），220条の罪（逮捕・監禁）等の罪についても「共謀」を罰することになる。それ

のみならず，予備を罰していない罪についても，共謀を罰することになる。これは，日本刑法の基本構造をくつがえすことになる。

第 8 節　一般的共謀罪を新設すべきか

1　犯罪化の義務的要件

TOC 条 5 条 1 項(a)は，(1)共謀又は参加のうちいずれか一方，又は(2)双方を犯罪化すべきことを義務づけている。

では，少なくとも，共謀と参加のうち一方を犯罪化することは，義務的要件（mandatory requirement）であるか。条約の解釈上，この問いは肯定される。締約国が双方を犯罪化することを考慮することは望ましい，とされているにとどまる（LG パラ 71）。

この論点と条約批准のために 5 条 1 項(a)の犯罪化が絶対に必要とされるかの論点とは，別にして考えるべきである。

2　留　保

留保（reserve）には 3 種類の意味があるが，'本来の留保' といわれるものは，条約のうちの一定の条項の適用を留保するというものである。本稿で取り上げるのは，'本来の留保' である。

留保は，条約の適用を制限し，実質において条約の内容を変更するものである。1969 年の**条約法条約（ウィーン条約）**19 条は，留保に関してくわしい規定を設けている。その規定に照らせば，TOC 条約は当該留保を付することを禁止していないので（19 条 a 参照），締約国は留保を付することができる。問題は，当該留保が「条約の趣旨及び目的と両立しないものであるとき」の（19 条 c 参照）に該当するかどうか，である。

これにつき，2005 年，国会の法務委員において，政府側は，「本条約の場合には条約目的と両立する留保を付することは可能である。」と答弁して

いる。⁽⁵⁸⁾

　筆者の見解も，これと同じである。その理由は，次の3つである。
　(1)　条約34条（条約の実施）1項は，締約国につき「その国内法の基本原則に従って」必要な措置をとることを義務づけているのであって，**共謀の一般的犯罪化は，日本刑法の基本構造と相容れない。**
　(2)　わが国には，すでに刑法及び特別刑法において特定の犯罪につき共謀罪を設けているほか，判例法上，共同共同正犯論が定着している。
　(3)　組織的犯罪集団の活動を防止し，かつ制圧するためには，共謀の犯罪化よりも，むしろ組織的犯罪集団の結社，それへの参加を犯罪化することの方がより効果的である。日本では，国越的組織犯罪集団についての犯罪学的研究及びその規制立法についての研究が，いちじるしく立ち遅れている。参考のため，国越的犯罪に関する外国文献を紹介しよう。

1．Cretin 著『世界のマフィア　国越的犯罪組織』（Mafia du monde. Organisations criminelles transnationales. 1997, Puf, Paris.）
2．Champeyrache 著『犯罪結社。マフィアの世界めぐり』（Sociétés du crime. Un tour du monde des mafias, 2007, CNRS Editions, Paris.）
3．Albnanese & Reichel（ed.）編『国越的組織犯罪。6つの大陸の概観』（Transnational Organized Crime. An Overview from Six Continents. 2014, SAGE, Washington.）

なお，筆者は，これまでにイタリア・マフィアの実態及びマフィア制圧立法について多くの紹介論文を書いた。⁽⁵⁹⁾それは，マフィアがイタリアの政治，経済，社会の各層に深く食い込んでおり，他面，政府は次から次へと強力なマフィア対策立法を制定してきたからである。そのイタリアは，すでに述べたように犯罪的結社罪（刑416条）及びマフィア型結社罪（刑416条の2）（1982年法律646号で追加）を設けているが，共謀（accordo）だけでは罰しないとの明文規定（刑115条）⁽⁶⁰⁾を設けている。

(56)　横田喜三郎・国際法Ⅲ〔新版〕（1972年，有斐閣）419頁。
(57)　横田・前掲書419頁。

(58) 桐山・注(24)前掲論文 15〜16 頁。
(59) 森下・イタリア刑法研究序説（1985 年，法律文化社），「イタリアの重大犯罪防止法」法律のひろば 31 巻 6 号（1978 年），「イタリアのマフィア制圧立法」駿河台法学 3 巻 1 号（1988 年）など。
(60) **イタリア刑法 115 条**（罪を犯す共謀。教唆）
　1　法律に特別の規定がある場合を除いて，2 人以上の者が罪を犯す目的で共謀したが，罪を犯さなかったときは，そのうちの何人も共謀の行為だけによっては，罰せられない。
　2　前項の規定にかかわらず，犯罪を犯す共謀の場合には，裁判官は，保安処分を適用することができる。

3　犯罪的結社罪（参加罪）の新設

　わが国が TOC 条約を批准するために条約 5 条に従って新しい罪の犯罪化をしようとするのであれば，共謀罪ではなくて，犯罪的結社罪（参加罪）を新設する途を選ぶことが望ましい。

　わが国には，暴力団員による不当な行為等に関する法律（平成 3 年法律 77 号）（いわゆる暴力団対策法），組織的犯罪処罰法（平成 11 年法律 136 号）があり，それぞれ数次にわたる一部改正によって取締りが強化されている。しかし，犯罪組織を結成する行為，その組織を指揮する行為などは犯罪化されておらず，組織への加入行為もそれ自体では罰せられていない。日本の暴力団は，ヤクザ（yakuza）又はボーリョクダン（boryokudan）の名で世界中に知れわたっている強力な組織的犯罪集団である。イタリアの有力雑誌は，この点に着目して，犯罪的結社罪を設けていない日本を"ふしぎな国ニッポン"（Mistero Giappone）と呼んでいる。なぜ，「ふしぎな国」と呼ばれるかと言えば，世界中に知れわたるほど強大な反社会的集団の存続それ自体を合法的存在として認めているのか，日本の政府筋及び政界は暴力団と癒着しているのではないか，ということにあるようである。

　これにつき，わが国には，暴力団の結成それ自体を非合法化することは憲法 21 条が保障する「結社の自由」に抵触するのではないか，という危惧をいだく者がいるようである。しかしながら，1966 年の国際自由権規約

22条〔結社の自由〕によれば,「法律で定める制限であって国の安全若しくは公共の安全,公の秩序,公衆の健康若しくは道徳の保護又は他の者の権利及び自由の保護のため民主的社会において必要なもの」は,「結社の自由」を侵害することにはならない。諸国の憲法の中には,このことを明文で規定するものがある。[62]

このようにして,筆者は,犯罪的結社罪(参加罪)を新設することには賛成であるが,犯罪的結社罪を新設しないのであれば,**共謀罪を新設しないことにつき「留保」を付すべきである,**と主張する。

(61) Rivista Italiana di Geopolitica. Mistero Giappone. 2007. この雑誌151頁以下には,筆者の「暴力団。古いヤクザから新しいヤクザ」(I boryokudan dalla vecchia alla nuova yakuza)と題する論文が載っている。
(62) ドイツ,イタリア,ギリシャなど。日弁連民暴委員会編・注解　暴力団対策法(1997年,民事法研究会)294頁以下を見よ。なお,1978年のスペイン憲法22も,同様である。

4　特別捜査手法

TOC条約20条は,**特別捜査手法**(special investigative techniques)に関する注目すべき規定を設けている。

第20条(特別捜査手法)
1　締約国は,その法制度の基本原則によって許される場合には,可能な範囲内で,かつ,その国内法に規定する条件の下で,監視下の輸送(controlled delivery)の適切な利用を許すための必要な措置をとり,かつ,適当と認めるときは組織犯罪と効果的に闘う目的でその領域における権限を有する当局により,電子的その他の方法及び秘密警察(undercover operations)の適切な使用を許すため必要な措置をとるものとする。
2　(以下,省略)

ここにいわゆる特別捜査手法は,つとに1999年,欧州評議会(Council of Europe ; Conseil de l'Europe)の主宰の下に締結された「汚職に関する刑事条

約」(Criminal Law Convention on Corruption)（略称，CE 汚職刑事条約）の第 23 条（証拠の収集及び収益の没収を容易にする措置）で採用されている。ここで「**特別捜査手法**」とは，例えば，秘密警察官（under-cover agents），盗聴（wire-tapping），盗聴器の取付け（bugging），通信の傍受（interception of telecommunications），コンピューター・システムへのアクセス（access to computer systems）などの手法のことである。これらの手法は，この条約の注釈（パラ 114）で明記されている。

2003 年の国連汚職条約 50 条（特別捜査手法）[63]は，CE 汚職刑事条約 23 条とほぼ同一の規定を設けている。これから判断すると，特別捜査手法は，今や麻薬犯罪，テロ犯罪，組織犯罪，汚職犯罪，資金洗浄罪などの捜査の手法として広く世界的に採用される方向にあるように思われる。それらの条約にあっては，締約国は，「その国内法制の基本原則によって許される場合には」という限定付きではあるが，条約の効果的実施のために 2 国間又は多国間の協定（agreement）又は取決め（arrangement）によって国際的次元における協力をすることを要請されている。わが国が TOC 条約を批准したときには，どの範囲で，どのような条件で，国内法令に従って特別捜査手法を採り入れるか，という困難に直面することになる。

言うまでもなく，共謀は秘密裡に，かつ証拠の痕跡を残さないように特定の者の間で行われることが多い。その共謀を探知するためには，盗聴，盗撮，通信の傍受等の手法が用いられるであろう。また，おとり捜査という手口もありうる。その上，秘密警察官が巧みに潜行して共謀の手がかりを獲得しようと努める時代が到来するおそれもある。そのような秘密捜査の手法は，わが国の法制度の基本原則に照らして許されない。条約批准のための国内法整備に当たっては，このことを明確に認識すべきである。

(63) 森下・諸外国の汚職防止法制（2013 年，成文堂）1 頁以下。

5　司法取引

　わが国でも，米国の制度にならって司法取引（plea bargaining）の制度を導入することが公的機関における審議の議題とされている。米国では，「コンスピラシーは，検察官が多くの小魚を捕える網である。」（"Conspiracy is a net in which prosecutors catch many little fishes.）といわれている。恐らく，まず多くの小魚を捕獲すれば，巧みに司法取引を行うことによって大物にたどり着く手がかりが得られる蓋然性が大きいというのであろう。司法取引を上手に活用するのは検察官のウデ次第であるが，司法取引によって，大規模な麻薬取引，脱税，資金洗浄，贈収賄，経済事犯等の摘発に成功すれば，検察官は，功績を挙げたことになる。しかも，米国には内部告発者ないし公益通報者（whistle-blower）に報奨金を支給することが行われていて，公的機関への通報が捜査の端緒となる事例が多いようである[64]。その後，検察官は司法取引によってdefendantに多額の課徴金，制裁金，時には罰金を科することによって事件を決着させることが，司法実務においてしばしば行われている。

　英国は，2010年に贈収賄罪法（Bribery Act 2010）を制定して以来，米国の制度にならって同様の事件処理をすることになった[65]。

　このようなことが実務で多用されることになれば，盗聴，通信の傍受などによって他人の共謀を探知し，それを公的機関に通報する者が徐々に増えるのではないか。筆者は，司法実務のアメリカ化（Americanization）に危惧の念をいだいている。

(64)　例えば，制裁金が100万ドルを超える結果となった場合には，その10%ないし30%の報奨金を受け取ることができる。森下・国際汚職の防止（2012年，成文堂）102-103頁。
(65)　森下・注(63)前掲書237頁。

第9節　共謀罪法案をめぐる諸問題

上述したことのまとめを兼ねて，共謀罪法案をめぐる諸問題を指摘しておきたい。

1　処罰範囲の過度の拡大

共謀罪法案における最大の問題点は，組織犯罪処罰法6条の2が4年以上の自由刑（懲役・禁錮）又はそれより重い刑にあたる罪につき，共謀それ自体を罰することとしていることである。法案の立場では，現行法の下で共謀の対象犯罪の数は619に達するとのことである。一体，そこまで処罰範囲を拡大するべき必要性があるのか。政府側は，そのことにつき，納得できる説明をしていない。

犯罪化（criminalization, Kriminalisierung）とは，これまで不可罰とされてきた行為を新たに犯罪とすることをいう。犯罪化には，それを必要とする合理的根拠が必要であり，さらにデュー・プロセスに従った法令の運用ができる客観的見透しが必要である。これらの必要を満たさない犯罪化は，犯罪化が是認されるための基準に適合しないことになる。基準に適合しない犯罪化は，民主的法治国家がするべきことではない。

わが国の現行法にあっては，予備罪が31，準備罪が6つある。その代表的なものは，殺人予備（刑201条），放火予備（刑113条），サリン等発散予備（サリン等防止法5条3項）である。しかし，殺人，放火，サリン等発散の共謀は，いずれも犯罪とはされていない。組織犯罪処罰法6条は組織的な殺人等の予備を罰しているが，共謀を罰してはいない。そこで，共謀罪法案は，組織犯罪処罰法に第6条の2（組織的な犯罪の共謀）を追加しようとするのであるが，次のことを注意すべきである。

それは，組織的な殺人等の罪を個別的に列挙してその共謀を罰するという立法形式，すなわち，**個別的共謀罪方式**を採用しないで，**一般的共謀罪方式**を採っていることである。法案では，一定の重さの刑（4年以上の自由刑

又はそれより重い刑）にあたる罪は，罪種を限定することなくすべて共謀の対象犯罪にする方式が採られている。この方式による犯罪化は，処罰範囲を不必要に拡大する点において行きすぎた治安立法と言わざるをえない。それは，まさしく犯罪化の正当化基準を無視するものである。

　過剰な犯罪化は，捜査当局，検察当局及び司法当局に過大な負担をかけることになり，それらの関係当局は1種の破産状態に陥ることになるであろう。そうなると捜査・検挙する事件につきトリアージュ（triage　選別）をせざるを得なくなる。その結果，不公正な法執行を招くことになり，やがて民衆の間に法執行の当局に対する不信感が生まれるであろう。

2　国越性，犯罪集団の関与性

　共謀罪法案にあっては，国越性（transnationality）は，共謀罪の構成要件要素とはされていない。それは，国越性は，国内犯罪の要件とされてはならない旨を規定する条約34条2項に従ったものであろう（LGパラ45, 68）。このことは，組織的犯罪集団の関与（involvement）についても，同様であろう。

　条約が犯罪集団の関与を犯罪化の要件とすべき旨を規定しているのは，5条1項(b)に規定する罪（重大犯罪の組織，指揮，教唆等）についてのみである（34条2項ただし書）。

　わが国には，共謀罪の犯罪化については国越性と関与性とを構成要件に盛り込むべしとの主張が存在する。この主張には一理がある。しかし，政府・与党側は，条約の規定及び立法ガイドに従ってその提案を拒否するであろう。上記2つの要件を構成要件に取り入れることは，結局，共謀罪を機能不全に近い状態に陥らせる可能性がある。国越犯罪にあっては，人的・物的証拠が外国にあることが多いと予想されるが，外国にある証拠を収集するためには，国際捜査共助及び国際司法共助の制度を活用すべきことになろう。

　ところで，実際に外国の当局が迅速かつ適確に共助活動をしてくれるかは，大いに疑問である。その上，当該外国（被請求国）の当局がわが国では

違法とされる方法によって証拠を収集したときには，その証拠の許容性が否定されることも生じうる。例えば，わが国で違法とされている盗聴，盗撮，通信の傍受，おとり捜査などによって収集された証拠であるときは，証拠能力が否定されることになるであろう。立法ガイドが国越性と関与性を犯罪構成要件に取り込むことは，法執行を複雑なものにし，妨げることになるであろうというのは（LG パラ 45），こうしたことを予見したからであろう。

国越性と関与性とを構成要件要素としないときは，どうなるか。共謀罪の成立範囲はいちじるしく拡大される。そうなれば，警察官は「成果」を上げるために逮捕件数を増やすことに努めるであろう。それは，過度の人権侵害をもたらすことは，必定である。

3 「団体の活動として」の意義

共謀罪法案が新設を意図している「組織的な犯罪の共謀」（組織犯罪処罰法6条の2）は，「団体の活動として」対象犯罪にあたる罪を実行するため「組織により行われる」ものの遂行を共謀した者を罰する規定である。

ここにいう「団体」とは，「共同の目的を有する多数人の継続的結合体であって，その目的又は意見を実現する行為の全部又は一部が組織（指揮命令に基づき，あらかじめ定められた任務の分担に従って構成員が一体として行動する人の結合体をいう。）により反復して行われるものをいう。」と定義されている（2条1項）。この定義によれば，「団体」と「暴力団」[66]とは，同じでない。団体とは，目的を共通にする者の組織的な集まりをいうので，これには法人格を有しないものも含まれるし，また，株式会社や有限会社などの法人格を有するものも含まれる，と解される[67]。

これによれば，**共謀罪法案にいわゆる「団体」**は，TOC条約2条1項(a)が定義する「組織的な犯罪集団[68]」と比べると，かなりゆるやかな用語であることが理解される。すなわち，利得目的（金銭的利益又は物質的利益を得る目的）及び対象犯罪（重大な犯罪及び条約に従って定められる犯罪）を行う目的をもって協力して行動するもの，という限定がなされていないのである。

この限定によるしぼりがないことは，共謀罪法案が条約の意図するところよりも広い範囲で一般的共謀罪の新設をめざすものであることが理解される。条約で義務づけているよりも広い範囲で犯罪化を行うことは，条約上は許容される（34条3項）のではあるが，冒頭に述べた over-inclusion（過大取入れ。行きすぎの国内法化）である。

わが国は大陸法の法制度を伝統的に承継しているのであるから，コモン・ロー（英米法）が伝統として採用してきた共謀 (conspiracy) を導入するについては，慎重の上にも慎重を期すべきである。わが国の現行法では，上述したとおり，予備罪が31，準備罪が6あるにすぎないのに，「予備」に先立つ段階であって法益侵害の危険性が顕在化していない共謀を，なぜ600を超える犯罪について犯罪化しなければならないのか。この点につき合理的理由を示すことのできる者は，恐らく存在しないであろう。

(66) 暴力団対策法2条（定義）によれば，「暴力団」とは，「その団体の構成員（その団体の構成団体の構成員を含む。）が集団的又は常習的に暴力的不法行為等を行うことを助長するおそれがある団体をいう。」
(67) 日弁連民暴委員会編・(注39) 前掲・注釈　暴力団対策法16頁。
(68) 「組織的な犯罪集団」とは，「3人以上の者で構成された集団であって，直接又は間接に金銭的利益又は物質的利益を得るため，一定の期間継続して存在し，かつ，1又は2以上の重大な犯罪又はこの条約に従って定められる犯罪を行うことを目的として協力して行動するものをいう。」

第10節　補　論

筆者が一般的共謀罪の新設に反対するについては，別の理由もある。それは，犯罪人引渡しと司法共助とに関係するものである。

〔Ⅰ〕 犯罪人引渡し

コモン・ロー系の国，特に米国では共謀罪による摘発が積極的に行われている。その結果，日本企業が製品をめぐる価格カルテル事件などで訴追

され，数百億円の罰金が科せられるほか，日本人社員が実刑に処せられている(69)。そのほか，米国司法省が司法取引によって日本企業に多額の罰金を科した事例は，多く存在する。

仮に，これらの事件について共謀の罪を問われそうになったとき，日本に帰国した日本人につき，米国から犯罪人引渡しの請求がなされたとすれば，どうなるか。日本が当該犯罪について共謀を罰していなければ，日本政府は，双方可罰性（double criminalty, double incrimination）が欠如するとの理由で請求を拒むことができる(70)。

(69) 2013 年 9 月 21 日の朝日新聞による。
(70) なお，自国民の引渡しの義務はない（日米犯罪人引渡条約 5 条）。しかし，被請求国は，その裁量によって自国民を引き渡すことができる（5 条ただし書）。このただし書の適用によって，従来，日米間で自国民の引渡しは，行われている。

〔II〕 司 法 共 助

TOC 条約 18 条は，司法共助（mutual legal assistance, entraide judiciaire）につき第 1 項から第 29 項までの，実に詳細な規定を設けている。

締約国は，条約に定める犯罪が性質上国越的であり，かつ組織的犯罪集団が関与するものの捜査，訴追及び司法手続につき最も広い範囲の司法共助を相互に行う義務を負うが（1 項），双方可罰性の欠如を理由として共助を拒むことができる（18 条 9 項）。

この点を考慮するならば，わが国が一般的共謀罪を設けていなければ，他の締約国（現在，約 180 か国）から共謀罪事件について共助の要請があったとしても，双方可罰性の欠如を理由にして要請を拒むことができる。わが国の警察，検察及び司法の各関係当局は，法制度，法執行の実務，言語の異なる国との間の共助には慣れておらず，また研究面でも甚しく不十分な状況にあるので，この点を考慮しておくことは有益であろう。

資料 1

アメリカ法律協会　模範刑法典
(1962年)

第5章　未完成犯罪（Inchoate Crimes）

第5・03　共謀罪（Criminal Conspiracy）
(1) 共謀の定義　対象犯罪の遂行を促進し，又は助長する目的をもって，次の各号のいずれかにあたる行為をした者は，他の者とその犯罪を犯すための共謀罪を犯したものとする。
　(a) 他の者との間で，全員又はそのうちの一部の者によって，その犯罪又はその未遂罪若しくは教唆罪を構成する行為を遂行することにつき，合意する（agree）こと。
　(b) 他の者が，その犯罪又はその未遂罪若しくは教唆罪を計画し又は遂行するにあたり，これに援助を供与する旨の合意をすること。
(2) 共謀関係の範囲（Scope of Conspiratorial Relationship）　第1項の規定により共謀罪を犯したとされる者が，その共謀の相手方がさらに他の者と同じ犯罪の遂行を共謀していることを知っていたときは，そのような他の共謀者が何人であるかを知らなかった場合においても，その者と犯罪を遂行することの共謀罪を犯したものととする。
(3) 複数の犯罪を目的とする共謀（Conspiracy with Multiple Criminal Objectives）
　　数箇の対象犯罪を犯すことを共謀した者であっても，その数罪が同一の合意又は継続した共謀関係の目的であるときは，ただ1箇の共謀を犯したものとする。
(4) 共謀罪の訴追における併合及び土地管轄（Joinder and Venue in Conspiracy Prosecution）
　(a) 次の場合には，本項(b)に定めるところに従い，共謀罪を犯した2人以上の者を併合して訴追することができる。
　　(i) それらの者が互いに共謀したものとして訴追されているとき。又は，

(ii) 訴追の対象となった2つ以上の共謀が，関与者を同一にすると否とにかかわらず，組織的犯罪活動に関する計画（a scheme of organized criminal conduct）の異なった表現にすぎないと見られるほど密接な関係にあるとき。
　(b) 本項(a)の規定による併合訴追においては，次の例による。
　　　(i) いかなる被告人も，自己が共謀関係に加入し，自己又は共謀の相手方がその共謀に基づいて外部行為（an overt act）をした場所以外の郡〔教区又は地区〕においては，共謀罪の訴追を受けることがない。
　　　(ii) 併合訴追があったからといって，そのため被告人の刑事責任が拡張され，又は他の者の行為又は発言（declarations）を被告人に対する不利益な証拠として許容する範囲が拡張されることはない。
　　　(iii) 裁判所は，被告人の有罪又は無罪に関する公正な判断を助長するのに必要又は適当であると認めるときは，被告人の要求に基づいて審理の分離を命じ，又はその被告人のみに関する特別評決をさせ，その他審理の公正を確保するために適当な措置を講じなければならい。
(5) 外部行為（Overt Act）　何人も，第1級又は第2級の重罪以外の対象犯罪を犯す共謀罪については，共謀の目的を達するための外部行為が自己又は共謀の相手方によって行われたことの主張及び立証がない限り，有罪の認定を受けることはない。
(6) 犯罪目的の放棄　行為者が，対象犯罪の遂行を共謀した後，犯罪目的の完全で自発的放棄を確認することのできる状況の下で，共謀目的の達成を阻止したときは，これを積極抗弁とする。
(7) 共謀の継続（Duration of Conspiracy）
　第1・06条(4)の適用に関しては，次の例による。
　(a) 共謀は，継続的な一連の行動（a continuous course of conduct）であり，その目的となった1箇又は数箇の対象犯罪が遂行され，又はその遂行の合意が被告人及び共謀の相手方によって廃棄された時に終了する。
　(b) 被告人又は共謀の相手方が，時効期間の満了に至るまで共謀目的を達するための外部行為に出なかったときは，合意の廃棄があったものと推定する。
　(c) 共謀者の1人が合意を廃棄した場合においても，その者が合意の廃棄を共謀の相手方に告知し，又は法執行官憲に対して共謀の存在及び自己がその1員であった旨を申告したのでなければ，その者に対する関係でも共謀罪が終結したものとすることはできない。

資料 2

オーストラリア刑法

(1995年)

コモン・ロー系の国であるオーストラリアの刑法は，civil law（大陸法）系の刑法とは，その犯罪論の構造において多くの異なる点をもっている。

1995年制定のオーストラリア刑法典（Australian Criminal Code Act）は，連邦統一刑法典であって，ACT と略称されている。

連邦刑法11.5条（共謀）（Conspiracy）は，コンスピラシーの罪について詳細な規定を設けている。

第11.5条（共謀）

① 12箇月以上の拘禁刑又は200単位以上の罰金にあたる罪を犯すことを他の者と共謀した者は，その罪を犯す共謀の罪に問われて，共謀に係る罪が行われたときと同様に罰せられる。

　(注)　単位罰金は，1914年 Crimes Act 4AA 条に定められている。

② 罪に問われる人となるのは，次のことをした者である。
　(a) その人が，1人以上の者と合意したこと（have entered into an agreement）。
　(b) その者及び合意に加わった1人以上の者が，ある罪がその合意に従って行われるであろうことを意図したこと。
　(c) その者が合意に加わった1人以上の者が，その合意に従って外部行為（an overt act）を行ったこと。

②A　第2項は，第7項Aに従って効果を生ずる。

③ 次に掲げるいずれかの場合でも，罪を犯す共謀の罪に問うことができる。
　(a) その罪を犯すことが不可能であるとき。
　(b) 合意に加わったただ1人の他の者が法人（body corporate）であるとき。
　(c) 合意に加わったいずれかの他の者が，少なくとも次に掲げるいずれかの者であるとき。
　　(i) 刑事責任を問われない者

(ii) その罪がある者の利益又は保護のために行われる場合の当該者
(d) 第4項(a)に従って，その合意に加わったその他すべての者が，共謀の罪につき無罪とされたとき。
④ 次に掲げるいずれかの場合には，罪を犯す共謀の罪に問うことはできない。
 (a) 合意に加わった他のすべての者が共謀の罪につき無罪とされ，かつ，有罪であるとすること（a finding of guilt）がそれらの者の無罪と相容れないであろうとき。
 (b) その者が，その罪がある者の利益又は保護のために行われる場合の当該者であるとき。
⑤ 合意に従って外部行為を犯す前に，その者が次の行為をしたときは，罪を犯す共謀の罪に問われることはない。
 (a) 合意を撤回したとき。
 (b) 犯行を防止するためあらゆる合理的措置をとったとき。
⑥ 裁判所は，司法の利益が要求すると認めるときは，共謀の公訴を棄却することができる。
⑦ 犯罪に適用されるあらゆる抗弁，手続，制限又は資格を与える規定（qualifying provisions）は，共謀罪にも適用する。
⑦A 犯罪に適用されるすべての特別責任規定（any special liability provisions）は，共謀罪にも適用する。
⑧ 共謀罪の刑事手続は，Director of Public Prosecutions（検事正）の同意を得ないで開始してはならない。ただし，必要な同意が得られる前に，共謀罪に関して人を逮捕し，訴追し，又は勾留することができる。

オーストラリアでは，各州がそれぞれ独自に立法権を行使することができるのであるが，各州刑法典におけるコンスピラシーの規定は，連邦刑法のそれにならったものであろう，と推察される。現に，Capital Territory（首都特別地域）の Criminal Code 2002 第48条は，連邦刑法と同様に詳細な Conspiracy 規定を設けている。

索　引

あ　行

アイヒマン……………………………108
青手配…………………………………191
青手配書………………………………187
赤手配書………………………………187
赤手配にもとづく仮拘束……………197
アド・ホック裁判………………………60
アムネスティ・インターナショナル
　………………………………………208
アメリカ法律協会………………128,262
　──模範刑法典……………………295
安全ガード条項………………………250
安全行動…………………………… 22,25
イタリア実証学派…………………276,281
一事不再理……………………………177
　──の原則…………………………177
一般的共謀罪……………………234,236,238
一般的共謀罪方式……………………290
一般的の犯罪化………………………239
陰謀……………234,235,236,282,283
ウィーン条約………………………247,284
映画「私は貝になりたい」…………117
越境犯罪………………………………242
欧州人権裁判所………………………216
　──の判決…………………………216
欧州人権条約……………………… 71,76
オレンジ手配書………………………187

か　行

海賊………………………………………49
外部行為…………252,258,263,267,296
仮拘束……………197,198,199,200,205
仮釈放なき無期刑……………………211
仮釈放の要件期間……………………218

軽い法の原則………………79,151,152
カルデアネスの板………………… 67,134
慣習国際法……………………………34,35
黄手配書………………………………187
欺罔条項………………………………266
狭義の刑事司法共助…………………225
狭義の司法共助……………… 16,23,244
強制……………117,119,121,131,132
共通裁判権……………………………162
共謀……234,235,253,257,265,273,283
　──の参加者………………………264
　──の定義…………………………263
共謀罪…………………………………295
　──の義務的要件…………………252
共謀罪法案……………………………237
緊急…………………………………62,69
　──は法をもたない………69,83,95
緊急事態…………………………71,72,74,77
緊急状態………………………… 67,73,134
緊急避難………………………62,78,81,86
　──の要件……………………… 68,74
緊急避難状況…………………………121
均衡性の原則……………………………44
黒手配書………………………………187
軍事上の必要……………………………63
刑事国際法……………………58,59,60,246
　──の法源……………………………61
刑事司法共助……………………………23
刑事訴追の移管………………………153
刑法適用法………………………………57
合意………………………………235,263
公開審理の原則………………………169
構成された集団………………………244
公正な裁判………………………… 169,170
　──を受ける権利………………166,170

300　索引

公平な裁判所……………………169
合法性の原則……………………195
国越性………………242,251,259,291
国越組織犯罪防止条約…………240,243
国越的……………………………242
国越犯罪…………………………242,285
国外逃亡被疑者…………………185
国際違法行為……………………82
国際慣習法………………………61
国際刑事協力……………………202
　　——における相互主義………202
国際刑事警察機構………………186
国際刑事裁判所…………………6,99
国際刑事裁判所規程……………6,32
国際刑事法廷……………………36
国際刑法…………………57,87,100
国際自由権規約………76,163,216,230
国際手配書………………………187
国際逮捕状………………………188
国際犯罪…………………………242
国際法優位の原則………………148,149
国連憲章第51条…………………46
個人の刑事責任…………………78,83
国家間刑法………………59,87,100
国家責任…………………………82
国家責任条文……………………66,81
国家中央事務局…………………188
誤判防止…………………………229
個別的共謀罪……………………234,236
個別的共謀罪方式………………290
個別的正当防衛…………………44
個別の犯罪化……………………238

さ　行

罪刑法主義………………………35
罪刑法定主義……………8,62,152,248
最小限保障を受ける権利………172
再審理される権利………………176
裁判所の前の平等………………168
裁量的引渡し……………………147
参加………………………………257
参加罪……………………………253,271
残虐で異常な刑罰………………209
三振法……………………………212
シヴィル・ロー…………………262
自衛権……………………………46,50
資金洗浄…………………………261
死刑………………………………208
　　——に代わるもの……………210
死刑廃止国………………………208
死刑廃止条約……………………164
時効………………………………10,11
　　——の不適用…………………9
自国民の不引渡し………………147
自国民不引渡しの原則…………147
自然権……………………………51
自然法……………………………51
　　——にもとづく正当防衛……53
実証学派…………………………281
司法共助…………………16,24,244,294
司法取引…………………………269,289
　　——の濫用傾向………………269
自由権規約………………………163
終身刑……………………15,211,216,218
　　——導入の問題点……………225
終身奴隷刑………………………228
終身隷役刑………………………217
重大な犯罪………………………244,278,281
集団の自衛権……………………49,54,55
集団の正当防衛…………………44
重無期刑…………………………219,226,227
受刑者移送条約…………………155
受刑者の移送……………………155
受動的犯罪人引渡し……………196
純代理処罰主義…………………157,158
　　——の問題点…………………160
　　——の立法例…………………158
準備………………………………283

準備罪……………………………282
上官の責任………………………116
上官の命令………………111, 112, 119
証人尋問権………………………175
条約刑事国際法………………61, 246
条約国際法………………………61
条約法条約……………………247, 284
人道的死刑廃止論………………228
人道に対する罪………………104, 105
精神の強制説……………………132
正戦論……………………………92
生存空間………………64, 83, 95, 97
正当化する緊急避難……………129
正当防衛………………33, 35, 41
正当防衛権………………………50
聖トマス・アクィナス…………53
政府の命令………………………112
世界主義…………………………60
世界の裁判権主義………………60
世界法犯罪………………………60
赤手配……………………………191
絶対的な権利…………………175, 176
絶対の権利……………………216, 230
先制的正当防衛…………39, 45, 46, 47
戦争犯罪…………………………104
相互主義………………150, 191, 202
── の緩和……………………203
相談………………………………261
相談罪……………………………261
双方可罰性………………………294
── の欠如……………………294
組織的な犯罪集団……………292, 293
組織的な犯罪の共謀…………238, 281
組織的犯罪集団…………………244
── の関与…………………259, 291
組織的犯罪処罰法……………237, 281
訴追の移管………………………154
ソマリア海賊……………………49

た 行

第1形態の代理処罰主義………142
第三学派…………………………281
対象犯罪…………………………266
大陸法……………………………262
代理主義………………………158, 161
── の法的性質………………162
代理処罰主義…………………142, 157
── に現れた不都合…………149
── の適用事例………………142
── を補う制度………………153
典型的な ──…………………157
単純共謀罪………………………252
単純合意…………………………252
団体………………………………292
中核犯罪…………………………79
同一体の理論……………………264
逃亡犯罪人引渡法………………196
特定秘密保護法…………………240
特別捜査手法…………………287, 288

な 行

日本刑法の基本構造……………283
ニュールンベルグ軍事裁判所…60
能動的属人主義………141, 142, 146
── による代理処罰…………146
能動的犯罪人引渡し……………196

は 行

ハイブリッド法…………………6
パレルモ条約…………………240, 241
犯罪化…………………234, 236, 290
── を正当化する基準……236, 237
犯罪集団の関与性………………291
犯罪条項…………………………266
犯罪的結社………………………260
犯罪人引渡し…………196, 224, 293
犯罪抑止力………………………228

被疑事実………………………………172
　――の決定………………………170, 173
　――を告げられる権利……………173
引き渡すか罰するかせよ……………157
被拘禁者の一時的移送………………17, 18
被拘禁者の貸与…………………………18
秘密警察………………………………287
秘密警察官……………………………288
平等なアクセスの原則………………168
ピンカートン事件……………………269
ピンカートン理論………………268, 269
武器対等の原則………………169, 173, 175
弁護人選任権…………………………174
　――の告知………………………178
法益の均衡……………………………140
法益の均衡性……………………………68
法秩序維持説……………………………51
法定主義…………………………196, 205
　――の保障………………………195
法律なければ刑罰なし…………………61
法律なければ犯罪なし…………………8
暴力団…………………………………293
補完性の原則………………33, 79, 112
保護措置…………………………………26
保釈………………………………………13
補充構成要件……………………………7
本来の留保……………………………284

ま 行

未完成犯罪………………………282, 295

未遂……………………………………282
緑手配書………………………………187
ミニョネット号事件……………124, 134
無期刑…………………………15, 211, 217, 218
　――の執行期間…………………219
　――を廃止した国………………223
　――を認めない国………………222
無罪推定の原則………………………171
無罪と推定される権利………………171
無罪の推定……………………………171
紫手配書………………………………188
免責する緊急避難………………129, 130
模範刑法典……………………………262

や 行

山本忠三郎事件…………………………38
優越的利益の原則……………………123
ゆるやかな相互主義…………………191
要件期間………………………………218
予備……………………………236, 282, 283
予謀……………………………………257
より小さい害の原則…………………139

ら 行

留保……………………………………284
倫理的選択……………………………110
令状主義………………………………194
ローマ規程
　……………6, 17, 32, 60, 78, 111, 133, 201

外 国 語 索 引

active extradition ················ 196
ad hoc Tribunals ················ 60
agreement ············ 235, 253, 263, 267
AI（Amnesty International） ······ 208
alternative to death penalty ········ 210
American Law Institute············ 128
arrestation provisoire············· 197
Articles on Responsibility of States for Internationally Wrongful Acts ······ 66
assistance judiciaire ··············· 16
aut dedere aut judicare ··········· 149
aut dedere aut punire ············ 157
black notice ···················· 187
blue notice ····················· 187
Bribery Act 2010 ············ 270, 289
collective self-defence ············· 44
charge ························ 3, 13
civil law ························ 262
co-conspirators ················· 264
coercion ············ 121, 122, 123, 136
complot ······················· 235
compulsion ················ 121, 136
conspiracy ·········· 234, 235, 263, 265
Conspiracy ···················· 297
contrainte ····················· 131
Convention against Transnational Organized Crime ················ 243
core crimes ····················· 79
counselling offence ··············· 261
CPI（Cour Pénale Internationale） ···· 99
crimes contre l'humanité··········· 105
criminal charge ········· 169, 170, 172, 173
criminal conspiracy ·············· 295
criminalization ············· 236, 290
défense légitime ·················· 35

defraud clause ·················· 266
determination of any criminal charge
·································· 170
doctrine of *lex mitior* ············ 152
double criminality ··············· 294
DPA ·························· 270
droit international pénal ······ 58, 59, 246
droit pénal interétatique ······· 59, 87, 100
droit pénal international ······ 57, 87, 100
duress ···· 121, 122, 123, 124, 133, 136, 137
ECtHR ························ 216
elements of crimes ················· 7
entraide judiciaire mineure ·········· 16
Erdemović 裁判 ················· 125
Erdemović 事件 ············· 125, 127
erga omnes obligation ········ 183, 184
ergastolo ······················ 217
état de nécessité ··············· 67, 86
extradition ···················· 196
FCPA ······················ 267, 270
green notice ···················· 187
Grundsatz der *lex mitior* ······· 79, 152
hybrid law ······················· 6
ICC（International Criminal Court）
··································6, 99
ICC 規程 ·················· 6, 33, 78
ICC 協力法 ····················· 18
ICCPR ···················· 163, 216
ICPO（International Criminal Police Organization）················ 186
ICTR ·························· 60
ICTY ···················· 37, 60, 125
identification doctrine ············ 264
IMT 規程 ····················· 109
in dubio pro reo ················ 171

inchoate crimes ··················· 295
indivudual self-defence ··············· 44
interim release ···················· 13
international ····················· 242
international arrest warrant ········· 188
international crime ················· 242
international criminal law ············· 57
international criminal tribunals ········ 36
international notice ················ 187
Interpol ························ 186
judicial assistance ·················· 16
jus cogens ···················· 44, 45
Kordić & Čerkez 事件 ············· 37, 38
Lebensraum ················ 64, 95, 97
legitimate defence ··············· 35, 43
life imprisonment without parole ····· 211
lifer ····················· 212, 214, 230
LWOP ······················ 211, 226
LWP ························ 211, 226
mere agreement ················· 252
minor legal assistance ··············· 16
moral choice ···················· 110
MPC (Model Penal Code) ······ 128, 262
mutual assistance ·················· 16
mutual legal assistance ············ 16, 24
NCB (National Central Bureau) ···· 188
Necessitas non habet legem ····· 69, 83, 95
nécessité ························· 62
nécessité militaire ·················· 63
necessity ·············· 122, 123, 124, 136
Notstand ······················ 67, 72
Notstandssituation ················ 121
NPA (National Police Agency)
 ···························· 190, 270
nulla poena sine lege ············· 8, 61
nullum crimen sine iure ············· 35
nullum crimen sine lege ···· 8, 35, 61, 62
offense clause ···················· 266
orange notice ···················· 187

over-inclusion ··················· 249
overt act ······ 252, 258, 263, 267, 268, 296
Pacta sunt servanda ··············· 247
participation ·················· 257, 271
passive extradition ················ 196
Pinkerton doctrine ················ 268
plea bargaining ··············· 269, 289
preemptive self-defence ·········· 39, 45
prescriptibility ····················· 11
prêt de détenu ···················· 18
prima facie evidence ·············· 173
principle of active personality ········ 146
principle of complementarity
 ······················· 33, 79, 112
principle of legality ················ 195
principle of *ne bis in idem* ·········· 177
principle of reciprocity ·········· 150, 191
principle of universality ·············· 60
protection measures ················ 26
provisional arrest ········ 197, 199, 205
purple notice ···················· 188
red notice ······················ 187
remise ·························· 202
representation principle ············· 161
responsibility of States ·············· 82
RICO 法 ························ 267
Rome Statute ·················· 32, 60
safe conduct ··················· 22, 25
safeguard clause ·················· 250
salvus conductus ················ 22, 25
sauf-conduit ···················· 22, 25
self-defence ······················ 50
sicheres Geleit ····················· 25
Societas delinquere non potest ········· 30
special investigative techniques ······ 287
State self-defence ··················· 46
statute of limitations ··············· 9, 11
statutory limitations ················ 11
Strafrechtanwendungsrecht ·········· 57

surrender ······ 202	transnational crime ······ 242
three strikes law ······ 212	transnationality ······ 242, 251, 259, 291
TOC 条約 ······ 243	under-cover agents ······ 288
——の国内法化 ······ 246, 247	under-inclusion ······ 249
transfer of sentenced persons ······ 155	undercover operations ······ 287
transfrontier ······ 242	U.S.C. ······ 265
transfrontier crime ······ 242	Weiss & Mundo 事件 ······ 39
transnational ······ 242	yellow notice ······ 187

著者紹介

森下　忠（もりした・ただし）

1924 年　鳥取県に生まれる
1950 年　京都大学法学部卒業
1962 年　法学博士
現　在　広島大学名誉教授・岡山大学名誉教授

主　著

緊急避難の研究（1960 年，有斐閣）
緊急避難の比較法的考察（1962 年，有信堂）
国際刑法の新動向（1979 年，成文堂）
国際刑事司法共助の研究（1981 年，成文堂）
国際刑事司法共助の理論（1983 年，成文堂）
国際刑法の潮流（1985 年，成文堂）
イタリア刑法研究序説（1985 年，法律文化社）
犯罪者処遇論の課題（1988 年，成文堂）
刑事政策各論（1989 年，成文堂），新版（1996 年）
刑事司法の国際化（1990 年，成文堂）
刑事政策の論点Ⅰ（1992 年，成文堂）
刑事政策大綱Ⅰ，Ⅱ（1985 年，成文堂），新版（1993 年），
　　　　　　　　　　　　　　　　　　　　新版第二版（1996 年）
犯罪人引渡法の理論（1993 年，成文堂）
刑事政策の論点Ⅱ（1994 年，成文堂）
国際刑法の基本問題（1996 年，成文堂）
刑事政策の論点Ⅲ（1997 年，成文堂）
犯罪人引渡法の研究（2004 年，成文堂）
刑法適用法の理論（2005 年，成文堂）
国際刑法学の課題（2007 年，成文堂）
国際刑事裁判所の研究（2009 年，成文堂）
国際刑法の新しい地平（2011 年，成文堂）
国際汚職の防止（2012 年，成文堂）
諸外国の汚職防止法制（2013 年，成文堂）
ある刑法学者の旅路（2014 年，成文堂）

現代の国際刑事法
国際刑法研究　第 15 巻

2015 年 5 月 20 日　初版　第 1 刷発行

著　者　森　下　　忠

発 行 者　阿　部　成　一

〒162-0041　東京都新宿区早稲田鶴巻町 514 番地

発行所　株式会社　成　文　堂

電話 03（3203）9201代　http://www.seibundoh.co.jp

製版・印刷　三報社印刷　　　　製本　弘伸製本

Ⓒ 2015　T. Morishita　　　Printed in Japan
☆乱丁・落丁は，お取り替えいたします☆　検印省略
ISBN978-4-7923-5147-2　C3032

定価（本体 6500 円＋税）

森下　忠 著　国際刑法研究シリーズ

第 1 巻	国際刑法の新動向	Ａ 5 判・342 頁	品切
第 2 巻	国際刑事司法共助の研究	Ａ 5 判・372 頁	3800 円
第 3 巻	国際刑事司法共助の理論	Ａ 5 判・334 頁	4000 円
第 4 巻	国際刑法の潮流	Ａ 5 判・346 頁	4000 円
第 5 巻	刑事司法の国際化	Ａ 5 判・340 頁	4854 円
第 6 巻	犯罪人引渡法の理論	Ａ 5 判・260 頁	6000 円
第 7 巻	国際刑法の基本問題	Ａ 5 判・300 頁	6000 円
第 8 巻	犯罪人引渡法の研究	Ａ 5 判・328 頁	6000 円
第 9 巻	刑法適用法の理論	Ａ 5 判・294 頁	6000 円
第 10 巻	国際刑法学の課題	Ａ 5 判・294 頁	6000 円
第 11 巻	国際刑事裁判所の研究	Ａ 5 判・338 頁	6500 円
第 12 巻	国際刑法の新しい地平	Ａ 5 判・300 頁	6000 円
第 13 巻	国際汚職の防止	Ａ 5 判・330 頁	6500 円
第 14 巻	諸外国の汚職防止法制	Ａ 5 判・406 頁	7800 円
第 15 巻	現代の国際刑事法	Ａ 5 判・326 頁	6500 円

（定価は本体価格）